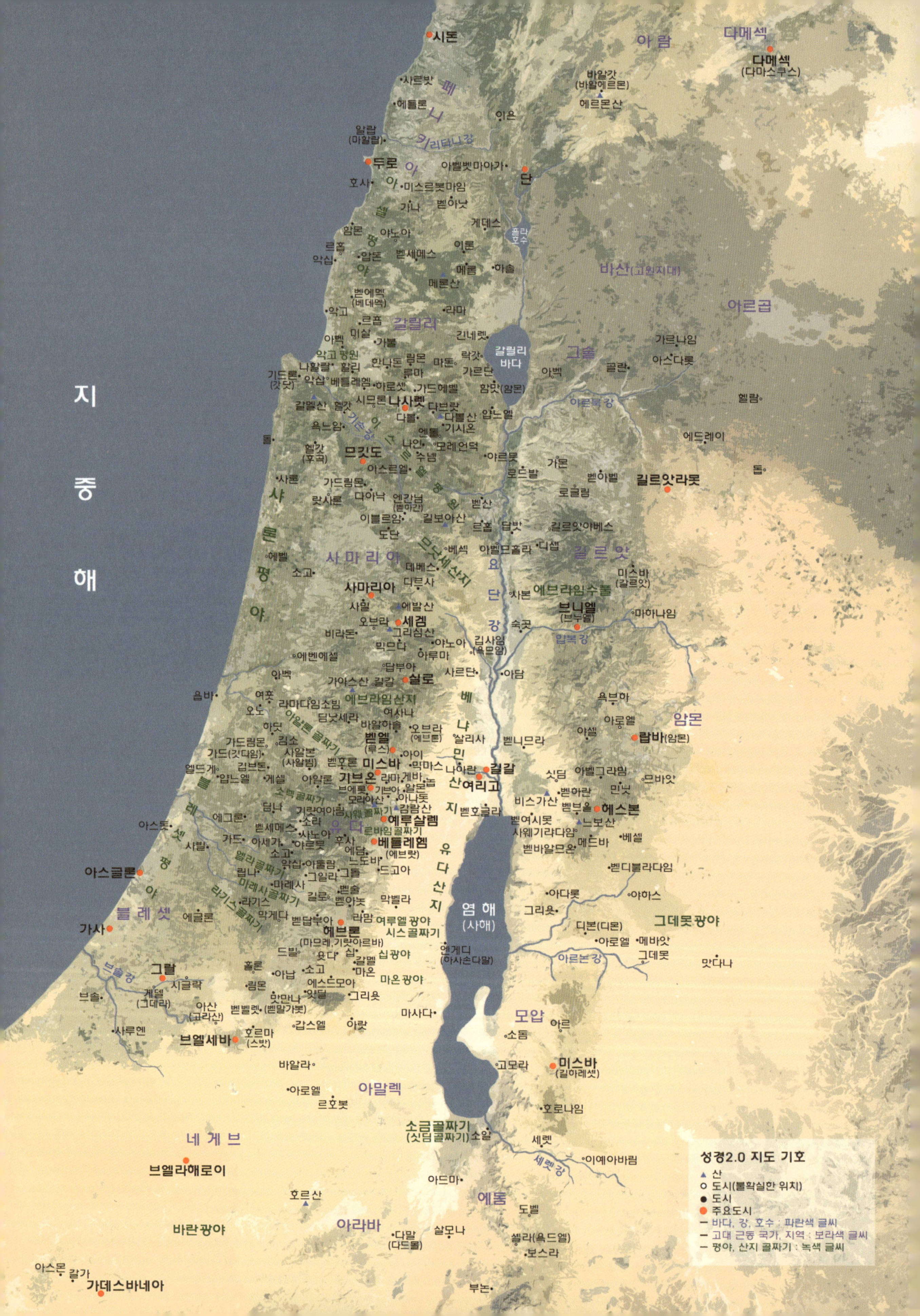

지 중 해
시돈
다메섹
(다마스쿠스)
아람
바알갓
(바알헤르몬)
헤르몬산
페니키아
사르밧
헤틀론
이욘
알랍
(마할랍)
리타니강
두로
아벨벳마아가
단
호사
미스르봇마임
가나
벧아낫
게데스
훌라 호수
암몬
야노아
르홉
압돈
벧세메스
이론
악십
메롬
하솔
바산(고원지대)
메론산
벧에멕
(베데멕)
아르곱
악고
라마
르홉
갈릴리
미살
가불
긴네렛
가르나임
갈릴리 바다
그술
아스다롯
골란
가드헤벨
나사렛
다볼산
다볼
야르묵강
헬람
기손강
므깃도
에드레이
돌
사론
샤론 평야
사마리아
길르앗라못
벧산
길보아산
길르앗아베스
길르앗
에발산
세겜
그리심산
사마리아
마하나임
얍복강
브니엘
(브누엘)
숙곳
요단강
아담
실로
에브라임산지
욥바
암몬
랍바(암몬)
벧엘
(루스)
아이
미스바
기브온
여리고
길갈
예루살렘
베들레헴
(에브랏)
헤스본
느보산
아스글론
염 해
(사해)
유다산지
블레셋 평야
가사
헤브론
(마므레, 기랏아르바)
그랄
엔게디
(하사손다말)
아르논강
그데못광야
브엘세바
마사다
모압
소돔
고모라
미스바
(길하레셋)
아말렉
네 게 브
브엘라해로이
소금골짜기
(삿딤골짜기)
세렛강
에돔
호르산
아라바
바란광야
가데스바네아
보스라
부논
성경2.0 지도 기호
▲ 산
○ 도시(불확실한 위치)
● 도시
● 주요도시
– 바다, 강, 호수 : 파란색 글씨
– 고대 근동 국가, 지역 : 보라색 글씨
– 평야, 산지 골짜기 : 녹색 글씨

성경2.0 지도 기호
산
도시(불확실한 위치)
도시
주요도시, 지명
교회(요한계시록 7교회)
바다, 강, 호수 : 파란색
고대 근동 국가, 지역 : 보라색
고원, 산맥, 광야 : 녹색
현대 지명 : 빨간색
흑 해
지 중 해
홍 해
에게해
아드리아해
티레니아해
로마
시실리아
그리스
데살로니가
아시아
갈라디아
갑바도기아
길리기아
안디옥
다메섹
다마스쿠스
베이루트
시돈
두로
가이사랴
예루살렘
애굽
<이집트>
<리비아>
시내 반도
미디안
누 비 아
아모리
<시리아>
<이라크>
메소포타미아
앗시리아
니느웨
아수르
바그다드
바빌로니아
수메르
우르
갈대아
쿠웨이트
시로－아라비아
<사우디아라비아>
<터키>

성경통독을 위한 최고의 자습서

성경 The Bible 2.0

❶ 창세기, 욥기

성경2.0 성경 통독을 위한 고품격 성경만화

글 김동순 | **그림** 배광선 | **감수** 문학진

초판 1쇄 발행 2013년 5월 5일
초판 28쇄 발행 2024년 8월 16일

발행처 (주)CMcreative
발행인 이길우
책임 편집 오경희
CG 장유미, 신선영
그림 스탭 이상일, 강지선
표지 디자인 송우진
본문 편집 디자인 SONBOM 민하늬, 김원경, 강현아
마케팅 김돈영
제작 지원 정선숙
인쇄 미래피앤피 최영민

등록번호 제387-2012-000039호
등록일자 2012.6.12

주소 경기도 고양시 덕양구 청초로66 덕은리버워크 A동 819호
전화 032-325-2181(편집부), 032-325-9600(영업부) | **팩스** 032-325-3181

ISBN 978-89-97923-02-1
ISBN 978-89-97923-01-4(세트)

책값은 표지에 있습니다.
잘못된 책은 구입하신 곳에서 교환해 드립니다.

성경2.0 공식 블로그: http://blog.daum.net/cmcm2012(Daum 블로그 검색: 성경2.0)

성경통독을 위한 최고의 자습서

성경 The Bible 2.0

❶ 창세기, 욥기

김동순 글 | 배광선 그림 | 문학진 감수

CM creative

오랜 세월을 빛어 내놓은 《성경2.0》

2004년에 하나님을 믿게 된 후, 당시 다니던 온누리교회의 구내 서점에서 제 수준에 맞는 책을 찾아보았습니다. 이제 막 하나님을 알아 가기 시작한 제 눈에 들어온 것은 성경 만화책들이었는데, 대부분이 어린이를 대상으로 한 것이었습니다. 내용 또한 성경 전체를 다룬 것은 찾아보기 힘들고, 흥미를 끄는 성경 속 사건 위주의 책들이 많았습니다. 주중의 가족 단위 성경공부 모임에서도 성경의 한 부분씩 따로따로 다루는 형식이어서 성경 전체를 알고 싶은 열망이 있었던 제게는 아쉬움만 남겨주었습니다.

대략적이라도 성경 전체를 알고 싶었습니다. 그래서 성경을 일독하기로 마음먹었습니다. '표준새번역' 성경은 엄두가 나지 않아 '쉬운성경'을 읽기 시작했습니다. 틈틈이 읽다 보니 1년 정도 걸리더군요. 그런데 머리 속에 남는 것이 거의 없었습니다. '쉬운' 성경이라지만 읽는 도중에 무슨 뜻인지 이해되지 않아서 계속 같은 자리만 읽었던 경우도 자주 있었습니다. "40이 넘은 나이에도 하나님 말씀 이해하기가 이렇게 어렵다니 원……."

그 전부터 만화책을 전문적으로 만들고 있었던 저는 그때부터 제대로 된 성경 만화를 만들어 보자는 생각을 자연스레 가지게 되었고, 차츰 구상에 들어갔습니다. 2007년에 김동순 작가를 만나면서 제 구상은 구체화되기 시작했고, 2008년부터 본격적으로 제작에 들어갔습니다.

"성경의 의미를 훼손하지 않는 범위 안에서 '최대한 쉽게' '성경의 모든 것'을 담자!"

열정 하나만 가지고 의욕적으로 시작했지만 일은 예상했던 것보다 훨씬 방대했습니다. 몇몇 사람이 단 시간에 할 수 있는 일이 아니었습니다. 일의 진도는 느렸고, 어디서부터 손을 대야 할지 난감할 정도로 많은 문제를 안고 있었습니다. 출간 일정이 여러 번 미뤄지고 수정과 재작업이 반복되었습니다. 모든 시나리오가 몇 번에 걸쳐 수정되고 다시 쓰였는지 모릅니다. 1권 창세기 편은 아예 그림을 다시 그리기까지 했습니다.

이 일을 계속 진행해야 하나 회의가 드는 위기도 있었습니다. 그런 우여곡절 끝에 7년의 인고의 세월을 안고 이 책을 세상에 내놓게 되었습니다. 그러나 기대보다 많은 걱정이 앞섭니다. 미흡한 부분이 많을 거라 생각합니다. 애정 어린 질책을 당부드릴 뿐입니다.

이 책이 나오기까지 애써주신 문학진 목사님 이하 모든 스태프 분들께 감사드립니다. 특히 긴 시간 동안 시나리오를 맡아 애써준 김동순 작가, 어려운 여건 속에서도 정말 훌륭한 그림을 그려준 배광선 작가께 진심을 담아 감사함을 전합니다.

마지막으로 이 책이 나오기까지 늘 지켜봐주시고 용기를 주신 하나님께 이 모든 영광을 드립니다.

이길우

쉽게 정상을 차지할 수 없는 '성경'이라는 산을 오르며

《성경2.0》은 재미있는 에피소드 위주로 된 기존의 성경 만화와는 많이 다릅니다. 난해한 <레위기><욥기>는 물론 예언서들까지 성경의 모든 책을 다루고 있으며, 성경과 똑같이 '장'으로 구분해서 독자들이 읽어 내려가며 성경과 직접 비교할 수 있도록 되어 있습니다. '성경2.0'이라는 제목이 무색하지 않을 만큼 성경과 유사합니다.

저는 제가 이 일을 하기에 충분히 준비되었다고 생각했습니다. 나름 목회자의 아들이고, 오랜 시간 동안 교회에 헌신하며 신앙생활을 한 기독교인 중의 기독교인으로 살았다고 자부했기 때문입니다. 게다가 수많은 자료들과 든든한 인터넷이라는 정보의 바다가 있으니 두려울 것이 없었습니다. 하지만 좌절감을 느끼기엔 그리 많은 시간이 걸리지 않았습니다.

성경을 읽는 것은 험난한 산을 등반하는 것과 같습니다. 많은 사람들이 의욕적으로 도전하지만 쉽게 정상을 차지할 수 없는 산입니다. 처음 <창세기>를 접하면 이제 막 산을 오르는 기분도 들고 초입이라 기대감도 있습니다. 무엇보다 에피소드 위주라 읽기가 편합니다. <출애굽기>는 모세가 바다를 가르는 장면에서 스릴감과 스펙터클도 느낄 수 있지요. 하지만 <출애굽기> 다음에 나오는 <레위기>에서 모두들 절망이 무엇인지 경험하게 됩니다. <레위기>는 마치 거대한 절벽을 마주했을 때처럼 우리를 막막하게 합니다. 여기서부터 시작된 정신 붕괴는 그동안 쌓인 수많은 낯선 지명과 인물들, 여러 민족의 역사와 문화에 대한 이해 부족과 어우러져 극대화되어 결국 성경 읽기를 포기하게 합니다. 저 또한 얼마나 숱하게 이 등정을 포기했는지 모릅니다.

그리고 이번에도 기세등등하게 《성경2.0》의 등정을 시작했지만 성경이란 산은 너무 높고 가팔랐으며 매서웠고 저는 아직도 충분히 준비돼 있지 않았습니다. 그동안 꽤 많이 알고 있다고 생각했던 성경 지식은 금방 바닥났고, 이해의 부족과 표현의 한계로 몇 번이나 쉬다 미끄러지고 굴러 떨어졌습니다. 그리고 저는 깨달았습니다. 이건 내가 할 수 없는 일이구나. 무지무능해서 용감했을 뿐이었구나.

제가 할 수 있는 건 하나님을 붙드는 일뿐이었습니다. 그것밖에 할 수가 없었습니다. 그렇게 7년 동안 하나님께 매달린 결과 드디어 《성경2.0》이 나오게 되었습니다. 무어라 표현할 수 없을 정도로 감개무량합니다. 그저 감사할 뿐입니다.

지면을 빌어 다시 한 번 감사드리고 싶은 분들이 계십니다. 사랑하는 부모님, 최고의 동역자인 이길우 대표님, 수준 높은 작화를 보여주신 배광선 작가님, 감수의 수고를 마다하지 않으신 문학진 목사님과 그 외 많은 분들께 감사드립니다. 그리고 무엇보다 부족한 저를 붙들고 이 일을 할 수 있도록 동행해 주신 하나님, 감사합니다! 사랑합니다!

김동순

열정과 인내로 빈 항아리를 채워 가며 만든 《성경2.0》

인연이란 우연히 찾아오는 것 같습니다. 성경을 제대로 된 만화로 출간해 보자는 제안에 막막했던 4년 전이 생각납니다.

"성경?"

믿음, 소망, 사랑, 빛과 소금 같은 어디선가 많이 봐온 성경 구절들, 또 구약성경의 여러 가지 재미있는 에피소드들이 제가 알고 있는 성경 지식의 전부였습니다. 물론 서양 역사에 절대적인 영향력을 행사해 온 기독교의 경전이니만큼 서구 문화를 이해하는 많은 키워드를 품고 있을 거라는 기대감은 품고 있었습니다. 작가로서 방대한 역사와 에피소드가 담긴 세계 최고의 베스트셀러를 한 번쯤 봐두면 도움이 되겠다는 생각은 있었지만 작업을 시도할 엄두는 내지 못했습니다.

그러나 뜻밖의 기회가 찾아왔고, 저는 '그래, 이참에 제대로 성경공부 한번 해 보자!'라는 아주 단순한 마음으로 이 작업을 시작하게 되었습니다.

세상 모든 일이 그렇듯 막상 작업을 시작하고 보니, 아는 것보다 알아야 할 것들만 가득한 제 무지의 항아리를 들여다보게 되더군요. 빈약한 성경 지식을 다급히 채워 보려 했지만 짧은 시간 안에 성경을 제대로 이해하고 그림으로 그려낸다는 것은 무리임을 곧 깨닫게 되었지요. 그래서 무지에서 시작된 1권의 그림을 전부 폐기하고 다시 작업하는 힘든 결단의 시간도 필요했습니다.

결국 《성경2.0》의 한 컷 한 컷을 그려가는 과정이 제게는 곧 성경을 이해하고 알아가는 과정이 되었습니다. 제대로 된 고증을 위해 자료를 찾고 또 찾았습니다. 옷차림, 천막, 저울, 물 항아리 하나까지 자료를 찾아서 그 시대를 제대로 담고자 노력했으며, 등장인물들의 마음과 그 의미를 생생하게 전달하고자 수없이 지우개질을 거듭했습니다.

《성경2.0》을 작업하는 과정은 열정과 인내심을 필요로 하는 힘겨운 시간이기도 했지만, 성경에 대해 조금씩 빈 항아리를 채워가는 나의 모습과 이 '인연'이 제 인생에 하나의 전환점이 되리라는 기대로 너무나 행복한 시간이었습니다.

성경이 "가장 널리 알려진, 그러나 가장 덜 읽혀진 책"이란 말을 들어본 적이 있습니다. 기독교 신자가 아닌 사람도 성경책을 모르는 사람은 없을 테고, 어느 집에나 한 권쯤은 있기 마련이니 '가장 널리 알려진' 책임은 분명한 듯합니다. 또 제 주변에서 '성경은 어렵더라' '성경 어디까지는 읽어봤는데……'라는 말들이 들리는 걸로 봐서 '가장 덜 읽혀진 책'이란 말 또한 맞는 모양입니다. 저 역시 이 작업을 하기 전까지는 어린 시절 누나(지금은 목사가 되셨지요.)의 책장 한곳을 차지했던 성경의 <창세기>만을 읽어 본 것이 전부였으니 말입니다.

성경이 '제대로 읽혀진 책'이 되는 데 《성경2.0》이 큰 도움이 되리라 확신합니다. 그동안 많은 조언과 고생을 같이 한 이길우 대표님과 김동순 작가님, 감사합니다. 특히 긴 시간 고행과 같은 작업을 함께해주신 이상일, 강지선 작가님, 서관석 선생님께 감사의 인사를 전합니다.

배광선

| 감 수 사 |

성경을 '만화'로 접근하고, 이해하고, 기억하기

근대 교육의 창시자로 알려진 J. A. 코메니우스는 그의 저서 《세계도회(世界圖繪)》(Oribis Sensualium Pictus)에서 새로운 언어학습법을 개발해 효과적으로 라틴어를 배울 수 있는 방법을 제시했다. 언어와 그것이 나타내는 사물을 함께 보여주어 보다 재미있게 언어를 익힐 수 있는 그림 교수법으로, 감각적 경험이 주는 교육의 효과를 적용한 것이다. 오늘날 유아들에게 글자를 쉽게 익히게 하기 위해 사용하는 그림책의 효시라고 볼 수 있다.

이런 맥락에서 만화는 전달하려는 내용을 보다 쉽게 이해시키고 오랫동안 기억에 남게 하는 장점을 가졌다고 볼 수 있다. 만화는 흥미로우며, 쉽게 접근할 수 있고, 여간해서 싫증을 느끼지 않는다는 장점이 있다. 이런 이유 때문에 남녀노소 모두 만화를 좋아하는 것 같다.

그동안 성경은 모든 사람들에게 신앙과 지성에 있어 매우 귀중한 책임에도 불구하고, 그 내용이 어려워 이해하기 힘들다는 이유로 선뜻 손에 집거나 혹 집어 든다 해도 처음부터 끝까지 통독하기가 쉽지 않았다. 이런 상황에서 이번에 발간된 《성경2.0》은 신앙인은 물론 비신앙인에게도 아주 유익할 것이라 생각된다. 재미있으면서도 충실한 내용으로 인해 성경 내용을 쉽게 파악할 수 있음은 물론 기억에도 오래 남을 수 있기 때문이다.

《성경2.0》의 감수를 부탁받고 성경신학을 전공하지 않았다는 점에서 망설임도 있었다. 그러나 기독교육을 전공한 사람으로서 어떻게 하면 학습자로 하여금 기독교교육의 내용인 성경을 쉽게 이해하고 기억하게 해 그 말씀대로 살도록 도울 수 있을까 고민해 왔기 때문에 오히려 기쁜 마음으로 참여하게 되었다.

《성경2.0》의 주된 목적은 성경 내용을 쉽게 전달하고 오랫동안 기억하게 해 실천하는 신앙인으로 성장하도록 돕는 데 있다. 그래서 작가와의 대화를 통해, 가급적 성경 내용 전달에 충실하고, 불가피하게 해석을 요하는 부분은 'tip'으로 처리해 독자들로 하여금 더 깊이 묵상하도록 돕는 데 초점을 맞추었다.

감수자로서 작은 소망이 있다면, 《성경2.0》의 기획 의도대로 많은 사람들이 이 책을 부담 없이 손에 집어 들어 읽기 시작해 성경의 내용을 큰 어려움 없이 이해하고, 그것을 또 오래도록 기억하는 것이다. 그리하여 성경이 말하는 하나님을 제대로 알고, 그 하나님이 원하시는 뜻을 실천하면서, 하나님이 이 세상을 처음 창조하셨을 때처럼 아름다운 세상으로 회복시켜 나가는 일에 힘쓰며 살아가게 되기를 소망하게 되는 것이다.

문희진 목사

창세기

아담

하나님이 흙으로 빚은 후 입김을 불어넣어 생명을 가진 존재가 된 인류의 시조. 다른 모든 생물에게 이름을 지어주고 다스리는 권한을 부여받았다.

하와

하나님이 아담의 갈비뼈를 뽑아 만든 아담의 아내이자 인류의 어머니. 뱀의 꼬임에 넘어가 선악을 알게 하는 열매를 아담과 나누어 먹고 에덴에서 쫓겨난다.

가인

아담과 하와의 첫째 아들로 직업은 농업. 동생 아벨을 죽인 인류 최초의 살인자로, 이 사건으로 살던 곳에서 추방되었다. 그러나 추방된 곳에서 성을 쌓고 나름대로 문명을 창출해 번성했다.

아벨

아담과 하와의 둘째 아들로 직업은 목축업. 하나님께서 아벨의 제사만 받으시자, 이를 질투한 형 가인에 의해 살해당했다.

노아

하나님의 명령에 따라 120년에 걸쳐 방주를 만들었다. 가족과 세상의 모든 동물 한 쌍씩을 이끌고 방주에 들어가 그 안에서 1년 10일 동안 지내며 홍수의 재앙을 피했다. 부정하고 타락한 세상에서 가장 올바르고 선한 사람이었다.

아브라함

메소포타미아의 갈대아우르에서 태어난 그는 75세에 조카 롯과 함께 가나안으로 이주했다. 100세에 난 아들 이삭을 하나님께 제물로 바치는 신앙을 통해 '믿음의 조상'이라 불리게 된다.

이삭

아브라함과 사라 사이에서 태어난 유일한 아들이다. 아버지 아브라함이 자신을 제물로 바치기 위해 죽이려 할 때, 연로한 아버지께 순종했다. 나이가 들어서는 눈이 잘 보이지 않아 야곱에게 속아 장남 에서 대신 그를 축복한다.

에서

야곱의 쌍둥이 형으로 이삭과 리브가의 아들이다. 들에서 사냥을 하는 자로 이삭의 총애를 받았으나 야곱에게 장자의 축복을 빼앗긴다. 에돔 민족의 조상이다.

야곱

에서의 쌍둥이 동생으로 이삭과 리브가의 아들이다. 에서를 속여 장자의 축복을 받은 후 파란만장한 삶을 살게 된다. 그러나 하나님의 사자와 씨름하여 이김으로써 하나님의 인도와 번영된 삶을 보장받는다. 그의 열두 아들이 훗날 이스라엘 12지파의 조상이 된다.

욥기

욥

족장시대에 엄청난 부를 가진 사람으로 많은 가축과 종들과 자식들이 있었다. 그러나 어느 날 자신이 지닌 모든 것을 잃게 되고 질병으로 고통 받게 된다. 그럼에도 하나님을 배반하지 않았던 사람이다.

엘리바스

남부 아라비아 사막 지대 에돔 지방의 사람. 엘리바스는 욥을 동정했지만 경험적 지식을 바탕으로 욥의 고난이 죄에 대한 결과임을 밝히며 회개를 촉구했다.

빌닷

북 아라비아 동부 지역의 유목민. 빌닷은 악인은 벌을 받고 의인은 복을 받는다는 철저한 흑백 논리로 욥의 고난이 죄에 대한 결과임을 밝히며 회개를 촉구했다.

소발

아라비아 북서쪽 지방 사람. 소발은 하나님의 위대하심과 전능하심을 근거로 욥의 고난이 그의 죄에 대한 결과임을 밝히며 회개를 촉구했다.

엘리후

하나님을 성실히 믿는 가족에서 태어난 엘리후는 욥과 세 친구보다 나이가 어림에도 불구하고 그들보다 한 단계 앞선 성숙한 신앙의 지혜를 깨닫고 있었다.

《성경2.0》을 더 재미있고 더 유익하게 읽기 위해

이 책의 기본적인 제작 방향은 "성경의 의미를 훼손하지 않는 범위 안에서 최대한 쉽게"입니다. 또한 그림으로 표현, 만화 연출, 장면 전환, 한정된 페이지 등 만화의 특성에 맞춰 제작되었습니다.

이 책은 성경과 완전히 똑같을 수는 없습니다. 반복되는 이야기는 하나로 압축시키고, 너무 어려운 문장은 쉽게 풀고, 복잡하고 긴 이야기는 간단하게 요약했습니다. 또한 매끄러운 진행을 위해 순서를 바꾸기도 했으며, 이해가 어려운 부분은 단어나 문장을 교체하거나 추가해서 이해를 돕도록 했습니다.

그런 모든 과정의 목적은 단 하나, **성경을 쉽게 이해하기 위해서입니다.** 이 책은 독자들이 성경을 가장 쉽게, 그러면서도 제대로 알게 해주는 길잡이 역할을 할 것입니다.

이 책은 아주 쉽게 성경을 풀었지만, **성경과 각 장을 비교하면서 봐도 무방할 정도로 성경에 충실하게 만들어졌습니다.** 그동안 성경 읽기에 어려움을 느꼈던 많은 분들에게 하나님의 소중한 말씀을 신나고 즐겁게 전해드릴 것입니다.

❶ 본문의 이해를 돕기 위해서
중간 중간에 팁을 활용했어요.

tip 한 번만 더

이 장면은 마치 하나님과 흥정하는 듯한 느낌을 주는데, 이런 태도는 바람직하지 못하다. 그럼에도 하나님께서 아브라함의 간구를 들어주신 이유는 아브라함이 단지 소돔에 살고 있는 조카 롯뿐만 아니라 소돔과 고모라의 모든 사람들을 구원하기 위해 애타게 기도했기 때문이다.

❷ 지난 내용이 기억나지 않는다면
Link에 표시된 페이지로 가보세요.

아브라함 때 들었던
Link 1권 45p 이 또다시 찾아들었어.
비가 오질 않아…
그랄을 거쳐 이집트로
가야겠어.

❸ 이해를 돕기 위한 짧은 글은
해당 컷 아래쪽에 주석(보라색)으로
들어가 있습니다.

나중에 나온 아이는 손으로 에서의 발꿈치를 붙잡아서 이름을 야곱이라 지었지.

※야곱: '발꿈치를 붙잡다'라는 뜻.

❹ 책의 날개에는 각 단원 표시가 있습니다.

창세기
하나님은 그 제물을 기쁘게 받으시고 스스로 다짐하셨어.
다시는 사람 때문에 땅을 저주하지 않으리라!

❺ 이 책은 성경 각 책의 '장'까지 표시되어
있어서 성경과 비교해 가며 볼 수 있습니다.
만화의 특성상 '절'까지 표시하지는 못했습니다.

21장 이삭의 출생
하나님께서 말씀하신 대로 사라를 돌보셨고,

❻ 이야기의 원활한 흐름을 위해 각 단원
사이에 다른 단원의 내용이 들어가며,
그것은 이렇게 표시됩니다.

그리고 헤만과 에단(여두둔)과 다른 레위 사람들도 함께 기브온에 올라 하나님을 찬양하는 일을 하게 됐지.
뿌우우우~
그분의 사랑은 영원할 것이다~!
16장 41~42절

예) 사무엘하의 내용 진행 중에 역대상 내용이 사이사이에 들어갑니다.

❼ 앞서 나왔던 주석이라도 이해를 돕기 위해 반복해서 다시 나옵니다.

창세기
●모세
이스라엘 사람으로 이집트의 왕자가 됐던 모세는
사람을 죽이고 광야로 도망쳐서 양치기로 전락해.
하지만 광야에서 하나님을 만난 후
이스라엘 최고의 지도자가 되지.
지은 책으로는 창세기, 출애굽기, 레위기, 민수기,
신명기가 있는데 이를 모세오경이라고 해.

내가 바로 구약성경의 슈퍼스타 모세다.
창세기도 내가 쓴 거야.
모세 아저씨는 창세기 때 있지도 않았는데 무슨….
그러게, 뻥도 잘 치시네.

뭣도 모르면서 이녀석들!
하나님께서 직접 말씀해 주신 걸 내가 쓴 것이다!
탁
아야
탁
이크

하나님께서는 아담과 하와를 만든 후 인간들이 어떻게 살아왔는지 말씀해 주셨어!
태초에~
성경은 창세기부터 시작되고, 인간을 구원하려는 하나님의 계획이 들어 있지.
하나님의 뜻이 이 속에 있다던데…
창세기
우리는 이를 통해 인간에 대한 하나님의 사랑이 얼마나 깊고 큰지 알 수 있어.
하하하~
인류의 역사를 통해 우리는 하나님께서 무엇을 계획하시는지 알 수 있지!
아니, 이렇게 깊은 뜻이?!
창세기는 크게 두 부분으로 나눌 수 있어.
바로 창조시대와 족장시대야.
창세기 : 창조시대
창세기 : 족장시대

창조시대인 1장부터 11장까지는 '하나님의 인간 창조'와 '인간의 타락과 그 결과' 그 후 '심판과 구속'에 대해,
우르르…
족장시대인 12장부터 50장까지는 '이스라엘 민족의 역사'와 '그들을 통해 하나님나라가 어떻게 세워질 것인가'에 대해 얘기하고 있어.

창세기 내용을 표로 정리하면 다음과 같아.

1. 창조시대	1. 창조(1-2장)
	2. 타락(3-4장)
	3. 대홍수(6-9장)
	4. 바벨탑(10-11장)
2. 족장시대	5. 아브라함(12-25장 18절)
	6. 이삭(25장 19절-26장)
	7. 야곱(27-36장)
	8. 요셉(37-50장)

표로 보니 간단하네.

우리는 창조시대를 통해 '죽을 수밖에 없게 된 인간'을 하나님이 어떻게 구원하시는지 볼 수 있단다.
자, 지금부터 하나님의 역사가 시작되는 창세기를 살펴보도록 하자
네!
쉿!

1. 창조시대

1장 천지창조

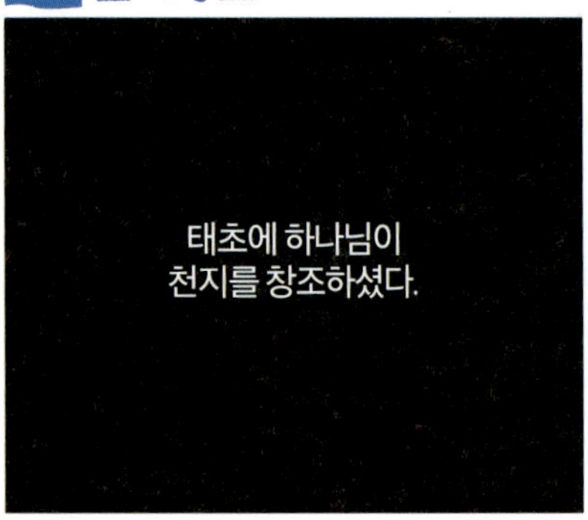
태초에 하나님이
천지를 창조하셨다.

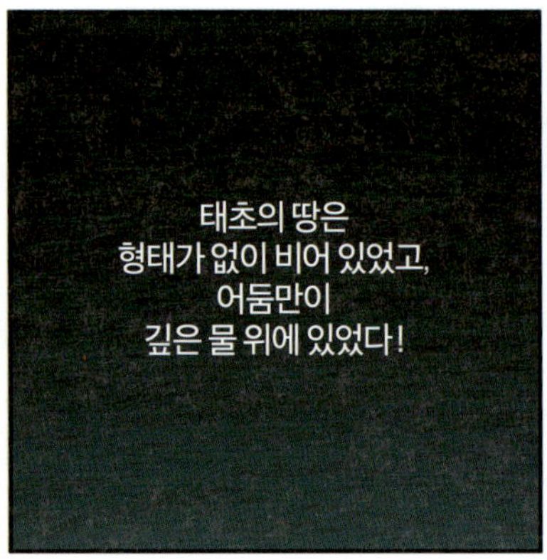
태초의 땅은
형태가 없이 비어 있었고,
어둠만이
깊은 물 위에 있었다!

휘 잉
하나님의 영은 물 위에
움직이고 계셨다.

tip 하나님의 영 (루아흐 엘로힘)

여기서 영에 해당하는 '루아흐'는 '바람', '입김'이란 뜻이다. 따라서 '하나님의 영이 물 위에서 움직였다'란 말은 물 위에 큰 바람이 있었다고 볼 수 있다. 그러나 이 바람은 단순한 바람이 아니라 모든 생명력의 근원이며 세상 질서를 주관하시는 성령 하나님을 말한다.

첫째 날 하나님께서 말씀하셨어.
빛이 있으라!!

하나님이 보시기에 그 빛이 좋았어.
그후 빛과 어둠을 나누셨지!
빛은 낮,
어둠은 밤이라!

둘째 날
물 가운데 공간이 생겨 물과
물 사이가 갈라져라! 이 공간을
하늘이라 하리라!

셋째 날
하늘 아래 있는 물은 한곳으로
모이고 뭍은 드러나라. 모인 물은
바다이며 뭍은 땅이라!

또 모든 식물을 만드셨지. 이 역시 하나님이 보시기에 좋았어.
땅은 풀과 씨 맺는 식물, 열매 맺는 나무를 그 종류대로 내라!
넷째 날
빛이 있어 낮과 밤을 나누라! 그 빛이 계절과 날과 해를 나타내는 표시가 되게 하고 땅을 비추도록 하라!
6 5 4 3 2 1
그리고 낮을 다스릴 태양과 밤을 다스릴 달을 만드시고 별들도 만드셨지. 하나님이 보시기에 좋으셨단다.
다섯째 날에는 많은 생물들을 창조하셨어. 하나님이 보시기에 좋았지.
물에서는 생물들이 번성하고, 하늘에서는 새들이 날아 다녀라!
하나님은 그들에게 복을 주면서 말씀하셨어.
낳아 기르고 번성하여 온 땅과 여러 바다 물에 가득하여라!
여섯째 날 하나님이 말씀하셨어.
땅은 집짐승과 기어다니는 것과 들짐승을 그 종류대로 내라!

※집짐승: 소, 말, 돼지, 양, 닭, 개를 통틀어 이르는 말.

우리가 우리의 형상대로 우리의 모양을 따라 사람을 만들어 그들이 바다의 물고기와 공중의 새와 집짐승과 온 땅과 땅에 기는 모든 것을 다스리게 하자!

tip 우리

여기서 우리는 성부, 성자, 성령님을 말한다. 이미 앞에서 성령님(하나님의 영)은 성부 하나님과 세상 창조에 함께하셨음을 밝히고 있다. 예수님은 "아버지, 창세 전에 내가 아버지와 함께 누리던 그 영광으로" Link 요한복음 17장 5절 라고 말씀하시며 창세 전에 하나님과 함께 계셨음을 밝혔다.

하나님은 하나님의 형상대로 남자와 여자를 만들고 그들에게 복을 주며 말씀하셨어.

자식을 많이 낳아 기르고 번성하여 땅에 가득하라, 땅을 정복하라, 바다의 고기와 공중의 새와 땅에 움직이는 모든 생물을 다스리라!

내가 온 땅의 씨 맺는 채소와 열매 맺는 모든 나무를 너희에게 주노니, 너희가 먹을 양식이 되리라!
헉
헉
아무리 그래도 이렇게 많이 주시면… 헉헉.

또 땅의 모든 짐승과 공중의 새와 땅에 기는 모든 생명 있는 것에게 말씀하셨어.
내가 모든 푸른 풀을 먹거리로 주노라!

하나님이 6일 동안 지은 모든 것을 보시고 크게 감탄하고 만족하셨지.
내가 보니 심히 좋구나!
호호, 제가 한 미모 하잖아요.
여자들은 원래 이랬구나 -.-;

tip 푸른 풀을 먹거리로 주노라

태초에 하나님께서는 모든 동물과 인간에게 채식만을 허용하셨다. 그러나 모든 피조물의 대표인 인간의 타락으로 인해 그 영향이 동물에게도 미쳐 육식을 하는 동물들이 생겨나게 되었다. 인간과 동물의 육식은 원래 창조주 하나님의 뜻이 아니었다. 후일 선지자 이사야는 새로운 하늘과 땅을 소망하면서 "사자가 소처럼 풀을 먹는다" Link 이사야 11장 7절 란 말로 피 흘림이 없는 낙원의 평화를 그린다.

2장 첫 안식일

하늘과 땅과 세상의 모든 것이 다 이루어졌다.

일곱째 날, 하나님은 하던 일을 마치고 쉬셨고, 그 날을 복 되고 거룩하게 하셨다.

아담과 하와 창조

여호와 하나님이 '아담'과 '하와'를 창조하실 때는 말씀이 아닌 다른 방법을 사용하셨어.
인간만 왜 특별하게?
우리도 사랑받고 싶어!

tip 여호와 하나님

하나님을 가리키는 대표적인 이름은 '하나님'(엘로힘 : '강하다' '전능하다'라는 뜻)과 '여호와'('스스로 있는 자'라는 뜻)이다. '하나님'이란 명칭은 권능과 위엄을 강조할 때, '여호와'란 명칭은 주로 택한 자와 언약을 맺으실 때 쓰였다. 따라서 처음 세상을 창조할 때는 '하나님'이 쓰였으나 하나님과 인간과의 언약 관계를 보여주는 이때부터는 '여호와'라는 이름이 동시에 쓰였다.

우선 흙으로 사람 모양을 빚으시고
슈우우

그 코에 생기를 불어넣으셨지. 그러자 흙 사람이 살아 호흡하는 생명체가 되었단다.
아담
스윽

하나님은 동쪽 에덴에 동산을 만들고 아담에게 말씀하셨어.
이곳에서 살면서 다스리고 지키라!
와아~ 멋진 곳이네요!

tip 인간 창조의 특징

1. 순서 : 모든 만물을 만든 후
2. 동기 : 삼위일체의 특별한 협의
3. 모델 : 하나님의 형상
4. 방법 : 하나님이 직접 숨을 불어넣어서
5. 재료 : 몸은 흙으로
6. 목적 : 피조물의 통치자, 대표자

에덴에는 온갖 종류의 아름답고 먹기 좋은 열매를 맺는 나무들이 있었지.

동산 한가운데에는 선악을 알게 하는 나무와 생명나무도 있었고…
선악나무
생명나무

에덴에서 흘러나온 강물이 동산을 적셨고, 에덴을 지나서는 비손 강, 기혼 강, 티그리스 강, 유프라테스 강 등 네 줄기로 갈라져서 흘렀어.
비손 강
기혼 강
티그리스 강
유프라테스 강
하나님이 아담에게 말씀하셨어.
동산에 있는 모든 나무의 열매는 마음대로 먹어도 된다! 단, '선과 악을 알게 하는 나무'의 열매는 먹어선 안 된다!
잉? 왜요?
그것을 먹으면 너는 반드시 죽을 것이다!
헉!
네. 아, 알겠습니다!!
아담이 혼자 있는 것이 좋아 보이지 않자 하나님은 그를 도울 사람을 만들어야겠다고 생각하셨어.
또 하나님은 모든 동물을 아담에게 이끌고 오셔서는 아담이 어떻게 이름을 짓는지 보셨지.
흠… 어디 보자.
예쁜 이름으로 지어주세요^^

아담은 모든 가축과 새와 들짐승에게 이름을 지어주었지. 하지만 아담에게는 그를 도와줄 짝이 없었어.
흠, 맘에 들어. 사자라… 중후하잖아.
넌 원숭이, 넌 사슴.
킥킥, 촌스럽게 사자가 뭐야. 돼지~ 얼마나 멋있어.
하나님은 아담을 깊이 잠들게 하시고 갈비뼈 하나를 꺼낸 후 그 자리를 살로 채우셨지.
하나님은 아담의 갈비뼈로 여자를 만드시고 그녀를 아담에게 데리고오셨어.
하와
여자를 본 아담은 몹시 기뻐하며 말했지.
내 뼈 중의 뼈요, 살 중의 살이 나타났구나. 남자에게서 나왔으니 그대를 여자라 부를 것이다!
부끄~
그래서 남자는 부모님을 떠나 아내와 한 몸을 이루게 되는 거야.
하나님 감사해요~
아담과 그의 아내는 둘 다 벌거벗었지만 부끄러워하지 않았어.
호호호
하하하
3장 죄의 시작
하나님이 만드신 들짐승 중에서 가장 간교한 것은 뱀이었어.
흥!
뱀이 하와에게 다가와 물었지.
하나님이 정말 너희에게 에덴동산에 있는 어떤 나무의 열매도 먹지 말라고 했니?
아냐, 모두 먹으라고 하셨어.
동산 중앙에 있는 나무의 열매만 먹지도 만지지도 말라고 하셨어.
그걸 먹으면 우리가 죽을지도 모른다고 하셨어!
덜
덜
킥킥, 벌벌하기는.

※만지지도: 하나님 말씀에 하와가 덧붙인 말이다.

tip 죽을지도 몰라

하와의 말 속에서 그녀에게 깃든 불만과 의심을 감지할 수 있다.

①하나님의 명령에 '만지지도 말라'는 내용을 덧붙임으로써, 금지 규정의 엄격성에 불만을 내비쳤다.
②하나님은 분명 '먹으면 반드시 죽게 된다'라고 하셨는데, 하와는 '죽을지도 모른다'고 완화시킴으로써 금지 규정의 절대성에 대해 의심을 내비쳤다.

너희는 결코 죽지 않아. 너희가 그 나무 열매를 먹으면 하나님처럼 눈이 밝아져서 선과 악을 알게 될까 봐 그렇게 말씀하신 거야!
어? 그래?
하와가 보니 그 나무의 열매는 먹음직스럽기도 하고 아름답기도 했지.
그런가? 하긴, 저렇게 탐스러운데…

게다가 지혜롭게도 해줄 것 같아서 하와는 그 열매를 따먹고 말았어.
냠냠냠… 맛만 좋네, 뭐.
그리고 자기와 함께 있던 아담에게도 줘서 먹게 했지.
먹어 봐. 맛있다니까.
헤헤, 그래?
그러자 두 사람의 눈이 밝아져 자신들이 벌거벗었다는 것을 깨닫고
꺄악!
꺄오!
무화과나무 잎을 엮어 옷을 만들어 입었어.
아, 이게 무슨 꼴이야.
부끄러운 줄도 모르고.
날이 저물어 바람이 서늘할 때 동산을 거니시는 하나님의 목소리를 들은 그들은 동산 나무 사이에 숨었지.
아담아, 네가 어디 있느냐?
하나님의 소리를 듣고 제가 벌거벗은 것이 두려워 숨었습니다.
네가 벌거벗었다고 누가 알려주더냐? 내가 먹지 말라고 한 나무의 열매를 먹었느냐?
헉
그, 그것이…
하나님께서 짝지어 주신 저 여자가 주기에 제가 먹었습니다.
켁, 비겁하게 고자질을…?!
하와야, 너는 어찌하여 이런 일을 하였느냐?
뱀이 저를 꾀어서 먹고 말았습니다.
헉, 뭐야!

하나님이 뱀에게 말씀하셨어.
이런 짓을 했으니 너는 모든 가축과 짐승들보다 더 저주를 받아 배로 기어 다니고, 평생 흙을 먹고 살아야 할 것이다!
크흑~
너와 여자는 서로 원수가 될 것이며, 너의 후손과 여자의 후손도 원수가 될 것이다!
덤벼!
쉬이익!
여자의 후손은 네 머리를 부수고 너는 그의 발꿈치를 물 것이다!
카아!
크르릉!
네가 죽든 내가 죽든!
여자여, 너는 고통을 겪으며 자식을 낳을 것이다!
아악!
아담아, 너는 아내의 말을 듣고 내가 먹지 말라는 열매를 먹었으니, 너 때문에 땅이 저주를 받아, 너는 평생토록 땀 흘리며 일해야 땅에서 나는 것을 먹을 수 있을 것이다!
헉헉
낑낑
너는 먹기 위해 땀 흘려 일하다 결국 흙으로 돌아갈 것이다!
아, 그때 먹지 말걸!
너는 남편을 사모하고 남편은 너를 다스릴 것이다!
네가 흙으로 만들어졌으니 흙으로 돌아가는 것이다!
휘이잉

아담이 아내 이름을 '하와'라고 했어. 하와는 모든 생명의 어머니이기 때문이지.
하와는 '생명'이란 뜻이야!
하나님은 아담과 하와를 위해 농불가죽으로 옷을 지어주셨어.
흑흑
하나님은 죄를 지은 우리에게 옷까지 만들어 주시는구나.

tip 가죽 옷

하나님은 이제 에덴동산을 떠나 거친 땅을 일구며 살아야 할 아담과 하와에게 손수 실기고 튼튼한 가죽 옷을 지어 입히셨다 이 가죽 옷을 위해 희생된 짐승은 구약시대 인간의 속죄를 위해 희생된 숱한 희생제물의 예표이며, 궁극적으로는 인간의 구원을 위해 십자가 위에서 영원한 희생제물이 되신 예수 그리스도를 상징한다.

그리고 하나님께서 말씀하셨어.
보아라, 저들이 우리 가운데 하나처럼 선악을 알게 되었다. 이제 그가 생명나무 열매까지 먹어 영원한 생명을 얻게 되는 것을 막아야 한다!

tip 우리 가운데 하나처럼 선악을 알게 되었다

이 말은 인간의 범죄행위에 대한 성부, 성자, 성령 하나님의 한탄 섞인 말씀이다. 명령을 거역하고 선악과를 따먹는 죄악을 저지름으로써 인간은 태초의 순결과 무흠의 울타리에서 벗어나 죄와 악이 무엇인지 알게 되었다. 사실 죄악은 인간이 영원토록 몰랐어야 했다. 그것은 선악과를 따먹지 않는 한 영원토록 유지되었을 것이다. 그러나 인간의 교만과 불순종은 이러한 창조주의 바람을 산산히 깨뜨리고 말았다.

하나님은 결국 아담과 하와를 에덴동산에서 쫓아내셨단다. 그리고 에덴동산 동쪽에 천사와 그 주변을 두루 도는 불칼을 두어 생명나무를 지키게 하셨지.
이잉~

4장 가인과 아벨

아담과 하와는 에덴을 떠난 후 잠자리를 같이 했어.

하와는 임신해 가인과 그의 동생 아벨을 낳았지.
하하하
하나님의 은혜로 내가 아들들을 얻었구나.

※가인은 '얻음', 아벨은 '허무'라는 뜻.

가인은 농사를 지었고 아벨은 양을 쳤어.
형, 다녀올게!
아벨
가인
그래, 수고해라.

어느 날 가인은 '땅의 열매'를 여호와께 제물로 드렸고, 아벨도 '처음 태어난 아기 양'과 '양의 기름'을 제물로 드렸지.

하나님은 아벨과 그의 제물은 받으셨지만 가인과 그의 제물은 받지 않으셨어.

아벨의 제물만 받고 나의 제물은 받지 않으시다니…!!

tip 하나님이 받으시는 예배

가인과 아벨의 제사는 '곡식'과 '양', 즉 재료가 아니라 '믿음'과 '정성'에서 차이를 보인다. 그 차이란 가인이 단지 '땅의 열매'를 제물로 드린 것에 비해 아벨은 '처음 태어난' 양을 제물로 드린 것이다. 하나님은 제사 올리는 자의 마음 자세와 정성, 믿음을 보신다. 하나님은 제물을 받으셨다는 증거로 하늘에서 불을 내려 보내 제물을 태웠다. (레위기 9장 24절, 열왕기상 18장 38절, 역대상 21장 26절, 역대하 7장 1절)

여호와께서 말씀하셨지.
너는 어째서 화를 내고 무엇 때문에 고개를 떨구었느냐? 네가 잘했다면 왜 얼굴을 들지 못하느냐?
흥!
네가 착한 일을 행하지 않으면 죄가 너를 지배하려 할 것이다. 죄가 너를 다스리려 해도 너는 죄를 이겨야 한다!
흥, 아벨 이놈 때문에….

아벨! 이리 와 나 좀 보자.
?
가인은 자신을 따라 들로 나온 아벨을 돌로 쳐서 죽였지.
퍽
으악!
네 동생 아벨은 어디 있느냐?
전 모릅니다. 제가 동생을 지키는 사람이라도 됩니까?
네가 무슨 짓을 했느냐? 네 동생의 피가 땅에서 나에게 울부짖고 있다!
헉!
스스스
땅이 입을 벌려 네 손에서 떨어지는 네 동생의 피를 받았다. 이제 너는 땅이 저주를 받을 것이다!
크허헉!
스스

네가 땅을 갈아도 땅은 아무것도 주지 않을 것이며, 너는 떠돌아 다니는 신세가 될 것이다!
후들
후들
오, 주님! 너무도 가혹한 형벌입니다.
저를 이 땅에서 쫓아내시니, 이제 주를 뵐 수도 없을 것입니다.
제가 땅을 떠돌면 만나는 자마다 저를 죽이려 들 것입니다.
와아
아벨을 죽인 자가 너냐?!
으아아!

tip 가인을 죽이려는 사람

지금까지 성경의 내용상으로는 아담 부부의 자식이 가인과 아벨밖에 없는 것으로 나온다. 그러나 아담 생애의 초기 130년 동안 가인과 아벨만 낳았다고 볼 수는 없다. 창세기 5장 3, 4절을 보면 가인의 동생인 '셋'이 태어나기 전, 아담 부부에게는 가인과 아벨 말고도 자식이 더 있었고, 그들이 여기저기에 흩어져 살았던 것으로 보인다.

하나님은 가인에게 표를 주어 아무도 가인을 죽이지 못하게 하셨어.
너를 죽이는 자는 벌을 7배로 받을 것이다!
그 표가 무엇인지는 알 수가 없네.
가인은 여호와 앞을 떠나 에덴 동쪽 놋 땅에 살면서 '에녹'을 낳았어.
에녹은 '헌신하다'라는 뜻이야.

그리고 성을 쌓은 후 그 이름을 에녹이라고 했지.
에녹

tip 가인을 용서하신 하나님

하나님께서 은혜를 베풀어 주시기에 가인은 너무도 부족함이 많은 사람이었다. 그는 범죄 사실을 인정하지도, 죄를 회개하지도, 용서해 달라고 하지도 않았다. 단지 하나님의 벌이 지나치다고 항변했을 뿐이다. 죽은 아벨이나, 슬퍼할 부모님이나, 마음 아픈 하나님에겐 관심조차 없었고, 자신의 안위만 걱정했다. 그런데 우리 또한 가인과 다를 바가 없다. 자신의 죄를 인정하지도, 회개하지도, 용서를 구하지도 않으며, 하나님께 불순종하며 불평불만만 할 뿐이니 말이다. 그러나 가인의 부족함에도 불구하고 그에게 은혜와 사랑을 주신 것처럼 하나님은 우리를 위해서도 많은 걸 준비하고 계신다. 은혜와 사랑의 하나님이시기 때문이다.

가인의 계보는 다음과 같아.

아담
가인
아벨
죽음
셋
에녹
이랏
므후야엘
므드사엘
난 아다와 씰라라는 두 명의 아내를 두었지!
라멕
우리가 최초의 일부다처제야.
아다
씰라
야발
유발
나아마
두발가인

가인의 자손 라멕에게는 두 명의 아내가 있었어. 첫 아내 아다가 낳은 자식 야발은 짐승을 기르는 사람의 조상이 되었고, 그의 동생 유발은 하프를 켜고 통소를 부는 사람의 조상이 되었지.
야발
유발
두 번째 아내 씰라가 낳은 두발가인은 구리와 쇠로 여러 가지 날카로운 기계를 만들었어.
우리로부터 인류 문명이 시작되었다고 할 수 있지.
깡
깡
라멕은 교만한 사람이었어. 두 명의 아내에게 그가 했던 말을 들어볼까?
어이, 여보들, 내 말 좀 들어 봐~.
?
복수의 노래를 들려줄게.
아, 아니 그게 실수로… 죄송!
이놈이 감히…!
나는 나에게 상처 입힌 소년을 죽였지.
목숨으로 갚아라!
큭!
푹

가인을 죽인 사람은 7배로 벌을 받지만 나를 죽이면 77배로 벌을 받을 것이다!!
크으!

tip 검의 노래 (복수의 노래)

성경에 나오는 가장 오래된 노래라고 할 수 있다. 라멕이 자신에게 상처를 입힌 소년을 죽인 후 하나님의 뜻을 각색해 자신의 보복 행위가 정당하다며 부른 노래다. 하나님께서 동생을 죽인 가인도 보호해 주셨는데, 정당한 보복 행위를 한 자신은 당연히 보호해 주시지 않겠냐는 자만과 위선이 담겨 있다.

그후 아담과 하와는 다시 '셋'이라는 아들을 낳았어.
하나님이 아벨을 대신할 아기를 주셨어요.
'셋'은 '안정되다'라는 뜻이야.

셋은 에노스라는 아들을 낳았고, 그때부터 사람들은 여호와의 이름을 부르며 예배를 드리기 시작했지.
셋
가인의 후손들이 성을 쌓고 악기와 무기를 만들어내면서 인간의 나라가 시작되었다면,
너의 후손을 통해 사람들이 예배를 드리면서 비로소 하나님나라가 시작되었지.
에녹 성

※에노스 : '병이 들어 죽을 수밖에 없는 자'라는 뜻.

5장 아담에서 노아까지

아담의 계보는 다음과 같아.

난 930년을 살고 죽었지.
아담과 하와
아담이 130세에 낳은 아들.
가인
아벨
셋
난 912년을 살았어.
에녹
난 905살에 죽었어.
에노스
이랏
난 910년을 살았지.
게난
므후야엘
나는 895년을 살았어.
마할랄렐
므드사엘
난 962년을 살았어.
야렛
라멕
나 에녹은 365살에 죽지 않고 하늘로 올라갔어.
에녹
아다
씰라
나는 자그마치 969년을 살았어.
므두셀라
야발
유발
나아마
두발가인
럭키~ 난 777살까지 살았다고!
라멕
노아의 방주 알지? 난 950살까지 살았어.
노아
셈
함
야벳
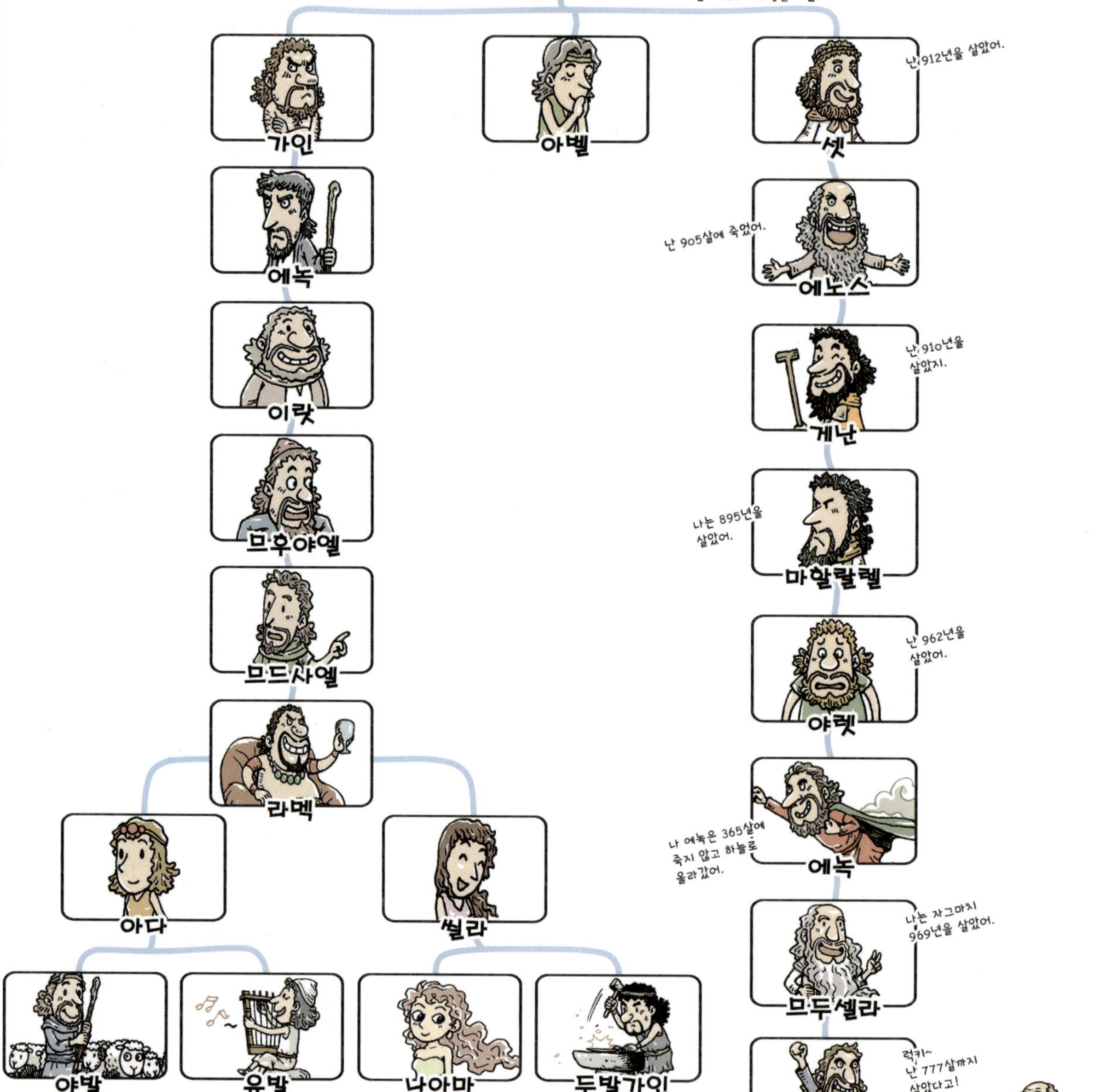

tip 생략한 구절

아담의 죽음은 죄의 결과로 인해 하나님이 말씀하신대로 흙으로 돌아간 것이다. 그것은 모든 아담의 후예들이 탄생과 동시에 죽음이 시작된다는 비극을 알린다. 이처럼 죄는 인간을 사망의 구렁텅이로 몰아 넣었다. 그러나 아담의 죽음에도 불구하고 그의 후손을 통해 생명이 이어지고 있으며, 첫번째 아담의 죽음은 두번째 아담(예수 그리스도)의 탄생을 예고하는 것이라 할 수 있다. 다시 말해 아담의 죽음과 그의 족보는 인간을 죽음에서 구원하기 위한 '구속사(하나님의 구원의 역사)'가 시작되고 있음을 보여 주는 것이다.

6장 인간의 악행

땅 위에 사람들이 번성하기 시작했고, 그들에게서 딸들이 태어났어.
하나님의 아들들이 세상 딸들의 아름다움을 보고 마음에 드는 여자를 아내로 삼았지.
여자가 예쁘면 됐지 뭐.

tip 하나님의 아들과 세상의 딸

하나님의 아들이란 하나님께 예배했던 셋의 후손들을 가리키며, 세상의 딸이란 불경건한 가인의 후손들을 가리킨다. 그런데 셋의 후손들은 하나님을 섬기는 것을 보지 않고 오로지 외모만 아름다운 여자들을 선택해 배우자로 삼았다. 그로 인해 셋 자손 또한 타락의 길로 접어들게 된다.

여호와께서 말씀하셨어.
너희의 육체가 타락했기 때문에 이제 나의 영은 영원히 너희와 함께하지 않을 것이다! 너희는 앞으로 120년밖에 살지 못할 것이다!
하나님이 삐지신 거 아냐?
신경쓰지마. 호호.
자기, 너무 예뻐~ 쪽쪽.
아잉~

tip 생략한 구절

성경에서는 이 대목에서 타락한 후손들과 관련해 '네피림'이라는 종족이 나오는데, '거인'이라는 견해와 '가인의 후손'이라는 견해로 학자들의 의견이 엇갈린다. 반드시 언급해야 할 중요한 종족이 아니면서도 설명하기 위해서는 내용이 길고 복잡해 여기서는 '네피림'에 대한 언급을 뺐다.

여호와께서 땅 위 사람들에게 악한 행동이 가득한 걸 보셨어.
그 마음에 생각하는 것과 계획하는 모든 것이 악한 것을 보시고, 사람을 만든 것을 후회하고 아파하셨지.
으아아악
그리고 마침내 사람과 모든 짐승, 기어다니는 것과 공중의 새까지 멸망시키기로 작정하셨어.
이는 내가 너희를 만든 것을 후회하기 때문이다!
으르릉!
야!
덤벼!
째깍
째깍

그러나 하나님의 뜻에 따라 하나님과 동행한 노아는 하나님의 은혜를 입었어.
노아야말로 이 시대의 의롭고 흠이 없는 사람이다!
아버지!
노아에게는 셈, 함, 야벳이라는 세 아들이 있었어.
별 일 없었느냐?
그럼요, 아버지.
하나님이 노아에게 말씀하셨어.
사람들의 죄가 땅에 가득하여, 내가 그들을 땅과 함께 멸할 것이다!
뜨악, 맙소사!!
하지만 너는 살려줄 것이니 잣나무로 배를 만들어라! 배 안에 방들을 만들고 그 안과 밖에 역청을 칠해라!
물이 안 새게 하려면 역청을 잘 발라야 한다.
네, 아버지.
탕
탕
길이는 300규빗(약 135미터), 너비는 50규빗(약 22.5미터), 높이는 30규빗(13.5미터)으로 만들고, 지붕에서 1규빗 아래 창을 내고 배 옆으로 문을 낸 후 배를 3층으로 만들어라!
하나님은 방주 만드는 방법을 자세히 말씀해 주셨지.
다 만드는 데 120년 정도 걸릴 테니 단단히 각오해라.
아이고… 사람을 더 동원할 수도 없고….
슥 싹
슥 싹

※ 1규빗은 약 45센티미터다.

내가 곧 땅 위에 홍수를 내어 하늘 아래 생명 있는 모든 것을 멸망시킬 것이다. 땅 위에 있는 것은 다 죽을 것이다!
쏴아아
음, 어째 분위기가 좀…
그러게.
그러나 내가 너하고는 언약을 세우겠다. 너는 네 아들들과 아내와 며느리들과 함께 방주로 들어가라!
또 새와 가축과 기는 모든 것들이 각각 그 종류대로 두 마리씩 올 것이니 그것들을 살려주어라!
불법 승선하는 일이 없도록 잘 감시해라!
모든 생물을 암수 한 쌍씩 방주로 데리고 들어가서 너와 함께 살게 하라!
우리도 밥 줘! 니들만 먹냐?
또한 음식을 방주에 저장하여 너와 그들의 식량으로 삼아라!

tip 노아의 방주

대홍수는 지구의 숨 있는 모든 생물을 멸절시킨 심판이었다. 이 심판의 와중에서 방주는 택함 받은 자의 피신을 위해 마련되었다. 방주는 심판에서의 구원을 상징하며 예수 그리스도를 상징한다. 죄의 심판으로부터의 구원을 상징하는 방주는 오직 한 척밖에 없었다. 방주 외에는 구원의 길이 전혀 없는 것처럼 예수 그리스도 오직 한 분만이 인간을 구원하실 수 있다.

7장 대홍수

노아야, 너는 가족과 함께 배 안으로 들어가라. 이 시대에 너만이 내 앞에서 의로운 사람이다!
하나님, 감사합니다.
깨끗한 짐승은 암수 일곱 마리씩, 깨끗하지 않은 짐승은 암수 두 마리씩 데리고 들어가라!
잉? 120년 전에는 암수 한 쌍씩이라고 하셨는데…?

하늘의 새도 암수 일곱 마리씩 데리고 들어가서 그들이 땅 위에 살아남게 하라!
계획을 바꾸신 건가?
지금부터 7일 후부터 40일 동안 밤낮으로 비를 내리겠다. 그리하여 내가 지은 모든 생물들을 땅 위에서 쓸어버리겠다!
드디어 재앙이 시작되는구나.

tip 방주에 타는 짐승들의 수

하나님께서는 처음에는 암수 한 쌍씩 방주에 태우라고 하셨지만 120년 후 구체적인 지시를 내리실 때에는 깨끗한 짐승 암수 일곱 마리씩, 부정한 짐승 암수 두 마리씩 태우라고 하셨다. 깨끗한 짐승은 주로 초식동물이고, 부정한 짐승은 맹수류였기 때문에 이 같은 조치는 생태계의 균형 보존을 위해 필요했을 것이다.

노아는 하나님이 명령하신 그대로 모든 일을 했어. 동물들이 암수 두 마리씩 차례차례 배 안으로 들어갔지.
새치기 하기 없음이야!
자~ 오징어 땅콩!
웅성 웅성
노아가 가족들과 함께 방주로 들어가자 여호와께서 손수 배의 문을 닫으셨어.
끼이익
노아가 600세 되던 해 2월 17일,
하나님이 명령을 내리신 7일 후 홍수가 온 땅을 뒤덮었어.
쿠르릉
쏴아아아
땅 밑에서는 깊은 샘들이 터지고
콰르릉
꺄아악~
하늘의 창들이 열려 비를 쏟아 부었어.
콰릉
쏴아아아아
으아악!!
사람 살려~

tip 깊은 샘과 하늘의 창

깊은 샘 : '바닷물'과 '땅속의 물'을 가리킨다. 홍수 심판시 바닷물과 땅 속의 물이 일시에 해일과 범람 및 분출 현상으로 땅을 뒤덮었을 것이다.
하늘의 창 : 고대 히브리 인들은 하늘 위에 비, 눈, 우박, 번개 등을 보관한 창고가 있고, 그 창고의 창이 열리면 안에 저장된 것들이 땅으로 떨어진다고 생각했다. 하늘의 창이란 표현은 바로 그런 사상이 반영된 것이다.

물이 많아지자 방주가 물 위에 떠올랐고, 하늘 아래 높은 산들도 모두 물에 완전히 잠기게 되었어.
쏴
아
아
아

비는 40일 동안 밤낮없이 쏟아졌고, 여호와께서는 땅 위의 모든 생명을 쓸어버리셨어. 모든 것이 땅에서 멸망했고 노아와 함께 배 안에 있던 것들만 살아남았지.
우르르릉!!
쏴
아
아
아
아
우리도 태워줘!
으악~
제발!
물은 150일 동안 땅을 뒤덮고 있었어.

8장 홍수가 그치다

하나님은 노아와 함께 방주 안에 있던 동물들을 늘 기억하셨지.
40일 후 하늘의 창과 땅 속의 샘을 닫으셨고 그제야 비도 그쳤지. 하나님이 땅 위에 바람을 불게 하시자 물이 점점 줄어들었어.
홍수가 난 지 150일, 드디어 물이 줄어드는구나.
홍수가 난 해 7월 17일에 방주는 아라랏 산에 머무르게 돼.
물이 계속 줄어들어 10월 1일이 되자 다른 산봉우리들도 보이기 시작했어.
40일이 더 지나, 11월 9일에 노아는 창을 열고
덜컹
까마귀를 밖으로 날려 보냈어.
자, 마른 땅이 있는지 찾아 보거라.
푸드득
까마귀는 마른 땅을 찾을 때까지 날아다니기만 했어.
헥 헥
노아는 7일 후 다시 비둘기를 밖으로 날려 보냈어.
이번엔 마른 땅을 찾아야 할 텐데….
푸드득
하지만 비둘기 역시 쉴 땅을 찾지 못하고 노아에게 돌아왔어.
헥 헥
노아가 손을 내밀어 비둘기를 맞아들였지.
헥 헥
어이구, 이 녀석 많이 지쳤구나.

다시 7일이 지난 후 노아는 비둘기를 날려 보냈어.
푸드득
그날 저녁 비둘기는 입에 올리브 나무 잎사귀를 물고 돌아왔지.
헥 헥
오, 땅이 거의 말라가고 있구나.
노아는 7일이 지난 후 또다시 비둘기를 날려 보냈고, 그 비둘기는 돌아오지 않았지.
와아!
만세!
짝
자, 비둘기가 배은망덕한 짓을 한 걸 보니 우리도 곧 내릴 수 있겠구나!
노아는 601세 되던 해 1월 1일, 방주 지붕을 열고 밖을 내다보았어. 땅은 거의 말라가고 있었고, 2월 27일에는 완전히 말랐어.

tip 대홍수의 진행 과정

<table>
<tr><th>사건 내용</th><th colspan="2">소요 기간</th></tr>
<tr><td>1. 방주 탑선
→ 2월 10일경</td><td colspan="2">7일</td></tr>
<tr><td>2. 폭우 개시
→ 2월 17일</td><td colspan="2" rowspan="2">40일</td></tr>
<tr><td>3. 폭우 종결
→ 3월 26일경</td></tr>
<tr><td>4. 아라랏 산 정박
→ 7월 17일</td><td colspan="2">110일</td></tr>
<tr><td>5. 산봉우리들이 목격됨
→ 10월 1일</td><td>73일</td><td rowspan="6">150일</td></tr>
<tr><td>6. 까마귀 방출
→ 11월 10일경</td><td rowspan="4">57일</td></tr>
<tr><td>7. 비둘기 방출과 귀환
→ 11월 11일경</td></tr>
<tr><td>8. 비둘기의 올리브 잎
→ 11월 19일경</td></tr>
<tr><td>9. 비둘기의 불귀귀
→ 11월 27일경</td></tr>
<tr><td>10. 지면에 물이 걷힘
→ 12월 17일경</td><td>20일</td></tr>
<tr><td>11. 방주 뚜껑 열림
→ 1월 1일</td><td colspan="2" rowspan="2">70일</td></tr>
<tr><td>12. 방주 하선
→ 2월 27일</td></tr>
</table>

하나님이 노아에게 말씀하셨어.
가족들과 방주에 머물렀던 모든 생물들을 데리고 나오라!
이 모든 생물들이 땅 위에서 활동하며 새끼를 많이 낳아 번성할 것이다!
홍수가 난 지 1년 10일 후 노아는 배에서 나와 하나님을 위해 제단을 쌓았어.
가장 깨끗한 짐승과 새를 골라 번제를 드렸지.

창세기

하나님은 그 제물을 기쁘게 받으시고 스스로 다짐하셨어.
다시는 사람 때문에 땅을 저주하지 않으리라!
사람은 어려서부터 생각이 악해 죄를 짓는 것이니 그로 인해 전처럼 모든 생물을 멸망시키지 않을 것이다!
하여간 인간들이 문제라니까!
미… 미안…;;
우리까지 다 죽을 뻔 했잖아.
땅이 있는 동안, 씨를 심고 거두는 일, 추위와 더위, 여름과 겨울, 낮과 밤이 계속 되풀이될 것이다.
9장 노아를 향한 축복
하나님은 노아와 그 아들들에게 복을 주시며 말씀 하셨어.
옜다~!
와아~!
복
복
복
자녀를 많이 낳아 기르고 번성하여 땅을 가득 채우라!
하하하
깔깔깔
땅 위의 모든 생물들이 너희를 두려워할 것이다!
뭐야, 한번 해보겠다고? 응?
아, 아니 그게…
그 모든 것을 너희에게 주니, 너희의 음식이 될 것이다!
자꾸 까불면 확 먹어버린다.
죄송.
전에 푸른 채소를 준 것같이 이제 모든 것을 먹거리로 줄 것이다!
오늘은 뭘 먹을까?
다만 피가 있는 고기를 먹어서는 안 된다. 피에는 생명이 있다!
또한 사람의 피를 흘리게 하면 그것이 짐승이든 사람이든 내가 복수할 것이다!
사람을 건드리면 어찌되는지 알지?♬
어휴~ 이걸 그냥.

이는 나의 형상대로 사람을 만들었고
그 생명이 소중하기 때문이다!
들었냐? 엉?
-_;;
너희는 자녀를 많이 낳아 기르고
번성하여 땅을 가득 채우라!
어이구, 많기도 해라~
와!

tip 생육, 번성, 확장

홍수 이후 하나님은 아담에게 하셨던 것과 같은 명령(생육, 번성, 확장)을 노아의 가족에게 내리셨다. 노아의 가족을 통해 하나님나라를 되찾고 싶으셨기 때문이다. 또한 당신의 형상대로 지음받은 인간이 생명의 존엄성을 깊이 깨달아 서로 피 흘리는 일 없이 땅 위에 번성하기를 원하셨다.

무지개 언약

하나님은 노아와 그와 함께한 그의 아들들에게 말씀하셨어.
이제 내가 너희와 너희 후손과
너희와 함께한 모든 생물들에게
약속한다!
다시는 홍수로 모든 생물을
멸망시키지 않을 것이며
이 땅을 물에 잠기게 하지도
않을 것이다!
정말요?
아, 감사합니다.

내가 너희에게 세울 언약의 증거는 이것이다. 내가 구름 사이에 무지개를 두었으니,
이것이 나와 땅 사이의 언약의 표시다. 구름 사이에서 무지개가 나타나면, 그것을 보고
나와 땅 위의 모든 육체를 가진 생물들 사이에 세운 영원한 언약을 기억할 것이다!
와아아~!
정말 아름다워요!
하나님, 감사합니다.

노아와 그의 아들들

방주에서 나온 노아의 아들들은 셈, 함, 야벳이고, 함은 가나안의 조상이야.
우리 세 사람을 통해 온 땅으로 사람들이 퍼졌지.
셈
야벳
함
가나안
어느 날 노아는 포도주를 마시고 취해 장막 안에서 벌거벗은 채 누워 있었어.
음냐, 음냐.
함이 그 모습을 보고 밖으로 나가 형들에게 알렸지.
킥, 아버지가….
뭐?
어쩌지?
셈과 야벳은 옷을 어깨에 걸치고 뒷걸음질로 장막 안에 들어가서는
저렇게 주무시게 하면 도리가 아니지.
고개를 돌려 아버지의 벗은 몸을 보지 않고 덮어 드렸어.
조심 조심.
깨지 않으시게….
술이 깬 노아는 함이 한 일을 알게 되었어.
뭐? 벗고 자는 내 모습을 보고 비웃었다고?!
버럭
화가 난 노아는 함을 저주했지.
가나안은 저주를 받아 낮고 천한 종이 되어 형제들을 섬기게 될 것이다!
흑, 잘못 했어요.
저, 저는 왜?
셈과 야벳에게는 축복해 주었고,
셈의 하나님 여호와를 찬양하라. 가나안은 셈의 종이 될 것이다.
잘못은 아빠가 했는데… 나까지.
잉잉
하나님이 야벳을 번창하게 하셔서 셈의 장막에 살게 하시고, 가나안은 야벳의 종이 될 것이다.
할아버지 미워!
잉잉

노아는 홍수가 있은 후 350년을 더 살다 950세에 죽었다.

tip 노아의 저주와 그 실현

셈 : 아브라함과 이삭과 야곱의 조상이다. 앗시리아인, 아라비아인, 바빌로니아인, 소아시아의 리디아인, 유대인 등이 이에 속한다.

야벳 : 이 후손들에 의해 헬라의 철학, 로마의 법률과 군사, 유럽의 근대 과학과 문화 등이 발전했다. 러시아인, 로마인, 게르만족, 영국인, 페르시아인, 인도인 등이 이에 속한다.

함 : 셈의 후손인 유대 민족에게 정복당해 그들의 종이 되었다. 이디오피아, 이집트, 리비아인, 페니키아인, 가나안 족속 등이 이에 속한다. 가나안 족속은 대부분 가나안 정복 전쟁 당시 철저히 셈의 후손들에게 정복당해 비천한 종으로 전락했으며, 솔로몬 시대에 이르러 완전 정복당했다. 나아가 가나안과 함 계열 소속의 페니키아인과 이집트인 등 역시 야벳 계열의 페르시아인과 마케도니아인과 로마인 등에 의해 철저히 정복당해 굴욕과 노예로 지낸 역사를 갖게 된다.

10장 노아의 후손

노아의 세 아들은 각기 아들들을 낳았고 이들로부터 여러 민족이 생겨났어.

조상	후손	파생 민족
함	구스	에디오피아
	미스라임	애굽
	붓	아프리카
	가나안	팔레스틴 가나안 족속들
야벳	고멜	독일, 터어키 및 우크라이나 동쪽의 각 민족
	마곡	흑해 동남쪽의 스구디아 족속
	마대	카스피아 서남쪽의 메대 족속
야벳	야완	그리이스
	두발	소아시아의 동쪽 족속
	메섹	흑해 주변의 족속
	디라스	에게해 주변 팰라스기안 족속
셈	엘람	페르시아만과 카스피해 사이에 거주
	앗수르	티그리스 강 동편에 거주한 앗수르
	아르박삿	앗수르 북쪽에 거하는 족속 및 이스라엘 족속
	룻	소아시아의 각 민족
	아람	수리아, 메소보타미아의 아람 족속

노아의 후예는 다음과 같아!

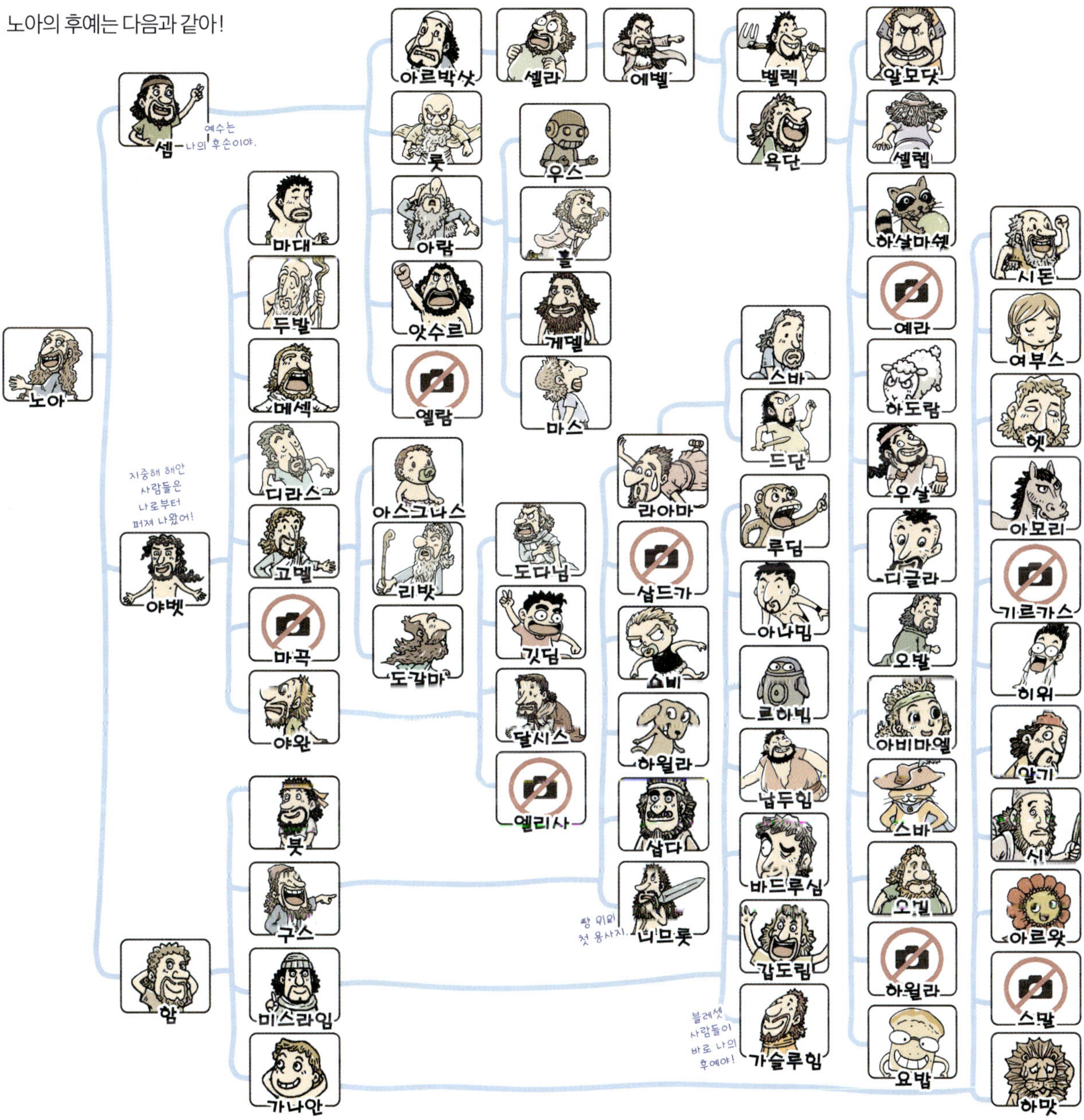

11장 바벨탑

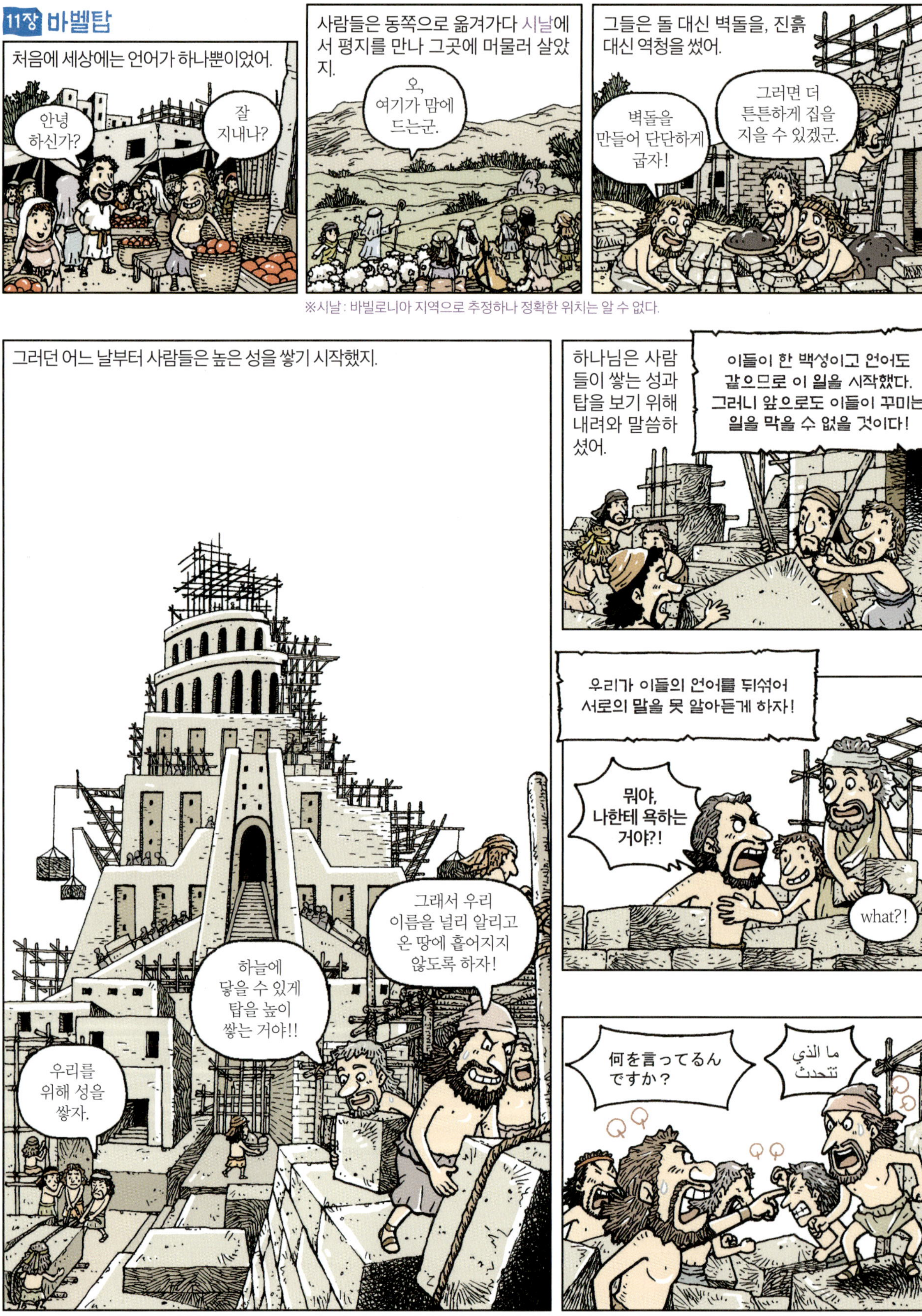
처음에 세상에는 언어가 하나뿐이었어.
안녕 하신가?
잘 지내나?
사람들은 동쪽으로 옮겨가다 시날에 서 평지를 만나 그곳에 머물러 살았지.
오, 여기가 맘에 드는군.
그들은 돌 대신 벽돌을, 진흙 대신 역청을 썼어.
벽돌을 만들어 단단하게 굽자!
그러면 더 튼튼하게 집을 지을 수 있겠군.
그러던 어느 날부터 사람들은 높은 성을 쌓기 시작했지.
그래서 우리 이름을 널리 알리고 온 땅에 흩어지지 않도록 하자!
하늘에 닿을 수 있게 탑을 높이 쌓는 거야!!
우리를 위해 성을 쌓자.
하나님은 사람들이 쌓는 성과 탑을 보기 위해 내려와 말씀하셨어.
이들이 한 백성이고 언어도 같으므로 이 일을 시작했다. 그러니 앞으로도 이들이 꾸미는 일을 막을 수 없을 것이다!
우리가 이들의 언어를 뒤섞어 서로의 말을 못 알아듣게 하자!
뭐야, 나한테 욕하는 거야?!
what?!
何を言ってるんですか？
ما الذي تتحدث

※시날 : 바빌로니아 지역으로 추정하나 정확한 위치는 알 수 없다.

하나님이 온 땅의 언어를 뒤섞어 놓으셨기에 사람들은 성 쌓는 걸 그만두고 사방으로 흩어졌지.
뭐 말이 통해야 도둑질이라도 하지.

그곳의 이름은 바벨이라고 했어.
아수르
티그리스강
메 대
•스발와임
•에쉬눈나
유프라테스강
아카드
•바그다드
대소금 사막
아가데(아카드)•
바벨
바빌로니아
시 날 평 지
엘 람
수메르
수사•
•니푸르

※바벨: '나눔'이란 뜻.

셈의 자손

셈의 계보는 다음과 같아.

난 노아의 아들이야. 잊지 않았지?
셈
에벨
벨렉
르우
아르박삭
셀라
스룩
나홀
데라
갈대아 우르에서 난 아버지보다 먼저 죽었지.
하란
롯
이스가
나는 혈통 보존을 위해 조카딸하고 결혼했지.
나홀
밀가
당시에는 흔한 일이었어.
내 아내 이름은 사래야.
아브람
사래
나는 임신을 못해서 자식이 없었어.

데라는 가나안 땅으로 가려고 아들 아브람과 그의 아내 사래, 손자 롯과 함께 갈대아 우르를 떠났어.
나는 셈의 후손 데라야!

tip 갈대아 우르

티그리스와 유프라테스 강 사이에 있는 땅이 기름진 지역이다. 상업, 천문학, 점성술이 발달했던 고대 문명의 중심지이지만 우상 숭배가 성행했던 곳이기도 하다. 이 풍요로운 곳에서 하나님의 소명을 받들어 듣도 보도 못한 가나안 땅으로 간다는 것은 데라에게 분명히 두려운 일이었을 것이다.

최대한 빨리 가나안에 가려면 사막을 건너야 했지만 현실적으로 불가능한 일이었지.
여길 건너가다가는 죽을 수도….

그들은 하란 쪽으로 돌아서 가기로 했어.
하란
앗시리아
니느웨 (모술)
메 대
메소포타미아
유프라테스강
아수르
아카드
•바그다드
바빌로니아
바벨론
시 날 평 지
니푸르
수메르
시로-아라비아
갈대아
우르

하지만 나이가 많은 데라는 하란에 머물렀고,
아이고 여기서 좀 쉬었다 가도록 하자.

결국 가나안에 가지 못하고 하란에서 205세까지 살다가 죽었어.
잉잉
아버지~ 흑흑.
흑윽

2. 족장시대

12장 아브람을 부르심

하나님이 데라의 아들 아브람을 불러 말씀하셨어.
아브람아, 아브람아!
네, 주님!

너는 네 고향과 친척, 아버지의 집을 떠나 내가 보여주는 땅으로 가라!

tip 고향과 친척, 아버지의 집

'고향'은 갈대아 우르와 하란을 포함한 메소포타미아 지역을, '친척'은 위 지역에 살던 셈의 후손을, '아버지의 집'은 아브람의 친 혈육인 아버지와 그 형제 일가들이 있던 하란을 가리킨다.
아브람이 살던 하란은 우상 숭배의 도시로서 죄악이 만연한 곳이었다. 이곳을 떠나라는 것은 바로 죄악의 관습에 젖어 있던 과거의 모든 삶을 완전히 청산하라는 뜻이다.

너로 하여금 큰 민족을 이루게 하고 복을 주어 너의 이름을 크게 하리니 너는 복의 근원이 될 것이다!
복의 근원이요?

아브람은 하나님의 말씀을 따라 하란을 떠났어.
내가 너를 축복하는 사람에게는 복을 주고, 저주하는 사람은 저주할 것이다. 땅 위의 모든 백성이 너를 통해 복을 받을 것이다!
이때 내 나이가 75세였지!

tip 복의 근원

처음부터 끝까지 아브람을 통해 복을 주시겠다고 하시는 하나님. 이 복은 무엇일까? 그것은 단순히 재물이나 명예, 권력 등이 아니다. 하나님이 말씀하신 복은 아브람의 후손으로 오셔서 이 땅의 모든 사람들에게 참된 복과 기쁨, 생명을 주실 예수 그리스도를 가리킨다.

아브람은 아내 사래와 조카 롯, 하란에서 얻은 사람들을 모두 데리고 떠났지.
하란에서 모은 재물도 다 가지고 나왔지.

그리고 마침내 가나안 땅에 들어가게 되었어.
하란
앗시리아
니느웨 (모술)
메소포타미아
메소포타미아
유프라테스 강
티그리스 강
아람
•하맛
아모리
•아수르
다메섹
•다마스커스
시돈•
두로•
•단
아카드
바그다드•
바빌로니아
•바벨론
시날 평지
니푸르•
수메르
길르앗
세겜
벧엘
•랍바
예루살렘
암몬
모압
네게브
에돔
시로-아라비아
갈대아 우르

아브람은 세겜 땅 모레의 상수리나무가 있는 곳까지 갔어. 그곳엔 가나안 사람들이 살고 있었단다.
가나안 사람들은 함의 자손이지!

하나님이 아브람 앞에 나타나 말씀하셨어.
내가 이 땅을 네 자손에게 주리라!
와아
와아

자, 이곳에 하나님을 위해 제단을 쌓도록 하자!

그후 벧엘 동쪽에 있는 산으로 옮겨 장막을 쳤지. 그곳의 서쪽은 벧엘, 동쪽은 아이였어.
이곳에서 다시 하나님께 제단을 쌓고 예배를 드렸어.

tip 벧엘

'하나님의 집으로'라는 뜻으로 예루살렘 북쪽 약 20킬로미터 지점에 위치했다. 이곳은 아브람 당시 '루스'로 불렸는데, 야곱의 돌베개 사건 Link 1권 101p 이후 벧엘로 이름이 바뀌었다. 이곳에서 성경 역사상 처음으로 아브람이 제단을 쌓아 예배했고, 그로 인해 후일 이스라엘의 종교적 성지가 된다.

아브람은 계속해서 가나안 남쪽 네게브로 나아갔어.
여름 건조기에는 척박한 사막으로 변했기 때문에 늘 이동해야 했지.

※네게브 : 이스라엘 남부에 있는 삼각형의 사막 지역

아브람의 첫 번째 실수

가나안 땅에 흉년이 심하게 들자 아브람은 이집트로 내려가 살게 돼.
일단 가뭄을 피하자.

이집트에 도착하기 바로 전의 일이야.
사래, 당신은 매우 아름다운 여인이오!
그건 알지요~ 호호.

그래서 이집트 사람들에게 당신이 내 아내라고 하면 그들이 당신을 차지하기 위해 날 죽일지도 모르오.

그래서 그들에게 당신이 내 누이라고 말했으면 하는데…
아… 네, 누이라고 하면 괜찮을까요?
그럼 그들은 오히려 나에게 잘 보이려 할 것이고, 덕분에 나는 안전할 거요.
동생이 너~무 이뻐! 형님, 잘 봐주세요. 헤헤~
험.
…
아브람이 이집트에 도착했을 때 이집트 사람들이 사래를 보았어.
저 여자는 누구야?
우와, 진짜 예쁘다!
파라오의 신하들도 사래를 보고 칭찬했지.
외국에서 온 사래라는 여자가 끝내주게 예쁩니다요.
오, 그래?
파라오는 사래를 궁으로 불러들였어.
오오~ 진정 아름다운 여인이구나!
그러나 하나님은 사래의 일로 파라오와 그의 집에 큰 재앙을 내리셨어.
콰르릉!
아이고, 이게 웬 날벼락이냐!
아브람을 불러라! 그가 어디 있느냐?!
사래 덕분에 아브람은 파라오에게 좋은 대접을 받았어. 양 떼와 소 떼, 암수 나귀, 그리고 남녀 종과 낙타까지 얻었지.
어떤가? 더 필요한 게 있으면 말하고 사래만 나한테… 헤헤.
허참, 뭘 이리도 많이…
왜 나를 속여 이 꼴로 만들었느냐? 어째서 사래를 네 아내라고 하지 않았느냐?
죄송. 어쩌다보니…
여동생이라고 해서 내가 아내로 삼으려 하지 않았느냐? 어서 네 아내를 데려가라!!
여, 여보!!
오, 사래!
파라오는 아브람에게 사래와 그에게 속한 모든 것을 가지고 이집트를 떠나게 했어.
재산이 더욱 늘었군~

13장 롯과 헤어지는 아브람

아브람은 하란과 이집트에서 재물을 얻어 가축과 금, 은이 많은 부자가 되었어.
하나님께서 주신 것이지!

그는 조카 롯과 사래와 함께 네게브 지방으로 올라갔어.
지 중 해
길르앗
벧엘
랍바
암몬
예루살렘
가사
블레셋
헤브론
브엘세바
모압
람세스
네게브
신 광야
에돔
고센
이집트
술 광야
온(카이로)
바란 광야

그리고 다시 네게브를 떠나 벧엘 동쪽에 있는 산으로 돌아왔지.
예전에 장막을 쳤던 벧엘과 아이 사이야. 기억나지?
바로 아브람이 예전에 제단을 쌓았던 곳이야.
하나님, 감사합니다!

tip 아브람의 예배

벧엘은 아브람이 처음으로 제단을 쌓고 제사를 지냈던 곳이다. 아브람은 하나님이 주신 약속의 땅을 떠나 애굽으로 갔던 자신의 잘못을 뉘우치고, 그럼에도 불구하고 다시 가나안으로 발걸음을 인도하신 하나님의 은혜에 감사드리는 제사를 올렸다.

아브람의 조카 롯도 양과 소, 장막이 많았어. 그래서 함께 머물기에는 그 땅이 너무 좁았지. 게다가 가나안 사람과 브리스 사람도 같이 살고 있었어.
이렇게 복잡해서야 원.
그러게요.
결국 아브람과 롯의 양치기들 사이에서 싸움이 일어났어.
비켜, 우리 양님들이 물이 먹고 싶단다!
너의 양놈에게 우리가 먼저니까 기다리라고 해.

뭐야? 반항이냐?
…;;
투닥
투닥
멍청아, 이건 반항이 아니라 훈계야.
롯아, 우리는 친척인데 서로 다투어서야 되겠느냐?
안 되지요…
우리의 양치기들이 다투는 것이 옳지 않으니 서로 떨어져서 살자꾸나.
네?!

자, 앞에 보이는 땅에서 네가 왼쪽으로 가면 나는 오른쪽으로, 네가 오른쪽으로 가면 나는 왼쪽으로 가겠다.
롯은 요단 들판을 바라보았어. 그곳은 소알에 이르기까지 온 땅에 물이 충분해 마치 에덴동산이나 풍요로운 이집트 땅 같았지.
저는 저 땅, 소돔과 고모라가 있는 곳으로 갈게요.
롯은 요단의 동쪽으로 갔지. 그때는 하나님이 소돔과 고모라를 멸망시키기 전이었어.
요단의 평원은 내 가축들을 키우기에 좋을 것 같아.
아브람은 가나안 땅에 정착했고, 롯은 요단 평원의 여러 성읍을 옮겨 다니다가 소돔까지 이르렀지.
소돔
저곳이 소돔이구나!
악한 소돔 사람들은 하나님 앞에 큰 죄를 짓고 있었어.
부어라!
하 하 하
마셔라!
롯이 아브람을 떠난 후 하나님이 말씀하셨어.
네가 있는 곳에서 일어나 동서남북을 바라보아라!
네!?
네 눈에 보이는 이 모든 땅을 영원히 너와 네 자손에게 주리라!
내가 네 자손을 땅의 먼지만큼 많게 할 것이다, 사방을 살펴보라. 그 땅을 네게 주리라!
아아…

tip 롯과의 이별

아브람은 친자식 이상으로 사랑했던 롯과 헤어져 몹시 쓸쓸했다. 뿐만 아니라 그는 가나안으로 인도하신 하나님의 뜻에 대해 다시 한 번 생각하게 된다. 이처럼 불안한 심리 상태에 있는 순간에 하나님의 말씀은 아브람에게 큰 위로가 되었다.

나의 쓸쓸함을 보고 하나님께서 위로해 주시고 복을 주시는구나!
그후 아브람은 헤브론으로 거처를 옮기고, 하나님께 제단을 쌓았지.
지 중 해
벧엘
길르앗
랍바
예루살렘
암몬
가사
블레셋
헤브론
소돔
브엘세바
모압
네게브
싯딤
골짜기
신 광야
에돔
바란 광야

14장 포로가 된 롯

그 즈음 가나안 국가들의 첫 연합 선생이 시삭되었어.

'남동맹 5개 국'이 '북동맹 4개 국'에게 12년 동안 조공을 바치다 13년째 되는 해에 조공을 거부하고 싯딤 벌판(사해)에 무여 반역을 일으켜.
아드마 왕 시납
소돔 왕 베라
고모라 왕 비르사
벨라 왕 소알
더 이상 조공 못 내겠다!
북동맹국을 박살내버리자!
스보임 왕 세메벨

※싯딤 벌판 : 사해 지역 근처.

tip 가나안과 주변의 족속들

가나안 초기 원주민들은 르바 족속, 엠 족속, 호리 족속, 수스 족속, 아낙 족속 등이다. 이후 헷 족속, 기르가스 족속, 아모리 족속, 가나안 족속, 브리스 족속, 히위 족속, 여부스 족속을 가리켜 가나안 7족속이라고 한다. 이들 외에도 알가 족속, 신 족속, 아르왓 족속, 스말 족속, 하맛 족속, 겐 족속, 그니스 족속, 갓몬 족속, 르바 족속, 아말렉 족속 등이 있었다.

이에 북동맹 4개 국은 14년째에 남동맹 5개 국을 공격하면서 남쪽으로 내려오기 시작했어.
와아아
엘라살 왕 아리옥
고임 왕 디달
시날 왕 아므라벨
이것들이 건방지게 반항을 해!
엘람 왕 그돌라오멜

먼저 아스드롯 가르나임에서 르바 족속을, 함에서 수스 족속을, 사웨 기랴다임에서 엠 족속을 치고
와아
와아

세일 산에서 호리 족속을, 가데스에서 아말렉 족속과 아모리 족속을 정복했지.
와아!!
반항은 죽음이닷!

이후 침략해 온 북동맹 4개 국은 싯딤 벌판에서 남동맹 5개 국과 전투를 벌였어.

남동맹 5개 국은 싯딤 벌판에 있는 역청(아스팔트) 구덩이가 자신들에게 유리할 줄 알고 전투를 벌였는데 오히려 소돔 왕과 고모라 왕이 구덩이에 빠지고 말았어.
와 아 아
소돔 왕
아이고, 고모라 왕 살려~
헉. 이, 이런…!
고모라 왕
싯딤 골짜기

※역청 : 탄화수소 화합물의 총칭, 사해 부근의 지하 분수지에서 기름처럼 끓어 오르는 아스팔토스를 말한다.

크게 패한 남동맹 5개 국 병사들은 흩어져서 산속으로 도망치게 돼.
으아아아!!

전투에 승리한 북동맹 4개 국의 왕들은 소돔과 고모라의 모든 물건과 양식을 빼앗았고
크하하하!

마침 소돔에 살던 아브람의 조카 롯도 끌고가고 그의 재산까지 빼앗았지.
흑흑, 아브람 삼촌~

롯을 구출하는 아브람

당시 아브람은 아모리 족속 마므레의 땅에 머무르고 있었어.

마므레는 에스골과 아넬의 형제였는데, 아브람은 이들과 동맹을 맺고 있었어.
아브람이여!

포로로 잡혀 가다 도망쳐 나온 한 사람이 히브리 사람 아브람에게 말했어.
당신의 조카가 북쪽 땅으로 끌려가고 있소!
뭐라고?

아브람은 그의 장막에서 태어나 훈련된 318명의 사병을 이끌고 롯을 구하기 위해 단으로 향했지.
시돈
다마스커스
호바
다메섹
두로
단
세겜
길르앗
벧엘
랍바
예루살렘
암몬
가사
블레셋
헤브론
네게브
모압
싯딤 골짜기
와아아
모두 출정이다!
단에 도착한 아브람은 밤에 부하들을 몇 패로 나누어 적을 공격했어.
우리는 여호와께서 함께하신다. 물러서지 마라!
와아아
으악!
챙
웬 놈들이냐.
그리고 도망치는 적을 다메섹 북쪽 호바까지 쫓아갔어.
하나님의 아들을 핍박한 자들을 용서치 마라!
와아아
아브람은 그들에게 빼앗긴 모든 재물과 잡혀 간 사람들을 다시 찾아왔지.
와~ 우린 이제 살았다!
아아, 감사합니다.
이 모든 것이 하나님의 은혜입니다.

롯!!
그리고 조카 롯과 그의 모든 재산도 되찾았어.
으어엉~!
괜찮다, 괜찮아.

tip 연합군 vs 318명의 사병

318명의 사병들은 기껏해야 유목민들의 일상 생활과 밀접하게 연관된 가축 보호나 집인 경계를 위한 피수꾼으로 훈련을 받았을 것이다. 이런 미약한 수준의 훈련을 받은 318명의 사병으로 정규 훈련을 받은 4개 국 연합군을 상대해 이긴 것은 기적이라고 할 수 있다. 아브람이 이 소수의 사람들을 동원해 조카 롯의 구출 작전을 감행한 것은 조카에 대한 변함없는 사랑과 하나님의 도우심을 확신하는 믿음이 있었기 때문이다.

아브람이 그돌라오멜과 그와 연합한 왕들(북동맹 4개 국의 왕들)과의 싸움에서 이기고 돌아오자
아브람 만세!!
와아!
사웨 골짜기
소돔 왕이 왕의 골짜기라고도 불리는 사웨 골짜기로 나와 그를 맞이했어.
수고했소!
※사웨 골짜기 : 예루살렘에서 약 500미터 정도 떨어진 기드론 시내 상류에 위치한 골짜기.
살렘 왕 멜기세덱도 빵과 포도주를 가지고 나와 아브람을 맞이했지.
하하, 축하합니다.
멜기세덱은 아브람을 축복하며 말했어.
하늘과 땅을 창조하신 지극히 높으신 하나님이여, 아브람에게 복을 주시옵소서!
감사합니다.
원수를 그대 손에 넘겨주신 가장 높으신 하나님을 찬양합니다!
찬양합니다.
그리고 아브람은 자신이 얻은 것의 10분의 1을 멜기세덱에게 주었지.
축복해 주신 것에 대한 감사의 뜻입니다.

tip 살렘 왕 멜기세덱 Link 히브리서 5장 1-14절, 6장 20절, 7장 1-10절

'살렘'은 '평화'라는 뜻으로 살렘 왕은 평화의 왕을 의미한다. 성경에서는 예수 그리스도를 평화의 왕으로 묘사(Link 이사야 9장 6절)하기 때문에 살렘 왕 멜기세덱은 평화의 왕 예수 그리스도를 상징한다고 할 수 있다. 또한 멜기세덱의 신분이 하나님의 제사장이라는 것도 그가 대제사장이신 예수 그리스도를 상징한다고 할 수 있다. 한편 구약의 모든 제사장들은 제물의 피를 통해 제사를 드렸는데 유일하게 떡과 포도주를 드린 제사장이 바로 멜기세덱이다. 그런데 신약에서 떡과 포도주로 제사를 드린 분이 한 사람 더 있는데, 바로 예수 그리스도다. 특히 멜기세덱에 대한 설명을 보면 "아버지도 없고 어머니도 없고 족보도 없고 시작한 날도 없고 생명의 끝도 없어 하나님의 아들과 닮아서 항상 제사장으로 있느니라"라고 한다. 이처럼 살렘 왕이며 하나님의 아들과 닮은 제사장 멜기세덱은 평화의 왕이며 하나님의 아들 대제사장이신 예수 그리스도의 모형이며 그림자라고 할 수 있다. 어쩌면 멜기세덱은 예수 그리스도 그 자신일지도 모른다.

소돔 왕이 아브람에게 말했어.
붙잡혀 갔던 내 백성들만 돌려주고 되찾은 재물은 당신이 가지시오!
하늘과 땅을 만든 지극히 높으신 하나님께 맹세합니다.
당신 것은 실오라기 하나, 신발 끈 하나도 받지 않겠소.

당신이 아브람을 부자로 만들었다고 말하지 못하게 말이오.
하하, 그러면 나야 좋지, 뭐.
다만 싸움에서 이기고 돌아온 내 젊은이들에게는 먹을 음식을 나눠주시오.
그 정도야…

그리고 나와 함께 싸움터에 갔던 아넬과 에스골과 마므레의 몫은 챙겨주시오.
알겠습니다.
아 자 ~!
아넬
에스골
마므레

15장 땅과 후손에 대한 약속

이 일들이 있은 후 하나님이 환상 가운데 아브람에게 말씀하셨어.
아브람아!
주, 나의 하나님!

아브람아 두려워 말라.
나는 너의 방패고,
내가 너에게 큰 상을 줄 것이다!
제게 무엇을 주시려 하나이까?

아브람은 자식이 없어 자신의 집에서 태어나 자란 다메섹 사람 엘리에셀을 상속자로 삼으려 했어.
이때는 자식이 없으면 충실한 종을 양자로 삼아 재산을 상속시켰지.
엘리에셀
그리고 그 종에게 노후를 부탁하는 풍습이 있었어!
그런데 하나님은 이렇게 말씀하셨지.
엘리에셀은 네 상속자가 아니다. 너의 몸에서 태어난 자식이 네 재산을 물려받을 것이다!
하지만 전 아이를 낳기에는 나이가….
하나님은 아브람을 밖으로 데리고 나가셨어.
하늘을 바라보아라!

tip 두려워 말라!

소수의 사람들(318명)에게 패한 북동맹 4개 국은 자신들이 노략질한 재물과 노예들을 모두 빼앗기고 말았다. 그래서 그들은 자존심 회복과 복수를 위해 다시 쳐들어올 가능성이 있었다. 어쩌면 아브람은 승리의 기쁨보다 두려움이 더 컸을지 모른다. 이런 상황 속에서 하나님께서 아브람을 위로하며 말씀하신 것이다.

밤하늘의 별을 보아라. 셀 수 있겠느냐? 네 자손도 저 별들처럼 많아질 것이다. 나는 너에게 이 땅을 주기 위해 갈대아 우르에서 너를 이끌어낸 여호와니라!
오, 감사합니다, 하나님. 저는 하나님의 약속을 믿습니다.
하나님은 아브람의 믿음을 보시고 그를 의롭게 생각하셨어.
하나님, 제가 이 땅을 얻는다는 것을 어떻게 알 수 있겠습니까?
힌트라도 좀…

하나님은 자신을 위해 각각 3년 된 암소, 염소, 숫양 그리고 산비둘기와 집비둘기 새끼를 가져오라고 하셨지.
아브람은 그 동물들의 몸통을 반으로 갈라 마주 보게 해놓았어. 하지만 새들은 반으로 쪼개지 않았지.

tip 동물 몸통을 반으로 가른 이유

약속을 위반하는 사람의 몸통 역시 반으로 갈라진 동물처럼 될 것이라는 상징적인 의미가 담긴 이 시대의 약속에 대한 맹세 방법이다. 새들을 쪼개지 않은 이유는 이것이 성령의 상징물이기 때문이라는 해석도 있지만 단지 두 조각으로 자를 만큼 크지 않았기 때문으로 보인다.

솔개가 고기들 위로 내려오자 아브람이 쫓아버렸어.
푸드득
저리 가라!
해가 지고 캄캄한 어둠이 몰려오자 아브람은 깊이 잠든 가운데 몹시 두려워졌어.
스오오
으으…
그때 하나님께서 말씀하셨지.
너는 분명히 알라. 네 자손들은 다른 나라에서 나그네가 되어 그들을 섬길 것이다!
그 다른 나라의 사람들은 400년 동안 네 자손들을 괴롭힐 것이다!
그러나 내가 그 민족을 반드시 심판할 것이고, 네 자손들은 많은 재산을 가지고 그곳에서 나올 것이다!

아브람아, 너는 오래오래 살다 평안히 조상에게 돌아갈 것이다!
감사합니다, 하나님!
네 자손은 4대 만에 이 땅으로 돌아올 것이다. 아모리 족속의 죄악이 아직 벌을 받을 정도로 크지 않기 때문이다!
가나안
아직 아모리 족속이 그대로 있어요. 그들이 쫓겨날 때까지 기다려요.
빨리 좀 나가라고 해요!

말씀 중에 해가 져서 매우 어두운데
?
갑자기 연기 나는 화로와 불붙은 횃불이 몸통을 반으로 쪼개 놓은 고기들 사이로 지나갔어.
화 아 악

tip 고기들 사이로 지나가는 화로와 횃불

당시 두 사람이 함께 쪼갠 고기 사이로 걸어가는 것이 맹세의 방법이었는데, 하나님께서 불꽃으로 오셔서 홀로 고기 사이를 지나가신 것이다. 이 행동에는 아브람이 믿음을 저버린다 해도 하나님께서 아브람과 한 약속을 지키시겠다는 의미가 들어있다고 할 수 있다.

이날 하나님은 아브람과 언약을 세우고 말씀하셨지.
내가 이집트 강에서부터 저 큰 강 유프라테스까지 네 자손에게 줄 것이다. 그 땅은 겐 사람과 그니스 사람, 갓몬 사람, 헷 사람, 브리스 사람, 르바 사람, 아모리 사람, 가나안 사람, 기르가스 사람과 여부스 사람의 땅이다!

16장 하갈이 이스마엘을 낳다

아브람의 아내 사래는 아이를 낳지 못했어.
나이는 계속 먹는데 아이가 생기지 않으니….
사래에게는 이집트인 여종 하갈이 있었지.
아브람!
슥 슥
하나님께서 내게 아이를 주지 않으시니 내 여종과 잠자리를 하심이….
아니 어찌 그런 말을….

하갈을 통해 아이를 얻을 수 있을지도 모르잖아요.
?
흠, 알겠소.
사래가 하갈을 아브람에게 준 것은 가나안 땅에 온 지 10년이 지난 후였어.
자, 나의 종 하갈을 데려가세요.
흠흠.
아브람이 하갈과 잠자리를 하자 하갈이 임신을 했지.
그러자 하갈이 여주인 사래를 업신여겼어.
자식이 없는 건 몹시 수치스러운 일이죠, 안 그래요?
아니, 뭐?
내 이 고통은 모두 아브람 당신 때문이에요.
내, 내가 뭘…?
내가 당신에게 준 여종이 임신을 하더니 나를 업신여겨요. 하나님께서 당신과 나 사이를 판단해 주셨으면 해요!
흑흑
으음…
사래가 마음의 상처를 많이 받았구나!
하갈은 당신 종이니 당신 마음대로 하시오.
정말이죠?
우드득
이후 사래는 하갈을 학대했고, 결국 하갈은 사래에게서 도망쳤어.
하갈! 어딨느냐?
사래가 날 죽일지도 몰라.
하갈은 수르로 가는 길목에 있는 광야의 샘에서 여호와의 사자를 만나게 되지.
흑흑
괜히 까불다가…
사래의 종 하갈아, 너는 어디에서 와서 어디로 가느냐?
네?
제 여주인 사래를 피해 도망가고 있는 중입니다.

네 주인 사래에게 돌아가서 그녀의 말을 잘 들어라!
하, 하지만…
내가 너에게 셀 수 없이 많은 자손을 줄 것이다!
네가 아들을 낳을 것이니 그 이름을 이스마엘이라 하라. 하나님께서 너의 고통을 들으셨다!
아, 하나님, 감사합니다.

※이스마엘 : '하나님께서 들으심'이라는 뜻.

이스마엘은 들나귀처럼 광야를 자유롭게 누빌 것이다. 그는 모든 사람들과 대적하며 동방에서 살 것이다!
하갈은 자신에게 말씀하시는 하나님을 '나를 보시는 하나님'이라고 불렀어.
내가 하나님을 뵙고도 이렇게 살아 있을 수 있다니!
그리고 가데스와 베렛 사이에 있는 그 샘은 브엘라해로이라 불리게 되었지.

※브엘라해로이 : '나를 보시는 살아계시는 분의 우물'이라는 뜻.

하갈이 아이를 낳자 아브람은 이름을 지어주었어.
네 이름은 이스마엘이란다.

그때 아브람의 나이는 86세였어.

상황	나이	말씀
가나안 도착	75세	12장 4절
이스마엘 탄생	86세	16장 16절
이삭의 출생에 대한 최종 약속	99세	17장 1절
이삭 탄생	100세	21장 5절
아브라함 사망	175세	25장 7절

tip 아브람의 나이

아브람의 나이는 성경에 다섯 번 나타난다. 하란을 떠나 가나안에 도착했을 시점(75세), 이스마엘을 낳았을 때(86세), 이삭의 출생에 대한 하나님의 언약이 주어질 때(99세), 이삭이 출생했을 때(100세), 그리고 마지막으로 아브람이 사망했을 때(175세)다. 이러한 기록은 모두 아브람의 중요한 신앙의 전환점에서 이루어졌다.

성경에 내 나이는 모두 다섯 번 나오지.

17장 할례 언약

아브람이 99세 때 하나님이 말씀하셨어.
나는 전능한 하나님이다!
하, 하나님!

너는 내 앞에서 올바르게 살아라. 내가 너와 언약을 세워 너에게 수많은 자손을 주겠다!
감사 합니다.
너는 여러 나라의 조상이 될 것이며, 너에게서 왕들이 나올 것이다!
다윗
사울
솔로몬
예수 그리스도

내가 너를 여러 나라의 조상으로 만들었으니 이제 '아브람'이 아닌 '아브라함'이라 부를 것이다!
말씀을 따르겠나이다!
지금부터 내가 너와 네 모든 자손에게 언약을 세운다. 나는 너와 네 자손의 하나님이 될 것이다!
웅성 웅성
우리 모두의 하나님.
웅성 웅성

※아브람 : '존귀한 아버지'란 뜻. ※아브라함 : '열국(여러 나라)의 아버지'란 뜻.

너는 지금 비록 이 가나안 땅에서 나그네로 살고 있지만 내가 이 땅 전체를 너와 네 자손에게 영원히 줄 것이다!
와 아~
Jehovah
너와 네 자손은 지금부터 이 언약을 지켜야 한다!
무슨 언약을?

남자는 모두 할례를 받아라. 이것이 언약의 표시가 될 것이다!
할례요?

tip 할례

남자의 성기 끝 살가죽을 잘라내는 풍습을 말한다. 성경에서는 비유적으로 양피를 벤다는 표현을 사용하는데, 이 행위는 이스라엘에서 언약의 징표로 종교의식화되었다.

이때부터 남자 아이는 태어난 지 8일 만에 할례를 받아야 했고 아브라함 집에서 태어난 종뿐만 아니라 돈으로 산 종도 할례를 받아야 했어.
흐흐, 내 종이 되었으니 각오는 돼 있겠지?
아이고, 그건 소 잡을 때 쓰는 거잖아요.

그래야만 너희 살 속에 새겨진 내 언약이 영원한 언약이 될 것이다!
볼 일 볼 때마다 하나님의 언약이 생각나겠군.
끙 끙
할례받지 않은 남자는 언약을 어긴 것이므로 나의 백성 가운데 제외될 것이다!
아이고, 나도 빨리 해야겠구나!
그리고 '사래'의 이름을 '사라'라 부르라고 하셨지.
이제부터 사라라고 불러주세요~

※사래 : '여주인' '나의 공주'라는 뜻, 사라 : '많은 사람의 어머니'라는 뜻.

내가 사라에게 복을 주어
너를 위해 아들을 낳게 할 것이다!
아, 드디어
때가 왔구나!
또 사라를 여러 나라의 어머니가
되게 할 것이니 그녀를 통해
여러 나라의 왕들이 나올 것이다!
호호호, 내가 이들의
어머니란 말씀!

아브라함은 엎드린 채로 기쁨과 기대에 차
웃으면서 속으로 말했지!
와~ 내가
100세나 되는데
어떻게 아기를
낳을 수 있을까?
사라도
90세인데…,
역시
하나님은
짱!

tip 아브라함의 웃음

아브라함은 자신과 사라가 나이가 들었음에도 불구하고 하나님께서 아이를 주신다고 하신 언약을 굳게 믿었다. 그래서 하나님의 말씀을 듣고 불신과 의심을 표현하지 않고 기쁨과 환희로 웃었던 것이다. Link 로마서 4장 19, 20절 하지만 한편으로는 놀라움과 회의가 담긴 미소라고 보는 견해도 있다.

하갈에게서 얻은
이스마엘도 주님께
복 받으며 살기를
원합니다!
아니다!

네 아내 사라가 아들을 낳을 것이니,
이름을 이삭이라 하라. 내가 그와
언약을 맺을 것이니, 그의 후손들에게도
영원한 언약이 될 것이다!
그럼
이스마엘은…?
이스마엘에게도 복을 주어 그가
자식을 많이 낳고, 열두 통치자가
나와 큰 나라를 이룰 것이다!
저도 복을
받는 건가요?
그럼~
그러나 나의 영원한 언약은
내년 이맘때 사라가 낳을
이삭과 세우겠다!
드디어
사라가 아이를
낳는구나.

※이삭: '웃음'이란 뜻.

tip 하나님의 언약

아브라함은 사라가 낳게 될 아들(이삭)의 자손 외에도 이스마엘 역시 하나님께 영원한 언약의 복 Link 1권 44, 57p 을 받기 원했다. 그러나 하나님은 '아니다'라고 하셨다. 하나님께서 이삭에게 주는 복은 아브라함과 세운 영원한 언약에 대한 것이고, 이스마엘에게 주는 복은 후손이 번성하고 큰 나라를 이루는 것이다.

하나님은 아브라함과 대화를 마치고
하늘로 올라가셨어.
이 많은 복을
어찌 감당하나.
자, 모두 집합!
오늘 할례를
받아야 한다!
아니 왜
갑자기…?
네?

아브라함은 이스마엘을 비롯해 자기 집에서 태어난 모든 사람은 물론 돈을 주고 산 종들에게도 하나님이 말씀하신 대로 할례를 행했어.
잔말 말고 모두들 준비해라!
헉!
아이고, 이거 큰일났네.
킥킥
이때 아브라함은 99세였고 이스마엘은 13세였지. 아브라함 집의 모든 남자들은 같은 날 할례를 받았어.
시끄럽다. 엄살은….
흐흐
남자로 태어난 죄지 뭐.
끙.
너무 아파요.

18장 손님을 대접하는 아브라함

얼마 후 하나님이 마므레의 커다란 나무들 근처에 다시 나타나셨어.

아브라함은 가장 더운 한낮의 뜨거운 햇볕을 피해 자신의 장막 앞에 앉아 있었지.
덥다 더워.
응?
슥
헉!

내 주 하나님! 저를 좋게 여기신다면 주의 종인 저를 그냥 지나치지 말아주십시오!
제가 물을 가져올 테니, 세 분의 발을 씻은 후 나무 아래에서 좀 쉬십시오. 음식도 가져올 테니 드시고 기운을 차린 다음 다시 길을 가십시오.
좋다. 네 말대로 하라!
난 짬뽕.

tip 세 사람이란?

아브라함 앞에 나타난 세 사람은 하나님과 하나님을 수행하는 두 명의 천사로 보는 것이 맞다.(19장 참고.)
전에 하나님의 나타나심을 경험했던 아브라함은 그들 중 한 분이 하나님임을 첫눈에 알아보고 주라 부르며 엎드린 것이다.

아브라함은 장막으로 뛰어 들어가 사라에게 말했지.
빨리 고운 밀가루 세 스아를 반죽해서 빵을 만들어요!!
네? 손님 오셨어요?
그리고 짐승들이 있는 곳으로 달려가 기름지고 좋은 송아지 한 마리를 끌어다 종에게 주었어.
얼른 잡아서 요리해라!
참, 짬뽕도 하나 시키고.

※스아 : 1스아는 7.3리터다.

아브라함은 버터와 우유, 하인이 요리한 송아지 요리를 가져다 세 사람 앞에 놓았어. 그리고 세 사람이 음식을 먹는 동안 나무 아래 서서 시중을 들었지.
냠냠
쩝쩝
맛있군.
감사합니다. 디저트는 케이크와 아이스크림 중에…?
네 아내 사라는 어디 있느냐?
지금 장막 안에 있습니다.
내가 내년 이맘때쯤 다시 찾아올 것이다. 그때 네 아내 사라에게 아들이 있을 것이다!
아브라함과 사라는 나이가 많았고 사라는 아이를 낳을 수 있는 시기가 지난 상태였어.
어머머머~!!
사라는 속으로 웃으며 생각했지.
나도 남편도 이미 늙었는데 그런 기쁜 일이 생긴다고?

※사라의 웃음 : 의심과 불신앙에서 나온 웃음이었다.

사라가 왜 웃느냐? 늙었는데 어떻게 아이를 낳겠느냐고 생각하는 것이냐?
헉!
나 여호와가 하지 못할 일이 있겠느냐? 내년 이맘때쯤 다시 너를 찾아올 것이고, 그때 사라에게 아들이 있을 것이다!
하, 하나님이셨다니!
두려워진 사라는 거짓말을 했어.
저… 전 안 웃었어요.
덜덜덜
아니다. 넌 웃었다!

tip 사라의 두려움

사라는 자신의 속마음을 완전히 읽어낸 나그네가 하나님이심을 깨달았다. 그리고 삼시나바 하나님의 권능과 언약을 이실할 것에 크게 당황해서 거짓말을 한 것이다. 한편 사라의 거짓말에 대해 하나님은 심판을 내리거나 벌을 주지 않고 단지 '아니다, 넌 웃었다'라며 엄중한 판결을 내리셨다. 이에 사라는 침묵으로 자신의 잘못을 시인할 수밖에 없었다.

세 사람은 그곳을 떠나 소돔으로 향했어. 아브라함은 그들을 배웅하기 위해 함께 걸어갔지.
내가 하려는 일을 어떻게 네게 숨기겠느냐. 너는 크고 강대한 나라를 만들 것이다!

세상의 모든 사람들이 너로 인해 큰 복을 받을 것이다!
내가 너를 선택한 것은 네가 네 자녀와 자손들을 가르쳐 나의 길을 잘 따르게 하기 위함이라!
하나님께서는….
그리하여 나 여호와는 아브라함 네게 한 모든 약속을 지킬 것이다!
주님, 감사합니다.
하나님은 소돔과 고모라 백성들에 대해 나쁜 소식을 많이 들으셨지.
이제 내가 직접 가서 그들이 얼마나 악한지 살펴볼 것이다!
두 천사가 하나님의 명을 받고 소돔으로 갔어. 아브라함은 하나님 곁에 그대로 서 있었지.
아브라함은 하나님께 다가가 말씀드렸어.
저들 중에 선한 사람들도 있을 텐데, 그들도 함께 멸망시키실 건가요?
…
저 성 안에 의인 50명이 있어도 멸망시키실 겁니까? 그 50명을 위해 용서하지 않으시겠습니까?
제발 의인들을 악한 자들과 함께 멸망시키지 말아주세요. 온 땅의 심판자이신 주께서 옳은 판단을 내려야 하지 않습니까?
만약 저 성 안에 의인 50명이 있다면 그들을 위해 모두를 용서하겠다!
저는 비록 먼지와 재 같은 존재지만 감히 여쭙겠습니다.
뭐 그러든가!
50명 중에 5명이 부족해도 온 성을 멸망시키실 겁니까?
저 성 안에 45명의 의인이 있다면 멸망시키지 않겠다!
40명밖에 없다면요?
40명만 있어도 멸하지 않겠다!

화내지 말고 들어주소서.
저 성 안에 의인 30명이
있다면 어찌 하실 겁니까?
30명만 있어도
멸하지 않겠다!
감히 다시 주님께
말씀드립니다.
그곳에서 의인 20명을
찾으면 어찌 하실 겁니까?
20명만 있어도
멸하지 않겠다!
주님, 화내지 마옵소서.
세가 한 번만 더
말씀드리겠습니다.
10명을 찾으면
어찌 하실 건가요?
10명만 있어도
멸하지 않겠다!

tip 한 번만 더

이 장면은 마치 하나님과 흥정하는 듯 한 느낌을 주는데, 이런 태도는 바람직하지 못하다. 그럼에도 하나님께서 아브라함의 간구를 들어주신 이유는 아브라함이 단지 소돔에 살고 있는 조카 롯뿐만 아니라 소돔과 고모라의 모든 사람들을 구원하기 위해 애타게 기도했기 때문이다.

하나님은 아브라함과 대화를 마치신 후
그곳을 떠나셨어.
후다닥
자자, 이제 그만하고
담에 보자. 안녕!
아니, 좀 더
남았는데….
아브라함도 자기 집으로 돌
아갔지.
여보~
밥 줘!

19장 롯을 찾아간 두 천사

밤이 되자 두 천사가 소돔에 이르렀어.
마침 소돔 성문 앞에 앉아 있던 롯이…
아니!
그들을 맞이하며 엎드려 절했어.
내 주여!
!?
털썩
제 집에 오셔서
발을 씻고 하룻밤 주무신 후
아침 일찍 다시 길을 떠나지
않겠습니까?
아니오, 우리는
거리에서 밤을
지낼 생각이오!
절대 그럴 순
없습니다.
제발 우리 집에
와주세요~ 네?
잉
잉
어?
롯의 간곡한 부탁으로 결국 그들은 롯의 집
으로 갔어. 롯은 그들을 위해 음식을 준비했
지.
여기 누룩을 넣지
않은 빵을 좀
드십시오.

그들이 자리에 눕기 전에 소돔 성 사람들이 아이부터 노인에 이르기까지 모두 몰려왔어.
어떻게 생겼는지 나도 봐야겠어!
이 집으로 그들이 들어갔다!
나도!
오늘 밤에 너를 찾아온 사람들이 어디 있느냐?
그들을 우리 앞으로 끌어내라!
그들과 재미를 좀 봐야겠다!
롯은 사람들에게 나가서 뒤로 문을 닫았어.
그런 나쁜 짓을 해서는 안 되오!
롯은 남자와 잠자리를 하지 않은 자신의 두 딸을 내세웠어.
내 두 딸을 내줄 테니 마음대로 하시고 내 집에 온 손님들에게는 아무 짓도 하지 마시오!
하지만 사람들은 롯을 밀치고 문을 부수려 했어.
저리 비켜라!
떠돌이 주제에 우리를 가르치려 하느냐?
그때 두 천사가 손을 내밀어 롯을 집으로 끌어들이고 문을 닫았어.
엇~!!
탁!
그리고 문 밖에 있는 사람들의 눈을 멀게 했어. 밖에 있던 사람들은 노인부터 아이에 이르기까지 누구도 문을 찾을 수 없었지.
앗, 아, 앞이!
어떻게 된 거야?
무, 문이 안 보여.
이 성에 사위나 아들이나 딸이나 다른 친척들이 있소?
사위 될 사람들이 있습니다.
당장 그들을 이끌고 성 밖으로 나가시오!
네네!
후다닥!
여호와께서 이 성에서 벌어지는 악한 일에 대해 모두 들으셨소. 그래서 이 성을 멸망시키라고 우리를 보내신 것이오.
헉, 헉. 이럴 수가…
으다다

롯은 딸들과 결혼하기로 한 사위들에게 이 사실을 전했지. 그러나 그들은 롯의 말을 농담으로 여겼어.
장인어른, 농담도 잘하십니다.
하나님께서 이 성을 멸하실 거라네. 어서 빨리 떠나세!
푸하하!
다음날 새벽이 되자 천사가 롯을 재촉하며 아내와 두 딸을 데리고 나가라고 했어.
긴박한 상황입니다. 동이 트면 모두 멸망합니다. 죽지 않으려면 서둘러 여기서 나가야 합니다!
아, 아니 그게…!
그래도 롯이 머뭇거리자 두 천사는 롯과 그의 아내와 두 딸의 손을 잡고 성 밖으로 데리고 나갔어.
빨리 서둘러야 한다니까!
하나님이 롯과 그의 가족에게 자비를 베푸신 것이지.
목숨을 건지고 싶으면 도망치시오. 뒤돌아보지 말고 평원에 머무르지도 말고 산으로 도망치시오.
그렇지 않으면 당신들도 죽을 것이오.
내 주여, 제발 그렇게 하지 말아주세요. 주께서는 자비를 베풀어 저를 살려주셨습니다.
롯은 천사들이 말한 산에 다다르기 전에 재앙으로 죽을까 봐 두려웠어.
그러니 저기 보이는 저 작은 성까지만 도망가게 해주세요!
알겠다. 네가 거기 도착하기 전까지 소돔을 멸망시키지 않겠다.
이때부터 그 성은 '작다'는 뜻의 '소알'이라 불리게 되었지.
빨리 가자!

소돔과 고모라의 멸망

롯이 소알에 다다르자 해가 떠올랐어.
헉헉, 겨우 도착했구나!
여기부터 소알
타 다 닥

그러자 하나님께서 유황과 불을 소돔과 고모라에 비처럼 내리셨지.
쿠 르 릉
아, 도, 도대체 무슨 일이…?
콰콰
절대 뒤 돌아보지 말라고 하셨다. 어서 가자!

하지만 롯의 아내는 그만 뒤를 돌아보았고
소금 기둥이 되고 말았지.
쩌엉
하나님은 소돔과 고모라 성에 사는 모든 백성과 땅에서 난 모든 것을 소멸하셨어.
쿠구구궁
그날 아침 일찍 아브라함은 하나님께 간구했던 곳으로 갔어.
헉
헉
그곳에서 보니 소돔과 고모라와 온 들에서 연기가 솟아오르고 있었지.
아, 결국….
하지만 하나님께서는 아브라함의 청을 기억하시고 롯의 목숨만은 살려 주셨어.
헉
헉

롯과 두 딸들

롯은 소알에서 계속 사는 것이 두려웠어.
혹시 여기까지 재앙이 덮치면 어쩌지?
그래서 두 딸과 함께 소알에서 나와 산 속 동굴에서 살게 돼.
어느 날 큰 딸이 작은 딸에게 말했어.
아버지는 늙으셨고 이 땅에는 세상의 관습을 따라 우리와 결혼할 남자가 없어.
그럼 어떻게 하지?

아버지에게 술을 먹여서
취하게 한 다음 잠자리를
해서 자식을 얻자!
아자~!!

tip 남자가 없어

롯의 두 딸은 소돔 사람들의 문란한 행동을 보며 자란 데다가 신앙적으로도 바른 교육을 받지 못한 것으로 보인다. 산 속에서 가진 것 없이 사는 자신들의 처지와 산 속에 다른 남자가 없다는 것, 그리고 문란한 성적 가치관이 복합적으로 작용해서 아버지를 통해 자손을 얻는 것에 대한 정당성을 주장하기 위해 남자가 없다고 한 것이다.

그 밤에 그들은 아버지를 취하게 하고 큰 딸이 들어가 잠자리를 같이 했지.
#@$%&@
#$#♬

하지만 롯은 큰 딸이 자신에게 무슨 일을 했는지 알지 못했어.
음냐~ 음냐~
다음 날 큰 딸이 작은 딸에게 말했어.
오늘은 네가
잠자리를 같이 해서
자식을 얻어라!
네, 언니.
그날 밤에도 그들은 롯을 취하게 하고 작은 딸이 잠자리를 같이 했어.
#@$%&@
#$#♬
조심하세요.

이번에도 롯은 작은 딸이 자신에게 무슨 일을 했는지 몰랐지.
음냐~ 음냐~
이렇게 해서 두 딸 모두 아버지의 아이를 가지게 되었어.
어?
이게 뭔 일이냐?!
큰 딸은 아들을 낳아 이름을 모압이라 했어. 그가 바로 모압 백성의 조상이야.
모압은
'나의 아버지로부터
태어났다'는 뜻이야.

작은 딸도 아들을 낳아 이름을 '벤암미'라 했어. 그가 바로 암몬 백성의 조상이지.
벤암미는 '나의
아버지의 아들'
이라는 뜻이지.

20장 아브라함의 두 번째 실수

아브라함은 헤브론을 떠나 남쪽 네게브 지방으로 갔어.
목초지를
따라 이동하자!

그리고 가데스와 술 사이에 살다가 그랄로 옮겨 갔지.
여리고
예루살렘
베들레헴
아스글론
가나안
가사
헤브론
사해
그랄
블레셋
브엘세바
모압
아말렉
브엘라해로이
네게브
가데스 바네아

창세기

아브라함은 또다시 그랄 사람들에게 사라를 여동생이라고 말했어.
내 누이와 함께 여기서 살게 되었소. 잘 부탁하오.
그랄의 아비멜렉 왕이 그 이야기를 듣고 종들을 시켜 사라를 데려갔지.
아, 아니….
그랄 땅에 들어온 너의 족속과 좋게 지내기 위해 정략적으로 데려가는 거다.
그 밤에 하나님께서 아비멜렉의 꿈에 나타나셨어.
네?
네가 데려온 그 여자로 인해 너는 죽을 것이다. 그녀는 이미 결혼한 여자다!
사라를 가까이 하지 않았던 아비멜렉은 말했어.
덜덜
주, 주여, 주께서 죄 없는 백성도 멸하십니까? 아브라함이 제게….
그녀는 내 누이입니다.
이 사람은 제 오빠입니다.
그래서 저는 순수한 마음과 깨끗한 손으로 이 일을 했습니다.
하나님도 아비멜렉에게 잘못이 없다는 것을 알고 계셨지.
그래서 네가 나에게 죄를 짓지 못하게 막고, 그녀를 건드리지 못하게 한 것이다!
오, 주, 주여…!

tip 아비멜렉이 사라를 가까이 하지 않았던 이유

다음 페이지에 나오는 이야기를 보면 아비멜렉이 사라를 데려가자 하나님께서 사라를 보호하기 위해 아비멜렉과 그의 집안 남녀 모두가 아이를 갖지 못하도록 재앙을 내리셨고, 그로 인해 아비멜렉은 사라를 가까이할 수 없었다.

아브라함의 아내를 돌려보내라! 그는 선지자다. 그가 너를 위해 기도하면 너는 살 것이다!
네, 알겠습니다.
만약 돌려보내지 않으면 너와 네 모든 가족들이 죽을 것이다!
벌떡
헉~ 잘못했습니다. 제발 목숨만은…!

아비멜렉은 아침 일찍 일어나 신하들에게 꿈 이야기를 해주었어. 그러자 모두 두려워했지.
아~ 살 떨려.
어찌 그런 일이….
아비멜렉은 아브라함을 불렀어.
우리가 당신에게 무슨 잘못을 했기에 이같은 거짓말을 했느냐?
아, 저, 그게….

이곳 사람들은 하나님을 두려워하지 않으니 사라를 빼앗기 위해 저를 죽일지도 모른다고 생각했습니다.
그야 당연한 거…
야, 인마! 너무 솔직하잖아!
또 실제로 아버지는 같고 어머니는 다른 이복동생이기도 합니다.
누이가 맞긴 맞네?
그리고 예전에 사라에게 했던 말을 했지.
우리가 어디를 가든지 나를 당신의 오빠라고 해주시오. 나를 위한 부탁이오.
네, 그럴게요.
바로 이런 이유로 왕을 속였습니다. 죄송…
알았어, 알았다고.
아비멜렉은 아브라함에게 양과 소와 노비를 주고 사라도 돌려주었지.
허, 재산이 또 늘었네.
저것들도 덤으로 다 가져가라.
그리고 내 땅 블레셋을 둘러보고 마음에 드는 곳 어디서든 사시오.
감사합니다.
또 아비멜렉은 아브라함에게 은 1000세겔을 주며 사라에게 말했어.
이 은 1000세겔은 그대가 깨끗하며, 아무 잘못이 없다는 것을 사람들에게 증명해 줄 것이오!
11.4kg
호호, 뭘 이런 걸…
하나님은 사라를 데려간 것 때문에 아비멜렉 집안의 모든 사람들이 아이를 가질 수 없도록 하셨지.
그러니 이제는 우리를 위해 기도해 줘야…
아참, 그렇지. 받을 거 받았으니…

※1000세겔: 약 11.4킬로그램.

아브라함이 기도하자 하나님께서 아비멜렉과 그의 아내와 여종(첩)들의 태를 다시 여셨지.
만세!
다시 아이를 가질 수 있게 되었어.

tip 아브라함의 기도

아브라함은 하나님께 의지하지 않고 인간의 방식으로 어려움을 뚫고 나가려다 오히려 위기를 겪게 된다. 그는 심지어 사라를 통해 자손을 번성하게 하려는 하나님의 뜻을 거스를 뻔했음에도 불구하고 하나님의 은혜로 선지자로서의 권위를 되찾아 행사하게 된 것이다.

21장 이삭의 출생

하나님께서 말씀하신 대로 사라를 돌보셨고,

약속하신 대로 사라가 아이를 갖게 하셨어.
내 나이 90에 이런 일이 생기다니….
하나님이 아브라함에게 약속하신 그 때가 되니 늙은 아브라함과 사라 사이에서 아들이 태어났지.
응애! 응애!
옳거니 나왔구나~!
아브라함은 아들의 이름을 지었어.
하 하 하
네 이름은 이삭이란다! 이삭.
※이삭 : '웃는 자'란 뜻.
그리고 이삭이 태어난 지 8일 만에, 하나님이 명령하신 대로 할례를 행했지.
응애! 응애!
허허, 괜찮다. 조금만 참거라.
하나님이 나에게 웃음을 주셨으니 내 얘기를 듣는 사람들도 나처럼 웃을 거야.
내가 아이를 낳아 젖을 먹일 거라 누가 생각이나 했겠어?
와~ 정말? 나이가 그렇게 많은데?
축하해요, 사라.
사라가 아들을 낳았대!
그런데 난 늙은 아브라함에게 아들을 낳아주었단 말이야!
아이가 자라 젖을 떼는 날 아브라함이 큰 잔치를 열었지.
하 하 하
와 하 하 하
하 하 하
이 잔치는 아이가 세 살 무렵에 하는 풍습이야.
그런데 사라가 보니 여종 하갈이 낳은 아들 이스마엘이 이삭을 놀리는 거야.
아니, 저, 저런….

tip 이스마엘의 행동

이스마엘은 이삭을 멸시하며 괴롭혔다. 이것은 단순한 장난이 아니라 이삭이 태어남으로 인해 상속권을 빼앗긴 것에 대한 불만 표출이라고 할 수 있다.

아브라함, 하갈과 이스마엘을 쫓아내세요. 제 여종의 아들이 이삭과 함께 재산을 물려받게 할 순 없어요.
허참….
아브라함은 무척 괴로워하지.
이스마엘도 내가 사랑하는 아들인데 어찌 쫓아낼 수 있단 말인가!

그때 하나님이 아브라함에게 말씀하셨어.
하갈과 이스마엘을 걱정하지 말고 사라가 말한 대로 다 들어주어라. 내가 너에게 약속한 자손은 오직 이삭에게서만 나올 것이다!
여종 하갈에게서 낳은 아들도 너의 아들이니 그의 자손도 큰 나라를 이루게 할 것이다!
아, 하나님께서 날 위로해 주시는구나.
다음 날 아브라함은 아침 일찍 일어나 떡과 물로 가득 찬 가죽부대를 준비했어.
흑흑
그리고 그것을 하갈의 어깨에 메주고 이스마엘과 함께 떠나보냈지.
언제나 하나님이 함께하실 거다.
네… 흑흑.
하갈은 길을 떠나 브엘세바 들에서 방황했는데, 물이 다 떨어졌어.
휘청
아들아.
어머니, 목이 말라요….
하갈은 아들 이스마엘을 작은 나무 아래 두었지.
흑, 내 아들이 죽는 것을 차마 보지 못하겠구나.
그리고 멀리 가서 아들 쪽을 바라보며 울었어.
엉엉
그때 하나님의 천사가 하늘에서 하갈을 불렀지.
하갈아 무슨 일이냐? 두려워 말라!
!?
아이가 우는 소리를 하나님이 들으셨다. 이제 아이를 일으켜 세워라. 내가 그로 하여금 큰 나라를 이루게 하겠다!
아아…
하나님이 하갈의 눈을 밝게 하셔서 그녀는 샘물을 발견할 수 있었지.
아니, 여기에 샘물이…?
아들아, 여기 물이다.
벌컥 벌컥

tip 샘물

하갈이 샘물을 발견하지 못했던 것은 상황이 좋지 못해 마음이 불안했기 때문이다. 하지만 하나님의 은혜를 경험한 후 안정을 찾자 주변을 둘러볼 수 있는 여유가 생겨 샘물을 발견할 수 있었다. 우리도 절망적인 상황에서 하나님을 찾으면 그분의 위로로 힘을 얻고 그분께서 준비해 두신 축복의 샘을 찾을 수 있을 것이다.

이스마엘이 자라는 동안 하나님께서 그와 함께하셨지.
하나님 덕분에 광야에 머물며 활을 잘 쏘는 사람이 될 수 있었어!
이스마엘은 바란 광야에 살았는데, 하갈은 그를 위해 이집트 여인을 데려다 아내로 삼아주었어.
어떠냐? 맘에 드냐?
흐…

브엘세바의 맹세

그때 그랄의 왕 아비멜렉이 자신의 군대 장관 비골과 함께 아브라함을 찾아왔어.
아브라함의 세력이 나날이 커지니 다짐을 받아 둬야 해.
그대가 무슨 일을 하든 하나님이 함께하시오. 그러니 당신이 나와 내 후손들을 속이지 않겠다고 여기서 하나님께 맹세하시오.
참내, 내가 사기꾼인가?

※그때 : 아브라함이 하갈과 이스마엘을 내보낸 직후.

내가 그랬듯이 당신도 나와 당신이 머무는 땅에 친절을 베풀어주시오.
아네~, 맹세하지요.
맹세 후 아브라함은 아비멜렉에게 항의했어.
근데 당신의 종이 우리 우물을 빼앗아 간 건 어쩔거요?
엥? 그렇소?
난 누가 그랬는지 알지도 못하고 당신도 얘기한 적이 없소. 그런 얘기는 오늘 처음 듣는 거요.
흠… 어쨌든 한 번만 더 그러면 재미없수.
아브라함은 양과 소를 아비멜렉에게 가져다주고 그와 언약을 맺었어.
고맙소!
이것들을 오늘 언약의 예물로 삼겠습니다.
그리고 암양 새끼 일곱 마리를 더 가져왔지.
이것들은 왜 따로 내놓는 것이오?
이 우물이 내 것이라는 증거로 삼아주시오.
다시는 넘볼 생각 하지 말고…
아, 그렇게 하겠소!

두 사람이 거기서 맹세했기 때문에 그 곳을 브엘세바라 부르게 되었어.
도장 찍고, 복사~!
짝
아비멜렉과 그의 군대 장관 비골은 언약을 세운 후 블레셋 사람들의 땅 그랄로 돌아갔어.
빨리 가자
집 떠나면 고생이야.
아브라함은 그곳에 에셀 나무를 심고 영원하신 하나님을 경배했지.
하나님을 찬양합니다.
아브라함은 블레셋 사람들의 땅에서 오래 머물렀어.
22장 이삭을 바치는 아브라함
이와 같은 일들이 있은 후 하나님께서는 아브라함의 믿음을 시험하셨어.
꽈악
열공
꼭 합격해야지!
네가 사랑하는 외아들 이삭을 데리고 모리아 땅에 가서 내가 가리키는 산으로 가라!
네, 알겠습니다.
그리고 그곳에서 네가 사랑하는 독자 이삭을 번제로 바쳐라!
쿠궁
아브라함은 다음 날 아침 일찍 일어나 나귀에 안장을 얹고 번제에 쓸 나무를 준비했어.
그리고 이삭과 두 종을 데리고 하나님께서 지시한 곳으로 향했지.
이삭
떠난 지 3일째 되던 날.
저곳이구나.
모리아 산
너희는 나귀와 함께 여기서 기다려라. 난 내 아들과 함께 예배하고 돌아오겠다.
네, 알겠습니다.

※브엘세바 : '맹세의 우물'이라는 뜻.

※에셀 나무 : 사막에서 가장 생명력이 강한 상록수.

※번제 : 짐승을 통째로 구워 제물로 바치는 제사

※모리아 산 : 예루살렘이 세워진 곳.(역대하 3장 1절) 예수님께서 십자가에 못 박힌 골고다 언덕이 있다.

번제 나무를 이삭의 등에 지운 후 아브라함은 불과 칼을 손에 들고 함께 걸어갔지.
아버지!
왜 그러느냐, 아들아?
번제로 바칠 어린 양은 어디 있나요?
그건 하나님께서 직접 준비하실 거란다.
하나님이 지시한 곳에 도착하자 아브라함은 그곳에 단을 쌓고 나무를 벌려놓았지.
그런 다음 이삭의 몸을 밧줄로 묶고
아버지?!
가만히 있거라.
제단 나무 위에 올려놓았어.
스릉

아브라함이 칼을 잡고 이삭을 죽이려 할 때…
파앗
아브라함아, 아브라함아!
여호와의 사자가 하늘에서 아브라함을 불렀어.
멈칫
네… 제, 제가 여기 있습니다.
그 아이에게 손을 대지 말고 아무 일도 하지 말라!

tip 몸이 묶이는 이삭

많은 나무를 짊어지고 산을 오를 정도로 성장한 이삭이다. 분명히 100세가 훨씬 넘은 아브라함을 힘으로 뿌리칠 수 있었지만 반항하지 않고 순순히 묶였다. 이삭은 아버지를 믿고 따르며 하나님을 굳게 믿는 모습을 온몸으로 보여주었다. 한편 아브라함은 하나님께서 죽은 사람도 살려주신다는 것을 믿고 Link 히브리서 11장 19절 있었다.

오, 주여…!
털썩

하나밖에 없는 아들을 아낌없이 바치려는 것을 보니 이제 네가 하나님을 두려워하는 것을 알겠다!
메에에~
!?
아브라함이 고개를 들어 살펴보니 수풀에 뿔이 걸린 숫양이 있었지.
여기에 웬 숫양이?
아브라함은 그 양을 잡아 아들 대신 번제로 드렸어.
주님의 천사가 두 번째로 아브라함을 불러 말했어.
여호와의 말씀이다. 내가 너에게 한 가지 약속을 하겠다. 네가 하나밖에 없는 아들을 아끼지 않았으니 네게 큰 복을 주고 네 자손이 하늘의 별처럼, 바닷가의 모래처럼 많아지게 할 것이며, 네 자손은 원수의 성을 정복하게 될 것이다. 네가 내 말을 그대로 좇아서 행하였으므로 이 땅의 모든 민족이 네 자손을 통해 복을 받게 될 것이다!
그후 아브라함은 그 땅의 이름을 여호와 이레라 했고, 오늘날까지 사람들이 '여호와의 산에서 준비되리라'는 말을 하게 돼.
하나님이 이미 준비하고 계셨구나!

※여호와 이레: '하나님께서 준비하신다'라는 뜻.

tip 아브라함의 자손을 통해

아브라함의 자손은 그의 모든 후손이 아니라 예수 그리스도를 가리킨다. 따라서 모든 민족이 받을 복이란 아브라함의 자손으로 오실 예수 그리스도를 통해 온 인류가 구원의 복음을 듣는 축복을 얻게 된다는 뜻으로 해석할 수 있다.

아브라함은 브엘세바로 돌아가 그곳에서 살았지.
얼마 후 여행자들 중 하나가 아브라함에게 말했어.
당신의 동생 나홀의 아내 밀가가 아이를 낳았다오.
오, 그래요?

창세기

나홀의 자손

데라
하란
나홀
아브라함
친족과의 결혼은 당연시되는 풍습이었어.
롯
이스가
밀가
이스마엘
하갈
사라
이삭
르우마
부스
게셋
그무엘
하소
빌다스
아들랍
우스
아람
브두엘
갑자기 나홀의 후손 얘기가 나온 이유는 나 때문이야.
리브가
데바
가함
다하스
마아가

23장 사라의 죽음

사라는 127세까지 살았어.
사라…
저 먼저 갈게요.
사라가 가나안 땅 기럇아르바, 곧 헤브론에서 죽자 아브라함이 슬퍼하며 눈물을 흘렸지.
잉잉~
얼마 뒤 죽은 아내 앞에서 일어난 아브라함은 광장으로 나가 헷 사람들에게 말했어.
나는 이곳에서 외국인이고 나그네이지만 부탁드립니다. 죽은 아내를 묻을 수 있도록 땅을 나누어주십시오!
내 주여, 들으소서. 당신은 우리 중 하나님이 세운 분이십니다.
우리 묘지 중에서 가장 좋은 곳을 택해 당신의 아내를 장사 지내십시오.
누구도 장사 지내는 것을 막지 않을 겁니다.
감사합니다.
아브라함은 일어나서 그 땅 사람들, 헷 사람들에게 절을 했어.
그렇다면 제 말을 들어주십시오.
소할의 아들 에브론이 소유한 밭에 있는 막벨라 동굴을 나에게 팔게 해주십시오. 물론 값은 넉넉하게 치르겠습니다.
그때 에브론이 헷 사람들과 함께 성문 옆에 앉아 있었어.
그 동굴이 나와 내 아내의 매장지가 되게 해주십시오.

그러실 필요 없습니다.
그 땅과 동굴까지 그냥 드리겠습니다. 이 사람들이 보는 앞에서 당신께 드릴 테니 그곳에 장사를 지내십시오.
에브론
마음은 고맙지만 당신이 진정 나를 위한다면 내 말을 들어주십시오.
내가 땅 값을 주고 사야 그 땅에 제 아내를 장사 지낼 수 있습니다.
땅값은 은 400세겔이지만 나와 당신 사이에 돈을 주고받을 수는 없습니다.
하지만 아브라함은 헷 사람들이 보는 앞에서 장사하는 사람들이 계산하는 방법대로 은 400세겔을 저울에 달아 에브론에게 주었지.
자, 받으시오.
거참…

※세겔 : 돈의 단위이자 무게의 단위. 1세겔은 약 11.4그램.

이렇게 아브라함은 에브론의 땅을 샀고, 그 땅의 동굴과 나무가 아브라함의 소유라는 것을 성문에 들어와 있던 헷 사람들이 증명해 주었지.
이제 막벨라 동굴과 그 땅은 나 아브라함의 소유가 되었소.
우리가 증인입니다.
아브라함은 아내 사라를 동굴에 안장시켰어.
흑흑… 안녕, 사라.

동굴은 가나안 땅 마므레, 곧 헤브론 앞 막벨라 밭에 있었어.(마므레는 헤브론 지역 안에 있어.)
여리고
예루살렘
가나안
베들레헴
아스글론
막벨라
가사
헤브론
사해
블레셋
그랄
브엘세바
네게브

이렇게 해서 헷 사람들은 그 땅과 동굴을 아브라함의 소유로 인정했지.
아브라함 꺼

tip 아브라함의 소유 묘지

창세기의 저자가 아브라함이 막벨라 굴을 사는 과정을 이처럼 길고 자세히 다룬 이유는 무엇일까? 그것은 이스라엘 백성에게 하나님의 인약대로 그들의 조상들이 가나안에서 살고, 죽고, 묻혔음을 분명히 알게 하기 위함이었다.

창세기

24장 이삭의 결혼

아브라함은 나이 들어 늙었고, 여호와께서 모든 일마다 복을 주셨지.
내 나이가 벌써 140이 되었구나.
그는 어느 날 자신의 재산을 맡아 관리하는 늙은 종을 불러 말했어.
네 손을 내 넓적다리 뼈 밑에 넣고 하나님 앞에 맹세하라!
엘리에셀
네.

tip 넓적다리 뼈 밑에 손을 넣는 행위

여기서 넓적다리 뼈는 남자의 생식기를 부드럽게 표현한 것이다. 넓적다리 뼈 밑에 손을 넣는다는 것은 충성과 헌신을 맹세하는 행위라고 할 수 있다.

내 아들 이삭의 아내를 가나안 땅 여자들 가운데 찾지 말고 내 고향이자 친척의 땅인 하란에 가서 구해 오거라.
알겠습니다. 그리하겠습니다.
그런데 만일 여자가 이 땅(가나안)으로 오지 않겠다고 하면 어찌 할까요?
흠, 보쌈이라도 해야 하나?
주인님 아들과 함께 하란으로 갈까요?
무슨 소리! 하늘의 하나님이신 여호와께서 이 땅을 내 자손에게 주겠다고 약속하셨다! 이삭은 이곳에 있어야 한다.
아, 네…
하나님이 보낸 천사가 먼저 가서 도와주실 것이다. 너는 가서 이삭의 아내를 골라라.
하하, 그렇다면….
만약 여자가 따라오지 않아도 너에게는 책임이 없을 것이니 절대로 이삭을 데리고 하란으로 가서는 안 된다!
헤헤
잘 알겠습니다.
종은 주인 아브라함의 다리 아래에 손을 넣고 맹세했어.
반드시 주인님 말씀대로 하겠습니다.
잘 부탁하네.
이삭
헤헤, 저도 잘 부탁~.
그 후 종은 주인의 낙타 열 필을 몰고 떠났지.
출발!
하란에서 참한 여자를 보면 무조건 보고해라. 이상!

종은 여러 가지 좋은 선물을 가지고 메소포타미아 북부 도시 하란 부근에 있는 나홀의 성으로 갔어.
나홀 성
저곳에 나홀의 자녀가 있어야 할 텐데.
여인들이 물을 길러 나오는 해 질 무렵 성에 도착한 종은 낙타를 성 밖 우물 옆에 앉혔지.
늙은 종은 하나님께 간구했어.
제 주인 아브라함의 하나님이시여, 자비를 베푸셔서 오늘 일이 잘 되도록 해주시옵소서!
제가 성 안에서 물을 길러 나오는 여자 중 한 명에게 물동이에 있는 물을 달라고 했을 때…
네, 마시세요. 제가 당신의 낙타들에게도 물을 먹이겠습니다.
오오~!
이렇게 말하면 그녀를 이삭의 아내 될 여인으로 생각하고 주께서 은혜를 베푸신 걸로 알겠습니다.
호호
깔깔
종의 기도가 끝나기도 전에 리브가가 어깨에 물동이를 메고 성에서 나왔어.
응?
리브가
리브가는 남자를 가까이 한 적 없는 매우 아름다운 처녀였지.
우물로 내려간 리브가는 물동이에 물을 채워서 올라왔어.
저… 잠시만!
네?
그 물동이의 물을 조금만 마셔도 되겠소?
아… 네, 마시세요.
리브가는 종이 마실 수 있도록 급히 물동이를 내려놓았고 종은 물을 마셨지.
꿀꺽!

※나홀 : 아브라함의 동생.

※리브가 : '고리'라는 뜻.

물을 더 길어다가
낙타들도 마시도록
하면 어떨까요?
아…!
리브가는 물 항아리의 물을 여물통에 붓고
다시 우물에서 물을 길어와
모든 낙타들이
마시도록 했지.
자, 실컷
마셔라~
?

tip 물고래 낙타

낙타는 오랜 시간 물을 먹지 않고도 견딜 수 있지만 한번 입에 대면 엄청나게 많은 물을 먹는다. 따라서 리브가가 낙타에게 충분한 물을 주기 위해서는 상당한 시간과 정성이 필요하다. 그러므로 리브가의 말과 행동은 마음에서 우러나지 않고서는 할 수 없는 것이다.

그런데 과연
저 소녀가 내 주인
아브라함의 혈족일까?
낙타들이 물을 다 마시자 종은 리브가에게 0.5세겔쯤 나가는
코걸이 하나와 10세겔쯤 나가는 금팔찌 한 쌍을 주었어.
친절에 대한 답례요.
받아주시오.
어머, 이런
귀한 걸!

※0.5세겔 : 약 5.7그램, 10세겔 : 약 114그램.

그런데 아가씨는 어느 댁
따님이시오? 아가씨 아버지
집에서 하룻밤 묵을 수
있겠소?
제 아버지는 밀가와 나홀의
아들 브두엘입니다. 방도
있고 낙타에게 먹일
여물도 있어요.

tip 리브가

아브라함의 동생인 나홀과 그의 아내 밀가 사이에서 태어난 아들이 브두엘이다. 브두엘은 아들 라반과 딸 리브가를 낳았다.

오, 나홀의
자손이시군요!
저희 할아버지를
아세요?

제 주인 아브라함의
하나님 여호와를 찬양합니다.
제 주인에게 은혜와 자비를
베풀어주셨고…
?
저를 제 주인의
동생 집으로
인도하셨습니다.
어머나!
리브가가 집으로 달려가서 이 일을 말했어.
엄마~
오빠!
타닥

리브가의 오빠 라반이 리브가의 팔찌와 코걸이를 보며 얘기를 듣더니,
제가 물을 뜨러 갔는데요…
뭐?
그래?
라반
우물가에 있는 아브라함의 종에게 달려갔어.
아직 저기 있구나.
여호와께 복을 받을 자여, 어찌하여 밖에 계십니까?
!!

※라반 : '희다'는 뜻.

묵어갈 방과 낙타들이 머물 곳을 준비해 뒀으니 어서 저희 집으로 가시지요.
하하, 알겠습니다.
아브라함의 종이 집으로 들어서자 라반은 낙타들의 등에서 짐을 내리고 먹이를 주었어.
아끼지 말고 실컷 먹여라.
그리고 아브라함의 종과 일행에게 발 씻을 물을 주었지.
고맙습니다.
발 씻으세요.

tip 발 씻을 물

나그네 일행에게 발 씻을 물을 주고 그들의 가축이 편히 쉬며 여물을 먹을 수 있는 공간을 마련해 주는 것은 당시 유목민들의 일상적인 손님 접대 법이었다. 건조하고 모래 바람이 많이 부는 근동 지역에서 나그네에게 발 씻을 물을 주는 것은 아주 기본적인 예의였다.

아브라함의 종은 라반이 음식을 차려주자 말했어.
이곳에 온 이유를 말하기 전까진 음식을 먹지 않겠습니다.
…
어서 말씀해 보시지요.

저는 아브라함의 종입니다.
알고 있소.
브두엘
자, 이제 먹죠.
제 주인 아브라함은 여호와께 큰 복을 받아 부자가 되었습니다. 여호와께서 많은 양과 소, 은과 금, 남종과 여종, 낙타와 말들을 주셨습니다.

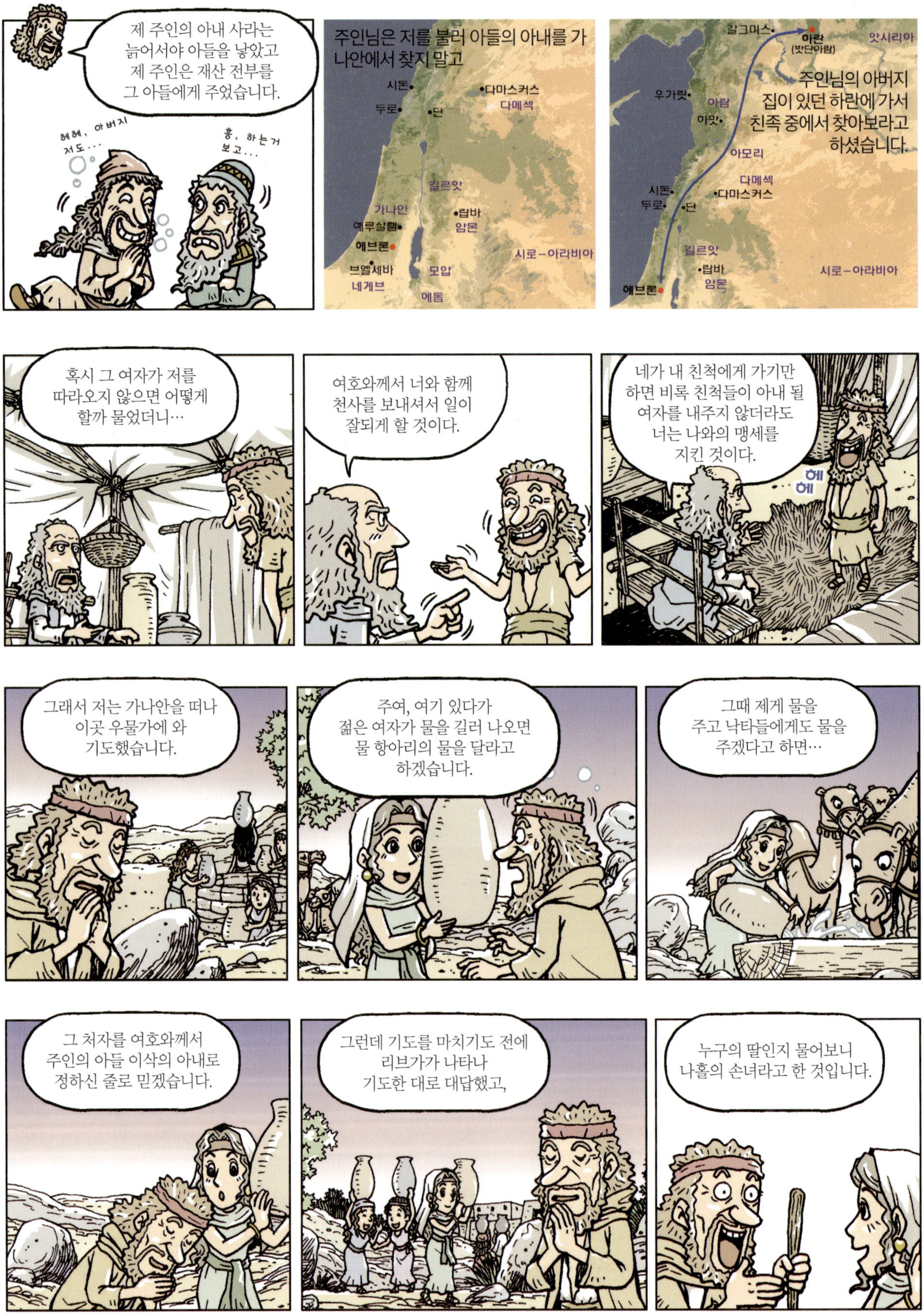

제 주인의 아내 사라는 늙어서야 아들을 낳았고 제 주인은 재산 전부를 그 아들에게 주었습니다.
헤헤, 아버지 저도…
흥, 하는 거 보고…
주인님은 저를 불러 아들의 아내를 가나안에서 찾지 말고
시돈
두로
단
다마스커스
다메섹
길르앗
가나안
예루살렘
랍바
암몬
헤브론
시로-아라비아
브엘세바
모압
네게브
에돔
갈그머스
하란 (밧단아람)
앗시리아
주인님의 아버지 집이 있던 하란에 가서 친족 중에서 찾아보라고 하셨습니다.
우가릿
아람
하맛
아모리
다메섹
다마스커스
시돈
두로
단
길르앗
랍바
암몬
헤브론
시로-아라비아
혹시 그 여자가 저를 따라오지 않으면 어떻게 할까 물었더니…
여호와께서 너와 함께 천사를 보내셔서 일이 잘되게 할 것이다.
네가 내 친척에게 가기만 하면 비록 친척들이 아내 될 여자를 내주지 않더라도 너는 나와의 맹세를 지킨 것이다.
헤헤
그래서 저는 가나안을 떠나 이곳 우물가에 와 기도했습니다.
주여, 여기 있다가 젊은 여자가 물을 길러 나오면 물 항아리의 물을 달라고 하겠습니다.
그때 제게 물을 주고 낙타들에게도 물을 주겠다고 하면…
그 처자를 여호와께서 주인의 아들 이삭의 아내로 정하신 줄로 믿겠습니다.
그런데 기도를 마치기도 전에 리브가가 나타나 기도한 대로 대답했고,
누구의 딸인지 물어보니 나홀의 손녀라고 한 것입니다.

저는 감격하여 그녀의 코에 코걸이를 걸어주고 손목에 팔찌를 둘러 주었습니다.
그리고 주 하나님을 찬양했습니다.
흠, 그런 일이….

tip 아브라함의 종의 간증

아브라함의 종은 리브가를 만난 것이 우연이 아니라 기도에 대한 하나님의 확실하고도 분명한 응답임을 고백한다. 이것은 자신이 리브가를 만난 것이 하나님의 계획 안에 있다는 것을 알림으로써 라반과 그의 아버지 브두엘의 마음을 흔들어놓기에 충분한 것이었다.

이제 당신들이 제 주인에게 친절과 진실로 승낙하든지 아니면 거절해 주십시오.
갑자기 결혼이라니….
흠.
딸을 주지 않으신다면 다른 집안에서 신부를 찾아봐야 합니다.
여호와께서 하신 일을 우리가 좋다 나쁘다 말할 수 없습니다.
리브가를 데리고가 여호와께서 말씀하신 대로 아브라함의 아들과 결혼시키시오.
감사합니다.
아브라함의 종은 말을 듣고 땅에 엎드려 여호와를 경배했어.
주 하나님을 찬양합니다.
그런 다음 리브가에게 금은 패물과 옷가지를 주고 리브가의 오빠와 어머니에게도 값진 선물을 주었지.
너무 아름다워요!
호호. 고마워서 어쩌나.
이어서 종과 일행은 먹고 마시고 하룻밤을 묵었어.
하 하 하
허 허 허
다음 날 아침 아브라함의 종이 일어나 말했지.
이제 주인께 돌아가겠습니다.
리브가가 열흘만이라도 우리와 있다 떠나게 해주세요.
이렇게 갑자기 떠나버리면….

여호와께서
이 일을 이루어
주셨으니 어서
주인께 돌아가고
싶습니다.
그럼 리브가에게
물어보도록 하죠.
본인 의사가
제일 중요하지
않겠어요?
그들은 리브가를 불러서 물었지.
지금 바로
이분과
가겠느냐?
네,
가겠습니다.
휘 청
켁!

그들은 리브가를 그녀의 유모와 함께 떠나 보내며 축복했어.
우리 누이여,
천만 인의 어미가 되고
네 후손이 원수들을
정복할 것이다.

tip 두 가지 축복

이는 당시 사람들이 하는 일반적인 축복이었다. 그러나 그 속에는 예수 그리스도를 통해 인간을 구원하는 하나님의 구속 사역이 리브가를 통해 계속될 것이라는 예언적 의미가 담겼다.

리브가가 일어나 몸종과 함께 낙타를 타고 아브라함의 종을 따라갔어.
그만
들어가세요.
오냐,
잘 가거라.

흑, 딸자식
키워봐야
소용없다더니….

그때 이삭은 브엘라해로이를 떠나 남쪽 네게브 지방으로 옮겨와 살고 있었어.
여리고
예루살렘
베들레헴
아스글론
가나안
가사
헤브론
사해
그랄
블레셋
브엘세바
모압
아말렉
브엘라해로이
네게브
에돔

tip 브엘라해로이

브엘라해로이는 하갈이 사라에게 도망칠 때 여호와의 사자를 만났던 샘 Link 1권 57p이 있는 곳이다. 아브라함과 이삭은 사라가 죽은 이후 헤브론에서 남쪽인 브엘라해로이를 지나 네게브 지역으로 옮겨 와 살고 있었다.

해가 저물 무렵 이삭이 들에서 묵상을 하다가 눈을 떠 보니 낙타들이 오고 있었어.
?!
네게브 지방
리브가도 고개를 들어 이삭을 보고는 낙타에서 내렸지.
여인이 짐승을 타고
가다 길에서 남자를
만났을 때 취하는
예절이지.

저기 우리를 맞이하러 오는 사람은 누구인가요?
제 주인의 아들입니다.
리브가는 그 말을 듣고 베일로 얼굴을 가렸어.
결혼 전에는 신랑 앞에서 얼굴을 가리는 것이 당시 예의였어.
아브라함의 종이 이삭에게 지금까지 일어난 일을 이야기했고
제가 우물에서 기도했다 아닙니까? 그랬더니….
하하.
이삭은 리브가를 어머니 사라의 장막으로 데리고갔어.
제법 멋진데…
내 어머니의 장막이 이제부터 당신의 장막이 될 것이오.
그리고 그녀를 아내로 삼았지. 이삭은 리브가를 매우 사랑했어.
좋을 때다.
리브가는 어머니 사라를 잃은 이삭에게 큰 위로가 되었어.
내 나이 40에 어머니가 돌아가시니 너무 슬프더군.
이젠 제가 있잖아요. 뚝!

25장 아브라함의 죽음

아브라함은 '그두라'를 새 아내로 맞았는데, 그 후손과 이스마엘의 후손은 다음과 같아.

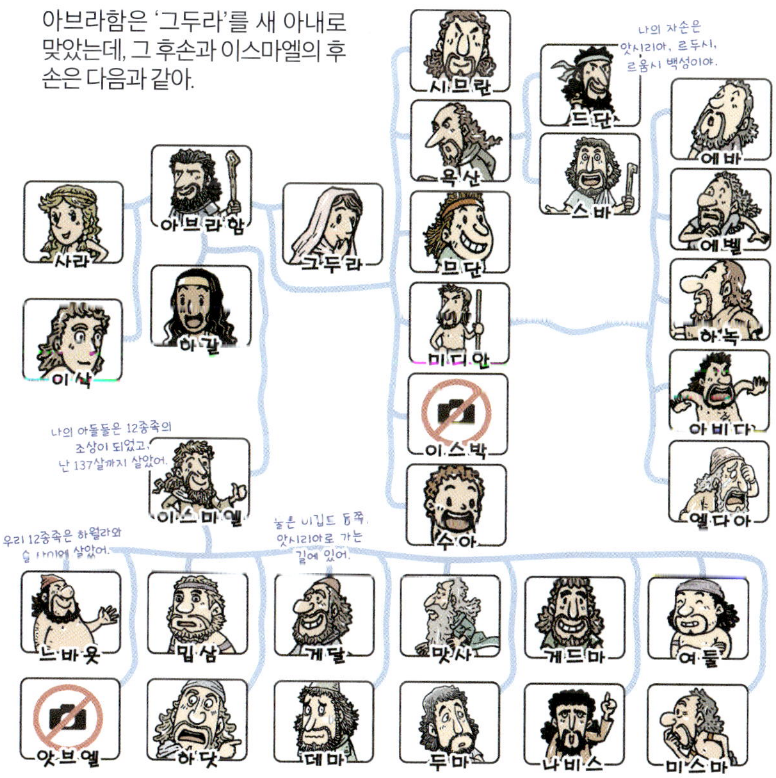
사라
아브라함
그두라
하갈
이삭
시므란
욕산
므단
미디안
이스박
수아
드단
스바
나의 자손은 앗시리아, 르두시, 르움시 백성이야.
에바
에벨
하녹
아비다
엘다아
나의 아들들은 12종족의 조상이 되었고, 난 137살까지 살았어.
이스마엘
우리 12종족은 하윌라와 술 사이에 살았어.
앗시리아로 가는 길에 있어.
느바욧
밉삼
게달
맛사
게드마
여둘
앗브엘
하닷
데마
두마
나비스
미스마

아브라함은 이삭에게 자신의 모든 재산을 주었어.
네가 합법적인 상속자란다.
상속권
네, 아버지.
하지만 죽기 전에 그두라에게서 얻은 아들들에게도 재물을 주었지.
모두 나누어줄 테니 재산 갖고 싸우지들 말아라!
네!!

창세기

그리고 그 아들들을 동쪽으로 보내 이삭과 떨어져 살게 했어.
내가 죽은 후 이삭이 가나안 땅의 축복을 아무 문제없이 이어받을 수 있도록…
아브라함은 175세까지 평안히 살다 조상들에게 돌아갔지.

tip 믿음의 조상 아브라함

처음부터 완전한 믿음을 가진 사람은 없다. 아브라함도 하나님의 약속을 알고 있었음에도 불구하고 연약한 모습(사라를 누이라 하는)을 보였었다. 하지만 이후 그는 자신의 아들을 하나님께 바치는 위대한 믿음을 보여주고 결국 믿음에 대해 모든 이들의 본보기가 되었다.

이삭과 이스마엘은 아브라함을 헷 족속 에브론에게서 산 땅에 있는 막벨라 굴에 묻었어.
막벨라 동굴
흑흑, 아버지.
아브라함이 죽은 후 하나님은 그의 아들 이삭에게 복을 주셨고, 이삭은 브엘라해로이 근처에 머물러 살았어.
브엘라해로이

야곱과 에서

아브라함의 아들 이삭은 40세에 리브가를 아내로 맞이했어.
우리도 2세를 만듭시다.
아잉~

하지만 리브가는 아이를 낳지 못했고 이삭은 그녀를 위해 여호와께 기도했지.
기도한 지 벌써 20년이나 지났는데….
드디어 여호와께서 이삭의 기도를 들어주셨어.
여보, 저 임신했어요. 쌍둥이예요!
야호, 신난다!

그런데 리브가의 뱃속에 있는 아이들이 서로 싸우는 거야. 리브가는 여호와께 물었지.
왜 이런 일이 일어나는지…?
톡탁
톡탁
두 나라가 네 태 안에 있다. 태 안에서 두 백성이 나뉘질 것이며 한 백성이 다른 백성보다 강해 형이 동생을 섬길 것이다!
형이 동생을 섬기다니….

tip 두 나라

쌍둥이를 통해 이루어질 두 나라는 '이스라엘'과 '에돔'을 말한다. 이스라엘은 동생 야곱에게서, 에돔은 형 에서에게서 세워진다. 에돔은 모압 남쪽 지역의 작은 국가로, 매번 이스라엘을 침략해 괴롭혔다. 하지만 "형이 동생을 섬길 것"이라는 하나님의 말씀대로 이스라엘은 훗날 에돔을 정복한다.

리브가는 쌍둥이를 낳았는데, 이삭의 자손은 다음과 같아.
데라
아브라함
사라
나홀
하란
이삭
밀가
롯
브두엘
리브가
라반
에서
야곱
레아
라헬
이스라엘의 12지파
먼저 나온 아이는 몸이 붉었고, 피부는 마치 짐승의 털가죽 같았지.
이 아이의 이름을 에서라 하자!
※에서: '털이 많다'라는 뜻.
나중에 나온 아이는 손으로 에서의 발꿈치를 붙잡아서 이름을 야곱이라 지었지.
※야곱: '발꿈치를 붙잡다'라는 뜻.
리브가가 아이들을 낳았을 때 이삭의 나이는 60세였어.
하하
이 나이에 아이를, 그것도 쌍둥이를 얻다니.
아이들이 자라 에서는 능숙한 사냥꾼이 되어 들판을 돌아다녔고,
에서
조용한 야곱은 장막에 머물렀지.
야곱
이삭은 에서가 사냥한 고기를 좋아하며 그를 사랑했고, 리브가는 야곱을 사랑했어.
으음, 정말 맛있구나.
천천히 드세용~.
이따가 장작을 좀 날라주겠니?
얼마든지요.
어느 날 야곱이 팥죽을 끓이고 있는데 에서가 들판에서 돌아왔어.
야곱, 뭐하냐? 냄새 좋은데?
배가 고팠던 에서는 야곱에게 말했지.
네가 몹시 배가 고프니, 그 붉은 죽을 좀 다오.
형이 맏아들의 권리를 나한테 팔면 주지요.
맏아들의 권리를 팔라고?

배고파 죽게 생겼는데 맏아들의 권리가 무슨 소용이냐.
그럼 그 권리를 나한테 주겠다고 맹세하세요.
에서는 야곱에게 맹세하고 맏아들의 권리를 내주었지.
알았다. 그거 너 가져라.
냠 냠
천천히 먹어요, 형.
에서는 야곱이 준 떡과 팥죽을 먹고 마신 후 갔어.
잘 먹었다.
끄억~
형은 맏아들의 권리를 대수롭지 않게 생각하는구나!

tip 맏아들의 권리

맏아들이 갖는 특권의 구체적인 내용은 다음과 같다.
①가정을 통솔할 수 있는 부친의 권리를 공식적으로 이어받는다.
②부친이 죽은 후 두 배의 재산을 상속받는다.

특히 아브라함 집안의 장자에게는 다음과 같은 영적 특권이 주어졌다.
①가나안 땅과 후손에 대한 언약을 계승받는다.
②가정의 제사장 직분을 수행한다.

에서는 이 엄청난 특권이 주어지는 맏아들의 권리를 가볍게 생각해서 팥죽 한 그릇에 팔아버리는 어리석은 실수를 저지른 것이다.

그후 에서의 별명은 에돔이 되었어.
에돔은 붉은 사람이라는 뜻으로, 내 후손들의 나라 이름으로도 사용되지.

26장 이삭의 실수

아브라함 때 들었던 흉년 Link 1권 45p 이 또다시 찾아들었어.
비가 오질 않아… 그랄을 거쳐 이집트로 가야겠어.

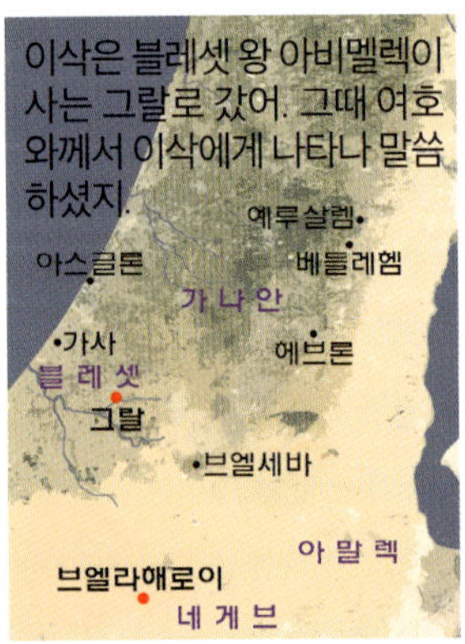
이삭은 블레셋 왕 아비멜렉이 사는 그랄로 갔어. 그때 여호와께서 이삭에게 나타나 말씀하셨지.
예루살렘
아스글론
베들레헴
가나안
가사
헤브론
블레셋
그랄
브엘세바
아말렉
브엘라해로이
네게브

너는 이집트로 내려가지 말고 내가 지시한 땅에 머물러라! 그리하면 내가 너와 함께하며 복을 주고 너의 자손에게도 이 모든 땅을 주리라!

네 아버지 아브라함과 세운 약속을 지켜 네 자손이 하늘의 별과 같이 번성케 하고 이 모든 땅을 네 자손들에게 주겠다!
네 자손을 통해 땅 위의 모든 나라와 사람들이 큰 복을 받을 것이다!

이는 이삭의 아버지 아브라함이 하나님의 말씀에 순종하고
네 아들을 내게 바쳐라!
넵!!

그 명령과 가르침과 규율에 복종했기 때문이야.
저도 아버지처럼 하나님 말씀에 순종하겠습니다.
콱

이삭은 하나님께 순종해 그랄에 머물렀어.
이곳에서 잘 살아 봅시다.
네~

이삭의 아내 리브가는 매우 아름다웠어.
오, 정말 아름답군.
누구요?
내 여동생입니다.

tip 이삭의 실수

이삭은 낯선 지방에서 그곳에 사는 사람들이 자기 아내의 미모를 탐내 자신을 죽일지도 모른다고 두려워했다. 그것은 하나님의 동행하심과 보호하심의 약속을 잊어버리고 하나님을 의지하는 믿음이 약해졌기 때문에 생긴 일이다. 그로 인해 이삭은 아버지 아브라함이 했던 것과 똑같은 실수를 저지른다.

이삭은 리브가를 아내라고 말하기가 두려웠어.
당신을 빼앗으려고 사람들이 날 죽일지도 몰라.
휴~
부전자전이네요.

그러던 어느 날, 이삭이 그의 아내 리브가를 껴안고 있는 모습을 아비멜렉이 보았어.
아비멜렉
헉! 저들은 남매 사이가 아니군!

tip 아비멜렉

아비멜렉은 사람의 이름이 아니다. 이집트 왕을 파라오라고 부르는 것처럼 블레셋 왕을 아비멜렉이라고 불렀다. 따라서 아브라함이 만났던 아비멜렉 Link 1권 68p 은 이삭이 만난 아비멜렉의 선왕이었을 것이다.

아비멜렉은 이삭을 불러들였지.
딱 걸렸어!

너는 네 아내를 왜 우리에게 여동생이라 했느냐?
헐~

리, 리브가를 빼앗기 위해 저를 죽일지도 몰라서… 그게 두려워서 그랬습니다.

네가 어쩌려고 그랬느냐? 우리 중 누군가가 네 아내와 잠자리를 하여 죄를 지을 뻔하지 않았느냐?
그, 그러게 말입니다. 두려움에 저도 모르게….
아비멜렉은 모든 백성에게 명령을 내렸어.
이 사람이나 그의 아내를 건드리는 사람은 반드시 죽을 것이다!
뭐야, 결혼한 여자라고?!
어이쿠, 큰일 날 뻔했잖아!

이삭의 번영과 우물 다툼

이삭은 그 땅에서 농사를 지어 100배의 곡식을 거둬들였고,
100배라니 믿을 수 없어!
여호와께서 복을 주셔서 큰 부자가 되었지.
험, 이게 다 하나님 덕분이야.
양과 소가 떼를 이루고 많은 종들을 거느리게 되자 블레셋 사람들이 이삭을 미워하게 돼.
굴러 온 돌이 우리보다 잘살다니!
첫, 이방인 주제에.

마침내 블레셋 사람들은 아브라함 때 팠던 우물들을 모두 흙으로 덮어버렸어.
하하하… 속이 다 시원하다!
건방진 녀석들!!
아니?!
주인님, 블레셋 사람들이 우물을 모두 흙으로 덮어버리고 있어요!
타닥
뭐라고?
흠.
아니, 아비멜렉께서 여긴 어쩐 일로?

이제 이곳을 떠나시오! 당신이 너무 강해져 우리가 감당할 수 없소이다.
뭐라구요?

tip 우물을 막는 행위

이것은 당시 관습으로 볼 때 정식으로 전쟁을 선포하는 것과 다를 바 없는 행위였다. 블레셋의 왕이 이삭을 찾아온 것은 떠나지 않으면 전쟁을 불사하겠다는 뜻이라고 할 수 있다.

결국 그곳을 떠난 이삭은 그랄 골짜기에 장막을 치고 살게 돼.
정말 속 좁게 구는군.

이삭은 블레셋 사람들이 막아버린 아버지 때 팠던 우물들을 다시 팠어.
새로 우물을 파느니 예전에 있던 것을 복구하는 것이 당연히 쉽겠지!
그리고 우물의 이름도 아버지가 부르던 대로 불렀지.
원래대로 브엘세바라 부르자!

※브엘세바 : '맹세의 우물'이라는 뜻.

tip 브엘세바

브엘세바라 부른 이유는 그 우물이 자신의 아버지 아브라함의 것 Link 1권 72p 이었고, 그것을 자신이 물려받았다는 것을 강조해서 이후에 일어날지도 모르는 우물의 소유권 문제를 확실히 하기 위해서였다.

이삭의 종들은 골짜기를 파서 샘물이 솟아오르는 곳을 찾았어.
야호, 심봤다!
만세~!!
그런데 그랄에서 양을 치는 사람들과 이삭의 종들 사이에 다툼이 일어났어.
이 물은 우리 거야!
말도 안돼! 우리가 찾았다고!
이로 인해 이삭은 그 우물을 에섹이라고 했지.
억울하지만 양보하자.
네, 할 수 없죠.
정말 너무들 하네요.

※에섹 : '다툼'이라는 뜻.

이삭의 종들이 또 다른 우물을 팠더니 이번에도 사람들이 와서 다툼이 일어났어.
우리 물이야, 꺼져!
아니 이번에도 또…?
으그, 저것들을 그냥…!
허허
이 우물 이름을 싯나로 하고 그만 양보하자.

※싯나 : '적대의 우물'이라는 뜻

tip 싯나

싯나(shitna)는 대적(shatana)이라는 뜻을 가진 사탄(Satan)에서 생긴 말이다. 그랄 사람들이 처음보다 더 적대적으로 시비를 걸고 있음을 알 수 있다. 당시에는 우물 하나 하나에 이름을 붙일 만큼 그 비중이 아주 컸다.

이삭이 또 다른 곳으로 가서 우물을 팠더니 이번에는 시비를 거는 사람이 없었어.
이번엔 조용하군.
우히히, 이젠 진짜 우리 거네?
그래서 이삭은 그 우물의 이름을 르호봇이라 지었어.
이야, 여긴 정말 넓구나~.
그후 이삭은 르호봇에 살다가 다시 브엘세바로 갔지.
맹세의 우물이 있는 브엘세바로 다시 간 이유는 블레셋 사람들의 위협과 가나안 땅에 대한 열망 때문이야.

※르호봇 : '충분히 넓다'라는 뜻.

그날 밤 여호와께서 이삭에게 나타나셨어.
주님!
나는 네 아버지 아브라함의 하나님이다!
너는 두려워 말라. 내가 내 종 아브라함을 위해 너와 함께 있으며 복을 주어 네 자손을 번성케 할 것이다!
정처 없이 떠도는 날 위로해 주시는구나!
이삭은 그곳에 제단을 쌓고 여호와께 예배드렸어.
하나님이 복을 주신 것에 대해 감사드리자!
그리고 장막을 치고 이삭의 종들은 우물을 파기 시작해.
으싸!
으싸!
영차!!
어느 날 아비멜렉이 친구인 아훗삿과 군사령관 비골과 함께 이삭을 만나기 위해 찾아왔어.
무슨 일이오?
당신들은 나를 쫓아내지 않았소?
여호와께서 당신과 함께하심을 분명히 보았소!
흠, 뭔가 꿍꿍이가 있는 것 같은데….
그러니 우리와 동맹을 맺읍시다.
동맹을 맺고 우리를 해하지 말아주시오.

tip 우리를 해하지 말라

아비멜렉이 이삭의 군사력과 경제력에 위협을 느꼈다는 것을 알 수 있는 말이다. 이삭은 하나님의 축복으로 인해 한 국가의 왕이 직접 찾아와 동맹을 맺자고 요청할 정도로 강해졌던 것이다.

우리는 당신을 해치지 않고, 선한 일만 행하여 당신이 평안히 돌아가게 해주었소!
하아, 그랬던가요?
그렇게 괴롭힐 땐 언제고!
헤헤, 그러니 당신도 우리를 해치지 마시오. 당신은 여호와께 복을 받은 사람 아니오?
갑자기 친한 척은?

흠….
그동안 우물도 빼앗고 괴롭힌 게 있는데…
우리 주인님도 한 성깔 하는데…
알겠소. 동맹을 맺지요.
오, 감사하오. 너그러우시군요.
이삭은 그들을 위해 잔치를 베풀었고, 그들은 먹고 마셨지.
하하하
허허허
그들은 아침 일찍 일어나 언약을 맺은 뒤 돌아갔어.
안녕! 빠빠이~
그리고 그날
저, 주인님!! 저희들이 우물을 팠는데요.
그래?
종들이 우물에서 물을 얻었다고 말하자 이삭이 그 이름을 브엘세바라 했지.
아비멜렉과 동맹을 맺은 후 물이 나왔으니 아버지가 예전에 지었던 것과 같은 이름으로 하자.

※브엘세바 : '맹세의 우물'이라는 뜻.

그래서 그 성읍은 오늘까지 브엘세바라 불리고 있어.
이삭의 큰 아들 에서는 40세 때 헷 여자 두 명을 아내로 맞이했어. 브에리의 딸 유딧과 엘론의 딸 바스맛이었지.
나도 아버지와 똑같이 40세에 결혼하네.
뭐가 똑같아? 난 한 명하고만 했다!
유딧
바스맛

그리고 나중에 이스마엘의 딸 마할랏과 또 결혼을 하지. 우하하하.
좀 심한 것 같아.
그런데 이 두 여자는 이삭과 리브가에게 큰 근심을 안겨주었어.
흥!

tip 헷 여자

맏아들이라는 명분을 가볍게 생각해 팥죽 한 그릇에 팔았던 에서는 결혼도 대수롭지 않게 여겨서 다른 족속의 여자들을 맞이했다. 헷 족속의 여자는 온갖 우상으로 오염된 가나안 땅의 여인들이었다.

27장 이삭을 속인 야곱

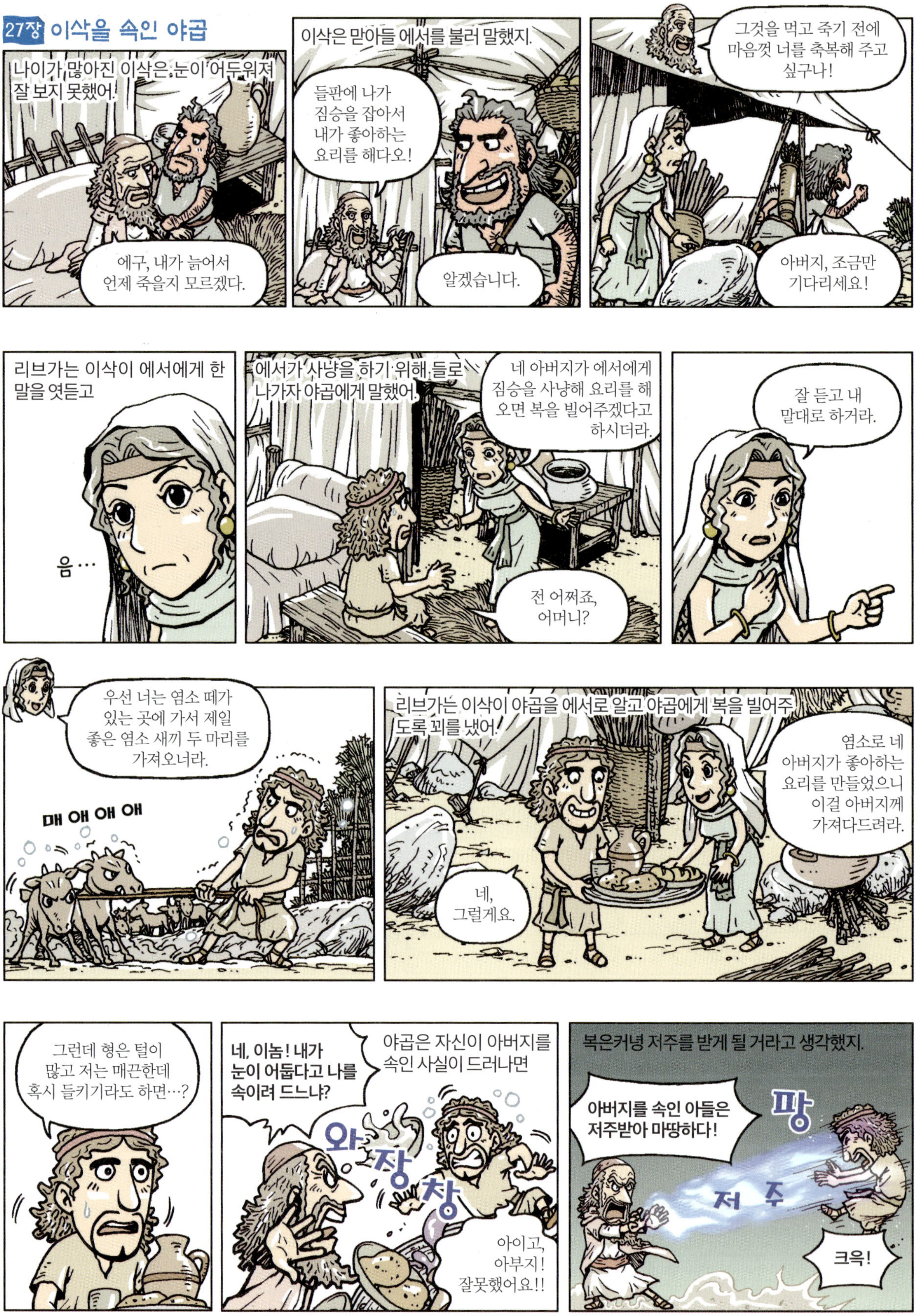
나이가 많아진 이삭은 눈이 어두워져 잘 보지 못했어.
에구, 내가 늙어서 언제 죽을지 모르겠다.
이삭은 맏아들 에서를 불러 말했지.
들판에 나가 짐승을 잡아서 내가 좋아하는 요리를 해다오!
알겠습니다.
그것을 먹고 죽기 전에 마음껏 너를 축복해 주고 싶구나!
아버지, 조금만 기다리세요!
리브가는 이삭이 에서에게 한 말을 엿듣고
음…
에서가 사냥을 하기 위해 들로 나가자 야곱에게 말했어.
네 아버지가 에서에게 짐승을 사냥해 요리를 해 오면 복을 빌어주겠다고 하시더라.
전 어쩌죠, 어머니?
잘 듣고 내 말대로 하거라.
우선 너는 염소 떼가 있는 곳에 가서 제일 좋은 염소 새끼 두 마리를 가져오너라.
매 애 애 애
리브가는 이삭이 야곱을 에서로 알고 야곱에게 복을 빌어주도록 꾀를 냈어.
염소로 네 아버지가 좋아하는 요리를 만들었으니 이걸 아버지께 가져다드려라.
네, 그럴게요.
그런데 형은 털이 많고 저는 매끈한데 혹시 들키기라도 하면…?
야곱은 자신이 아버지를 속인 사실이 드러나면
네, 이놈! 내가 눈이 어둡다고 나를 속이려 드느냐?
와장창
아이고, 아부지! 잘못했어요!!
복은커녕 저주를 받게 될 거라고 생각했지.
아버지를 속인 아들은 저주받아 마땅하다!
팡
저주
크윽!

이삭이 저주를 내린다면 내가 대신 받겠다. 그러니 걱정 말고 다녀오너라.
네, 어머니….
리브가는 맏아들 에서의 가장 좋은 옷을 작은 아들 야곱에게 입혔어.
네 형의 냄새가 배어 있는 이 옷을 입거라.
그리고 새끼 염소 가죽을 야곱의 손과 목에 둘러주었지.
이렇게 하면 별 탈 없을 거다.
야곱은 리브가가 만들어준 음식과 빵을 가지고 이삭에게 갔어.
너는 누구냐?
맏아들 에서입니다. 말씀하신 대로 요리를 해왔습니다.
이걸 드시고 저를 축복해 주십시오!
어찌 이리 빨리 사냥을 했느냐?
아버지의 하나님 여호와께서 사냥감을 금방 찾을 수 있도록 도와주셨습니다.
어째 목소리가…?
이삭은 야곱에게 가까이 오라고 했지. 만져 보면 누구인지 알 것 같았기 때문이야.
어디, 음….
슥
…;;
염소 가죽을 두른 덕분에 이삭은 야곱을 알아채지 못했어.
목소리는 야곱 같은데 손은 에서 같구나. 네가 정말 내 아들 에서냐?
그, 그렇습니다.

tip 새끼 염소 가죽

야곱이 아버지 이삭을 속일 수 있었던 건 다음 세 가지 요건 때문이냐.

①팔레스타인 염소 가죽은 매우 부드러워 사람의 털과 흡사했다.

②이삭은 늙어 시력뿐만 아니라 촉각도 상당히 무뎌졌다.

③옷에 에서의 냄새가 배어 있었다.

네가 사냥한 고기를 가져오너라. 그것을 먹고 마음껏 너를 축복해 주겠다.
오, 예~
이삭은 야곱이 준 음식을 먹고 포도주를 가져다주자 그것도 마셨지.
꿀꺽

그런 다음 야곱에게 말했어.
정말 잘 먹었구나. 이리 가까이 와서 나에게 입맞추거라!
네, 아버지.
쪽

tip 입맞춤

히브리인들은 다음과 같은 경우 입을 맞췄다.

①남녀가 사랑을 표현할 때
②친구 사이에 우정을 표현할 때
③친척 사이에 애정을 표현할 때
④신하가 왕에 대해 충성을 표현할 때
⑤제자가 스승에게 존경을 표현할 때

야곱이 입고 있던 에서의 옷 냄새를 맡은 이삭은 야곱에게 복을 빌어주었어.
아, 이 냄새는 여호와께서 복을 주신 들판의 냄새로구나!
하나님이 하늘의 이슬과 땅의 풍요로움, 곧 넉넉한 곡식과 새 포도주를 너에게 주실 것이다.
모든 백성이 너를 섬기고 여러 나라가 네 앞에 무릎을 꿇을 것이다. 너는 네 형제들의 주인이 될 것이며 네 어머니의 아들들이 네게 절할 것이다.
너를 저주하는 사람은 저주를 받고, 너를 축복하는 사람은 복을 받을 것이다.
야곱은 이삭에게 축복을 받고 장막에서 나왔어.
감사합니다, 아버지!

야곱이 나오자마자 에서가 사냥을 마치고 돌아왔지.
영차!
에서도 맛있는 음식을 만들어 아버지에게 가지고 갔어.
아버지, 이 음식을 드시고 저에게 복을 빌어주세요.
?!
너, 너는 누구냐?
아버지의 맏아들 에서입니다!
?

그 말을 들은 이삭은 크게 놀라 몸을 떨며 말했지.
그, 그렇다면 좀 전에 사냥한 짐승을 요리해 가져온 자는 누구란 말이냐?
네?!
덜
덜

tip 몸을 떠는 이삭

이삭은 처음에는 야곱에게 속았다는 걸 알고 깜짝 놀란다. 그러나 곧 야곱에게 복을 주려 하신 하나님의 뜻을 어기고 자신의 편견과 고집으로 에서에게 복을 주고자 했던 것 때문에 '거룩한 두려움'에 사로잡힌 것이다.

아, 난 그것을 먹고 그에게 축복하였으니 그가 복을 받을 것이다.
덜
덜
그, 그런…!

에서는 아버지의 말을 듣고 크게 울며 소리쳤어.
엉엉
아버지, 저를 축복해 주세요! 제게도 복을 빌어주세요!
네 동생이 속임수를 써서 네 복을 빼앗았구나.
그 녀석 이름이 왜 야곱인지 알겠습니다.
두 번이나 절 속였다고요. 전에는 맏아들의 권리를 빼앗더니 이번엔 제 복까지…!
크흑

※야곱 : '발뒤꿈치를 잡은 자, 속이는 자, 사기꾼'이라는 뜻.

저를 위해 남겨두신 복은 정녕 없는 것입니까?
나는 이미 야곱에게 너를 다스릴 권리를 주었다. 야곱의 형제들은 모두 그의 종이 될 것이다. 야곱에게 곡식과 포도주도 넉넉하게 주었으니 내 아들아, 너에게 줄 건 아무것도 없구나!
흑흑
아버지께서 빌어주실 복이 그것뿐입니까? 저에게도 복을 달라 말이에요!

너 에서는 기름지지 않고 하늘에서 내리는 이슬도 없는 곳에서 살 것이며 칼을 믿고 생활할 것이다. 또한 동생의 종이 될 것이다.
이렇게 해서 나와 내 후손들은 척박한 땅에서 살게 되지.
하지만 애쓰고 애쓰면 동생에게서 자유로워질 수 있을 것이다.
잉
잉
차라리 저주를 하세요, 저주를!

tip 에서에게 내린 복

이삭이 에서의 간곡한 청을 뿌리치지 못하고 그에게 내린 복은 야곱에게 내린 것과 비교해 볼 때 '잘 치장된 저주'나 다름없다. 결국 이삭이 에서에게 내린 복은 에서가 언약의 백성으로 자라지 않았다는 사실을 증명한 것에 지나지 않는다.

에서는 아버지의 축복을 가로챈 야곱이 미웠지.
두고 봐라. 아버지가 돌아가시면 그때…
야곱 너를 죽일 것이다!

에서가 야곱을 죽이려 한다는 말이 리브가의 귀에 들렸어.
뭐이?!
리브가는 사람을 시켜 에서를 피해 숨어 있던 야곱을 불렀어.
네 형 에서가 너를 죽이려 하고 있다.
히익, 크, 큰일났네.
일단 하란에 있는 내 오빠 라반에게 가서 에서의 화가 풀릴 때까지 당분간 지내거라.
아이고, 네네.
에서의 화가 풀리면 그때 사람을 보내겠다. 그러니 어서 하란으로 가거라.
으잉, 괜히 그런 짓을 해서….
난 하루아침에 두 아들을 잃고 싶지 않다. 어서 가거라.
네, 어머니.
그리고 리브가는 이삭에게 가서 에서와 결혼한 헷 여자들이 싫다고 해.
저는 헷 여자들이 싫어요. 야곱마저 헷 여인과 결혼한다면 사는 즐거움이 없을 거예요.
흠, 알겠소.

tip 야곱의 결혼

리브가는 야곱에게서도 이방인 며느리를 보고 싶지는 않았다. 야곱을 하란으로 보낸 것은 에서의 복수를 피함과 동시에 아브라함이 이삭의 아내를 구했던 것처럼 친척 집에서 야곱의 아내를 구하기 위해서였다.

28장 밧단아람으로 가는 야곱

이삭이 야곱을 불러 복을 빌어주며 말했어.
너는 가나안 여자와 결혼하지 말거라.
네, 아버지.
밧단아람의 외할아버지 집에 가서 외삼촌의 딸과 결혼하거라.
그렇게 하겠습니다.

※밧단아람 : 라반이 있는 하란은 밧단아람 지역 내의 한 성읍으로 추측됨.

전능하신 하나님께서 복을 주셔서 네가 자식을 많이 낳고 번성하여 여러 민족을 이루고,
할아버지에게 주셨던 복과 내용이 같네!
※야곱의 할아버지 : 아브라함.
네 할아버지에게 주셨던 복을 너와 그 자손에게도 주셔서…
내 복과 똑같네?
하나님이 할아버지와 동일한 복을 주셨어요.
나그네로 살고 있는 이 가나안 땅, 하나님께서 아브라함에게 약속하신 이 땅을 얻게 되기 바란다!
이곳은 하나님께서 약속하신 우리 땅이다!
우리 땅
이삭은 야곱에게 복을 빌어주었고, 야곱은 어머니의 오빠인 라반을 찾아 밧단아람으로 출발했어.
어머니, 저, 갈게요.
그래, 어서 가거라.

에서가 보니 이삭이 야곱을 밧단아람으로 보내 그곳에서 아내를 얻게 하려는 거야.
나중에 에미가 따로 연락하마.
흠.
그러니까 아버지가 가나안 땅의 딸들 중에서는
아내를 얻지 말라고 했단 말이지….

에서는 그제서야 자신의 아내들이 아버지 이삭을 기쁘게 하지 못한다는 걸 알았어.
음.
그래서 이스마엘에게 가서
이스마엘은 20여 년 전에 죽었다니 그 자손을 찾아봐야겠다.
그의 딸 마할랏을 아내로 맞이했어. 마할랏은 느바욧의 누이였지.
당신은 이미 아내가 두 명이나 있는데 왜 내 누이를 데려가려 하오?
마할랏
헤헤, 아버지께서 헷 여자들을 좋아하지 않으셔서요.

※이스마엘 : 아브라함과 하갈의 아들.

tip 이스마엘의 딸

에서는 자신이 이방 여인들과 결혼한 것이 잘못되었다는 사실을 뒤늦게 깨닫고 부모의 관심을 얻기 위해 이스마엘의 자손을 세 번째 아내로 맞이한다. 그러나 이 역시 잘못된 결혼이었다. 일부일처제를 어기고 또다시 아내를 얻었기 때문이다.

벧엘의 하나님

브엘세바를 떠나 야곱은 하란을 향해 갔어.
그가 한 장소에 이르렀을 때 해가 졌고 그곳에서 하룻밤을 지내게 돼.
저 돌을 베개 삼아 자야겠다.
루스

※브엘세바 : 아브라함의 우물.

야곱은 돌베개를 베고 자다 꿈을 꾸었지.
드르렁~
푸우
꿈에서 보니 사다리 하나가 땅 위에 세워졌는데 그 꼭대기가 하늘에 닿아 있는 거야.
아니, 웬 사다리가…?
그런데 사다리 위로 하나님의 천사들이 오르락내리락하고 있었어.
저들은?
그때 사다리 위에서 여호와께서 말씀하셨지.
나는 여호와니, 네 조상 아브라함과 이삭의 하나님이다!
주님!
지금 네가 누워 있는 땅을 너와 네 자손에게 줄 것이며, 네 자손은 땅의 티끌처럼 많아져 동서남북 사방으로 퍼질 것이다!

땅 위의 모든 민족들이 너와 네 자손을 통해 복을 받을 것이다!
복
내가 너와 함께할 것이며, 네가 어디를 가든 너를 지켜줄 것이다! 그리고 너를 다시 이 땅으로 데려와서 네게 약속한 모든 것을 다 이루어주기 전까지 너를 떠나지 않을 것이다!
아, 하나님이 날 돌봐주고 계시는구나. 감사합니다!
여호와께서 여기 계셨는데 내가 알지 못했구나!
이 얼마나 두려운 곳인가?! 이곳이 바로 하나님의 집이며 하늘의 문이구나!
야곱은 다음 날 아침 일찍 일어나 베개로 삼았던 돌을 기둥으로 세우고 그 꼭대기에 기름을 부었지.

그 성의 원래 이름은 루스였어.
이제부터 이곳을 벧엘이라 부르자!

※벧엘: '하나님의 집'이라는 뜻.

하나님! 저와 함께해 주시고 제가 가는 이 길에서 지켜주시며 먹을 음식과 입을 옷을 주셔서 무사히 아버지 이삭의 집으로 돌아가게 해주신다면 여호와께서 저의 하나님이 되실 것입니다.
또한 제게 주시는 모든 것의 10분의 1을 반드시 하나님께 드리겠습니다.
기둥으로 세운 이 돌이 하나님의 집이 될 것이며, 이곳을 하나님을 경배하는 장소로 삼겠습니다.

tip 벧엘

벧엘은 성경에서 예루살렘 다음으로 많이 나오는 지명 Link 1권 15p 이다. 원래 이름은 루스였는데 이때부터 벧엘이라고 불리게 된다. 이곳에서 성경 역사상 처음으로 아브라함이 제단을 쌓았고, 그로 인해 후일 이스라엘의 종교적 성지가 된다.

29장 밧단아람에 도착한 야곱

야곱은 긴 여행 끝에 동쪽 백성들의 땅에 도착했어.
밧단아람
아!
그곳 들판에 커다란 돌로 입구가 덮힌 우물이 있었고 그 옆에는 세 무리의 양 떼가 있었지. 양치기들이 양들에게 물을 먹이는 곳이었어.
저기 사람들이 있구나!
양치기들은 양 떼가 다 모이면 우물 입구의 돌을 옮겨 양들에게 물을 먹인 후
읏 차!
다시 그 돌로 우물 입구를 덮었지.
우물을 깨끗하게 유지해야 하니까….
에구, 무거워.
형제들은 어디에서 오셨나요?
우린 하란에서 왔소!
정말이오? 그렇다면 나홀의 손자 라반을 아시는지요?
당연히 알지요.
아, 저기 그분의 딸 라헬이 양 떼를 몰고 오네요.
엥? 그래요?
아직 한낮인데 벌써 양 떼를 모아들이나요?
아니요.
그럼 여기 있는 양들에게 물을 먹여야 또 나가서 풀을 뜯지 않나요?
먼저 양 떼가 다 모여야 돼요.
그때 우물 위의 돌을 치우고 물을 먹입니다.
야곱이 양치기들과 얘기하고 있을 때 라헬이 아버지의 양 떼를 이끌고 왔어.
라헬
안녕하세요!

※라헬: '암양'이라는 뜻.

야곱은 급히 우물로 가서 돌을 치우고
자, 자, 어서 돌을 치웁시다.
네? 거참….
어머니의 오빠인 라반의 양들에게 물을 먹였지.
어서 물을 먹이세요.
고맙습니다.
메에에
그러고 나서 야곱은 라헬에게 입 맞추고 소리 내 울었어.
뭐, 뭐야 왜 입을 맞추고…?! 울고 싶은 건 나라고!
엉엉!

tip 야곱이 운 이유

첫째는 오랜 여행 끝에 가까운 친척을 만난 기쁨으로 입맞춤을 하고 난 후 감정에 복받혀서 울었고, 둘째는 하나님이 자신을 인도하고 지켜주심에 감격해 운 것이다.

나는 당신 아버지의 누이 리브가의 아들입니다. 당신과 친척이지요.
그래요?!
라헬은 그 말을 듣고 집으로 달려가 아버지에게 말했지.
아버지, 친척이 왔어요!
타닥
누가 왔냐고?

라반은 여동생의 아들 얘기를 듣고 달려 나가 야곱을 맞이했어.
여어~ 조카. 어서 오게나.
외삼촌~
라반은 야곱을 껴안고 입을 맞춘 후 집으로 데려왔어.
고생이 많았지? 어서 집으로 가세.
네, 흑흑.
야곱은 그동안 일어났던 일들을 라반에게 말했지.
그렇게 해서 겨우 여기까지….
흑흑
하하, 너는 정말 내 피붙이로구나!
야곱이 그곳에서 한 달 정도 머물렀을 때 라반이 말했지.
아무리 친척이라도 공짜로 일을 시킬 수는 없으니 원하는 걸 말해 보게나.
저, 그, 그게….
라반에게 두 딸이 있었는데, 큰딸의 이름은 레아였고 작은 딸의 이름은 라헬이었어.
내 눈엔 총기가 없대, 흑흑~.
당신은 정말 아름답소!
어머머, 보는 눈이 있으시네요~, 호호.
레아
라헬

야곱은 라헬을 사랑했기에 라반에게 말했지.
작은딸 라헬을 주시면 외삼촌을 위해 7년간 일하겠습니다.
뭐? 라헬을…? 하하!
아무래도 남보다는 네가 낫겠지. 그렇게 하세.
감사합니다. 외삼촌!
이렇게 해서 야곱은 7년 동안 일을 했지만 라헬을 사랑했기에 그 7년이 며칠처럼 느껴졌어.
룰루랄라~

tip 7년간의 일

남자가 결혼하기 위해서는 신부 측 부모에게 신부 몸값(결혼 지참금)을 지불하는 것이 당시 관습이었다. 딸이 결혼하면 그만큼 노동력을 잃게 되기 때문이다. 당시 야곱에겐 돈이 없었기 때문에 노동력으로 신부 몸값을 대신한 것이다.

속은 야곱

7년이 지난 후,
7년의 기간이 다 찼으니 이제 라헬과 결혼하게 해주십시오.
그래, 그동안 수고 많았다!
라반은 그곳 사람들을 다 불러서 잔치를 벌였지.
축하합니다.
하하. 많이들 드세요.

그날 밤 라반은 작은 딸 라헬이 아닌 큰딸 레아를 야곱에게 보냈어.
어이구, 이거 너무 어두워서….
그리고 라반은 여종 실바를 레아에게 몸종으로 주었지.
결혼하는 딸에게 몸종을 붙여주는 것이 관습이니 네가 레아를 따라가거라.
네, 주인님.
다음 날 아침에야 야곱은 첫날밤을 지낸 상대가 레아라는 걸 알게 되었어!
어찌하여 저를 속이신 겁니까?
허, 이거 참….

우리 하란 지방에서는 작은 딸을 먼저 시집보낼 수 없네. 그래서 어쩔 수 없었네.
그렇다면 처음부터 말씀해 주셨어야죠!
버럭
이렇게 하면 어떻겠나? 레아와 결혼식 기간 1주일을 채워주면, 라헬도 자네에게 주겠네. 물론 자네는 7년을 더 일해야 하고.
아버지와 형을 속이던 내가 이제 당하는구나.

야곱은 라반의 말대로 했고, 라반은 작은 딸 라헬도 야곱에게 아내로 주었어.
하나님이 가족을 속인 것에 대해 벌을 주신 걸까?
?

야곱의 아들들

여호와께서는 레아가 사랑받지 못하는 것을 보시고

레아에게만 아이를 주셨어.
흥!

레아는 르우벤, 시므온, 레위, 유다, 이렇게 네 명의 아들을 낳았어.
여호와께서 내 괴로움을 살펴주셨구나. 이제 아들을 낳았으니 남편이 나를 사랑해 주겠지.
여호와께서 내가 여전히 사랑받지 못한다는 걸 아시고, 또 아들을 주셨구나!
세 명의 아들을 낳았으니 이제는 남편이 나를 가까이 하겠지?
네째까지 주시니 이제는 여호와를 찬양하리라!
응애!
응애!
응애!
응애!

※르우벤: '보아라, 아들이다', 시므온: '듣는다', 레위: '애착', 유다: '찬양하다'라는 뜻.

tip 여호와를 찬송하리라

네 번째 아들 유다를 낳은 레아의 기쁨이 잘 드러난 말이다. 이로 미루어 볼 때 레아는 더 이상 야곱에게 무시당하지 않고 행복을 누렸음을 알 수 있다.

그 이후로 레아는 아이를 낳지 못해.
내가 짐승이냐?
넷이면 됐지,
나도 이제 좀 쉬자!!

30장 야곱의 자녀들

아이를 낳지 못한 라헬은 언니 레아를 질투했어.
흥!

라헬은 야곱에게 아이를 낳게 해주지 않으면 죽어버리겠다고 했지.
아이를 주시는 분은 하나님이신데 나더러 어쩌란 말이오? 내가 하나님을 대신하겠소?
버럭

좋아요. 그럼, 제 몸종 빌하와 동침하세요. 빌하가 아이를 낳아 내 무릎에 놓아줄 거예요.

야곱은 라헬의 몸종 빌하와 동침했고 빌하는 임신을 해서 차례로 단, 납달리 두 명의 아들을 낳았어.
응애! 응애!
하나님께서 내 억울함을 풀어주셨구나. 감사합니다!
이제 둘째까지 낳았으니, 이 정도면… 호호호.
칫, 저것이 정말!
※단: '억울함을 풀어주셨다', 납달리: '경쟁한다'라는 뜻.
레아 역시 자신의 몸종 실바를 경쟁하듯 야곱에게 주었어.
나도 몸종이 있으니 실바를 통해 아이를 얻으면 돼!
실바
준비됐지?
넵~!
실바도 차례로 갓과 아셀을 낳았어.
자, 다섯째. 호호, 역시 난 운이 좋아.
여섯째까지…. 다른 여자들이 날 행복한 사람이라 부를 거야!
응애! 응애!
※갓: '행운', 아셀: '기쁨'이라는 뜻.
밀을 추수할 무렵 르우벤이 들에 나갔다가 합환채를 발견하고는 어머니 레아에게 가져다주었지.
엄마~ 이거요.
어머, 이 귀한 걸!
tip 합환채
팔레스틴 들판에서 자라는 만드라고라(mandragora)라는 식물의 열매다. 당시에는 이것을 먹으면 임신할 수 있는 능력이 생긴다고 믿어서 '사랑의 열매'라고 불렸다.
어머, 합환채네! 언니 나한테도 좀 주면 안 돼요?
안 돼! 내 남편을 빼앗아가더니 이제는 내 아들이 가져온 합환채마저 빼앗으려 드는구나.
헤헤, 언니~. 그걸 주면 오늘밤은 야곱과 자도록 해줄게요. 네?
오옷~ 정말?
그날 저녁 야곱이 들에서 돌아오자 레아가 맞이하며 말했어.
내가 무슨 물건이오?
탈출은 어림없다.
합환채로 당신을 샀으니 오늘은 나와 자야 해요.
야곱은 그날 밤 레아와 함께했지.

하나님이 레아의 기도를 들어주셔서 그녀는 야곱의 다섯 번째 아들 잇사갈과 여섯 번째 아들 스불론을 낳았어.
내 몸종을 남편에게 주었더니 하나님께서 갚아주셨구나!
하나님께서 이 아이를 좋은 선물로 주셨으니 이젠 남편이 나를 존중해 줄 거야!
그후 레아는 또 딸을 낳아 이름을 디나라고 지었어.
난 아들 여섯 명과 딸 한 명을 낳았어.

※스불론 : '존중, 영예', 잇사갈 : '값, 보상'이라는 뜻.

※디나 : '판단'이라는 뜻.

그리고 하나님은 라헬을 기억하시고 기도를 들어주셔서 아이를 낳을 수 있게 해주셨어.
하나님, 감사합니다. 저도 이제 아이를 가질 수 있게 되었군요.
아이를 낳은 라헬은 하나님께서 자신의 부끄러움을 없애주셨다고 기뻐했지.
처음으로 내가 낳은 내 자식!
그리고 아들 하나를 더 주셨으면 좋겠다며 이름을 요셉이라 지었어.
요셉아, 잘 자라거라.

※요셉 : '더함, 더하다'라는 뜻.

부자가 된 야곱

요셉이 태어나자 야곱이 라반에게 말했어.
이제 제 집, 제 나라로 돌아가게 해주십시오.
엥? 벌, 벌써 가려고?
야곱은 라반을 위해 일하고 얻은 아내와 자식들을 데리고 돌아가게 해달라고 부탁했지.
벌써라니요? 지난 14년 동안 제가 얼마나 열심히 일했는데요!
글쎄, 그랬던가…?
하나님께서 듣고 계십니다.
아, 맞아. 그랬지. 이제 기억이 나네. 하하….

흠, 여호와께서 자네 때문에 내게도 복을 주셨다는 걸 알고 있네. 그러니 앞으로도 죽 있어주면 안 되겠나?
뭐라고요? 14년이나 있었잖아요!
품삯은 자네가 달라는 대로 주겠네. 어때?
아, 그, 그렇다면….

tip 라반의 약속

아내를 얻는 대가로 일을 해주기로 약속한 기한(14년)이 다 되었으니 정당하게 품삯을 주겠다는 것이다. 그것도 피고용인(야곱)이 정하는 대로 주겠다고 한다. 이렇게까지 야곱을 붙잡아두려 했던 이유는 야곱이 유능하다는 것과 야곱 때문에 하나님이 자신을 축복해 주셨음을 알았기 때문이다.

험, 제가 외삼촌을 위해 어떻게 일했는지 잘 아실 거라 믿습니다.
그럼, 그럼. 잘 알지.
야곱은 처음 이곳에 왔을 때 얼마 안 되던 가축 떼가 지금은 크게 늘어났고, 자신의 발길이 닿는 곳마다 여호와께서 외삼촌에게 복을 주셨다고 말했어.
흠, 확실히 야곱이 온 후로 가축이 엄청 늘었지.
하지만 저도 이제 제 식구를 챙겨야 하지 않겠습니까?
그래서 자네가 원하는 대로 다 해주겠다고 하잖나.
한 가지 요청만 들어주신다면 삼촌의 양을 계속 돌보겠습니다.
오, 그래? 말해 보게.
삼촌의 가축 중에서 얼룩지거나 점이 있거나 검정색 양과 얼룩진 염소를 골라낼 테니, 그걸 제게 주십시오.
그런 가축들은 많지 않으니 외삼촌도 나쁘지 않을 겁니다.
흠흠, 그렇지. 좋아 좋아.
외삼촌이 나중에 제가 골라낸 가축들을 살펴보면 제가 얼마나 정직했는지 알게 될 것입니다.
흐흐, 조사하면 다 나오지.
흰 양이나 얼룩지지 않은 염소가 있으면, 그건 다 제가 훔친 걸로 하세요.
좋아, 그렇게 하자!
그런데 그날 라반은 몸에 얼룩점이 있는 숫염소들은 물론 하얀 반점이 있는 암염소들과 검은 양들을 모두 따로 떼어 놓았어.
어서 골라내라!
네!
그런 다음 그 짐승들을 자기 아들들에게 맡겨 3일 정도의 거리에 두도록 했지.
거기 가서 꼭꼭 숨겨둬라!

이렇게 하면 야곱이 말한 조건의 새끼들이 태어나긴 힘들 거야. 후후~.
야곱은 라반의 나머지 가축 떼를 돌보았어.
외삼촌이 손을 썼군.
야곱은 버드나무, 살구나무, 신풍나무의 싱싱한 가지를 꺾어 껍질을 벗겨내어 흰 줄무늬가 생기게 했어.
흥, 좋아. 그랬단 말이지?
쓱
쓱

그리고 그것을 가축 떼가 와서 물을 먹는 여물통 바로 앞에 세워놓았어.
자, 이걸 보면서 먹어라~.
메 에 에 ~

tip 나뭇가지의 흰 줄무늬

야곱은 알록달록하게 만든 나뭇가지를 여물통 옆에 세워두었다. 가축들이 그것을 보고 영향을 받아 점이나 얼룩무늬가 있는 새끼를 낳도록 한 것이었다. 과학적인 근거는 없지만 하나님께서 벧엘에서의 약속 Link 1권 100, 101p 을 기억하시고 야곱에게 복을 주셔서 그가 많은 가축을 소유할 수 있게 된 것이다.

물을 먹으러 온 가축들이 줄무늬가 있는 나뭇가지 앞에서 새끼를 배면 무늬나 점이 있는 새끼를 낳았지.
히히, 작전 성공!
야곱은 라반의 가축 중에서 줄무늬나 얼룩이 있는 것들은 따로 떼놓았어.
자, 가자. 너희들은 내 것이다.

또한 튼튼한 가축들이 새끼를 밸 때에는 그 앞에 나뭇가시를 놓았고,
튼튼한 놈들은 내가 갖고,
약한 가축들이 새끼를 밸 때에는 나뭇가시를 놓지 않았어.
약한 놈들은 외삼촌에게! 히히.
그로 인해 약한 것들은 라반의 것이 되고
어째 내 가축들은 다 비실비실하냐?

튼튼한 것들은 야곱의 소유가 되었지.
이런 꼼수도 하나님의 은혜가 없었다면 안 통했을 거야.
그렇게 해서 야곱은 큰 부자가 되어, 가축 떼와 남종과 여종과 낙타와 나귀를 많이 갖게 되었지.
이 모든 게 하나님의 축복이야!

31장 도망가는 야곱

어느 날 야곱은 라반의 아들들이 하는 얘기를 들었어.
?
야곱이 우리 아버지 재산을 다 빼앗아갔어!
맞아, 그래서 부자가 된 거야!
그러고 보니 야곱은 자신을 대하는 라반의 태도가 예전 같지 않다는 것을 느꼈지.
안녕히 주무셨어요?
…
흥, 내 팔자에 무슨…!
…
어느날 여호와께서 꿈에서 말씀하셨어.
야곱아, 네 조상들이 사는 땅으로 돌아가라. 내가 너와 함께 있겠다!
야곱은 라헬과 레아를 가축 떼가 있는 들로 불러냈지.
당신들의 아버지 라반이 나를 예전처럼 대하지 않소. 하지만 내 아버지의 하나님께서 나와 함께 계시오!
무슨 일이 있기에…?
나는 열심히 외삼촌을 섬겼는데도 그분은 나를 속이고 품삯 조건을 열 번이나 바꿨소.
아무래도 내가 손해 같으니 바꾸세.
또요? 이제 그만 좀 하시지요.
하지만 하나님은 그때마다 내게 손해가 가지 않도록 하셨소.
우씨~ 어떻게 해도 야곱의 가축이 늘어나잖아!

삼촌이 줄무늬 있는 것이
내 몫이라 하면 태어나는 모든 가축의
몸에 줄무늬가 있었소. 그렇게
하나님은 당신들 아버지의
가축들을 빼앗아 내게 주셨소.
으그그,
이대로 가면
난 망하고
말 거야!
한번은 가축들이
새끼를 밸 무렵
꿈을 꾸었소.
교미하려는
모든 숫양에게
줄무늬나
얼룩점이 있네!
그때 하나님이
내게 말씀하셨소.
야곱아,
이 모든 것은
라반이 네게
한 못된 짓을
보상해 주기
위한 것이다!
나는 벧엘에서 네게 나타났던
Link 1권 100, 101p 여호와 하나님
이다. 너는 그곳에서 돌기둥에
기름을 붓고 나에게 맹세했다!
너는 당장 이곳을 떠나
네가 태어난 땅으로
돌아가거라!
아, 드디어
고향
땅으로!
야곱은 꿈 이야기를 라헬과 레아에게
해주었어.
그대들은 어떻게
생각하시오?
음…
그렇다면
말씀을
따라야지요.
우리가 아버지에게
유산을 받을 수
있으리라고는
생각하지 않아요.
아버지는 우리를 팔고
우리 돈까지 가로챘으니
우릴 이방인으로
생각하는 것이
분명해요.

하나님이 아버지에게
되찾아주신 재산은
이제 우리와
우리 아이들의
것이에요.
그러니 하나님께서
말씀하신 대로 해요!
알겠소,
고맙소!

tip 두 아내의 동의

평소에 아버지를 못마땅하게 여기고 있던 레아와 라헬은 아버지에게 아무것도 물려받을 수 없다는 것과 남편 야곱을 통해 하나님의 존재를 알게 되자 낯선 땅으로 간다는 것이 얼마나 어려운 일인지 잘 알면서도 야곱의 말에 적극 동의한다.

야곱은 자신의 아이들과 아내들을 낙타에 태웠어.
자, 할아버지 집으로 가자.
그리고 밧단아람에서 얻은 모든 가축과 재산을 가지고 가나안 땅의 아버지 이삭에게 가기 위해 길을 떠났지.
자, 약속의 땅 가나안으로 가자!
그때 라반은 양의 털을 깎으러 멀리 나가 있었는데 라헬이 그 틈을 타서 몰래 라반의 드라빔을 훔쳤지.
tip 드라빔
드라빔은 한 가정의 수호신으로 우상의 일종이다. 이것은 여성의 다산과 가족의 안위를 지켜준다고 믿어졌다. 또한 이 드라빔을 소유한 자는 가족에 대한 지배권이 주어지고 재산 상속 1순위의 권리를 갖게 된다. 크기는 호주머니에 넣을 수 있는 작은 것부터 사람만한 것까지 있었다.
야곱은 라반에게 아무 말도 하지 않고 자신의 모든 것을 가지고 도망치듯 떠났어.
삼촌은 우릴 순순히 보내주지 않을 거야.
야곱은 유프라테스 강을 건너 길르앗의 산악 지방 쪽으로 갔어.
하란 (밧단아람)
앗시리아
우가릿
아람
구브로
하맛
아모리
유프라테스 강
마리
다메섹
다마스커스
시돈
두로
단
길르앗
암몬
벧엘
예루살렘
랍바
가사
헤브론
브엘세바
모압
시로-아라비아
라반은 3일 후에야 야곱이 도망쳤다는 얘기를 들었지.
그 얘길 왜 이제야 하나!!
자기가 3일 거리에 있었으면서….
화가 난 라반은 친척들을 불러 모아 야곱을 쫓아갔는데
도적놈을 잡아라!!
두 두 두 두 두
7일 만에 길르앗의 산악 지방에서 야곱을 따라잡았어.
저기 있군. 이제 겨우 따라잡았어!
지금 바로 공격할까요?
모두들 많이 지쳤으니 하룻밤 쉽시다!

그날 밤 하나님이 밧단아람 사람 라반의 꿈에 나타나셨어.
누, 누구…?!
너는 야곱과 옳고 그름을 따지지 말라!
어떤 식으로든 그를 위협하지 말라!
으… 알겠습니다.
그때 야곱과 라반과 그의 친척들은 길르앗의 산악 지방에 장막을 치고 있었어.
어째서 나를 속이고 내 딸들을 포로처럼 끌고갔느냐?
내게 말하고 떠났다면 북과 하프에 맞춰 기쁘게 노래하며 보냈을 것 아니냐? 왜 딸들과 손자들에게 이별의 인사도 못 하게 했느냐?
흥, 거짓말… 외삼촌의 속마음을 이미 잘 알고 있네요.
자네를 해칠 수도 있었네만 지난밤 자네 아버지의 하나님이 나타나 자네를 해치지 말라고 경고하셨네.
제 백이 좀 든든합니다.
그런데 내 드라빔은 왜 훔쳐 갔나?
엥? 드라빔이라니요?
삼촌이 제 아내들을 빼앗을지도 모른다는 생각에 두려워 몰래 떠났지만 드라빔을 훔치지는 않았습니다!
어머, 큰일났네. 아무도 몰래 그걸 가져왔는데….
만약 그걸 가지고 있는 사람이 있다면 그를 죽여도 좋으니 모두가 보는 앞에서 제 물건들을 뒤져 보시지요.
켁!
라반은 야곱과 레아와 두 여종의 장막을 모두 뒤졌어.
여긴 없습니다.
라헬의 장막도 뒤져봐라!
그때 라헬은 낙타의 안장 밑에 드라빔을 숨겨놓고 그 위에 앉아 있었지.
씩 씩~!
아버지.
제가 여기 앉아 있다고 노여워 마세요. 지금 월경 중이라 일어날 수가 없어요.
그래, 알았다.

라반은 라헬의 장막도 샅샅이 뒤졌지만 드라빔을 찾지는 못했어.
도대체 어디에 숨긴 것이냐?
제가 무슨 잘못을 했다고 불같이 저를 쫓아오셨습니까? 제 물건 속에 외삼촌의 것이 있습니까?
그게…
외삼촌의 것이 있다면 이 앞에 보여주세요. 누가 옳은지 판단할 수 있게 말입니다!
제가 삼촌을 위해 일하는 동안 어미 뱃속에서 죽어 나온 새끼 양이나 염소가 하나라도 있었습니까?
우리 여보야가 그만큼 열심히 한 거라고요!
어, 없었지.
삼촌의 숫양을 잡아먹은 적도 없고 어쩌다 양 한 마리가 들짐승에게 먹히기라도 하면 제 양을 내주지 않았습니까? 외삼촌은 낮이나 밤 동안 가축이 없어져도 그걸 제게 물렸습니다!
흥, 정말 너무해요.
그, 그랬지.
낮에는 더위에, 밤에는 추위에 시달리며 지난 20년 동안 저는 외삼촌을 위해 종처럼 일했습니다.
사위가 아니라 종이었지, 흑흑.
14년은 외삼촌의 두 딸을 얻으려고, 6년은 가축을 얻으려고 일했습니다.
그런데 외삼촌은 항상 자신에게 유리하게 품삯을 열 번이나 바꿨지요?
아… 그, 그랬나?
사위에게 어떻게 그럴 수가… 엉엉.
하지만 제 아버지의 하나님은 저와 함께 계셨습니다. 그분은 아브라함의 하나님이시고 이삭의 하나님이십니다.
끙~
우리 여보야를 핍박할수록 아버지만 힘들어질 거예요!
하나님께서 저와 함께 계시지 않았다면, 외삼촌은 제게 아무것도 주지 않고 맨손으로 돌려보냈을 겁니다! 안 그래요?
아니, 뭐, 그럴 리가….

하나님께서 제 고난과 수고를 아시고 지난밤에 외삼촌을 꾸짖으신 겁니다.
이거 계속하다간 본전도 못찾겠네.
야곱과 라반의 언약
이윽고 라반은 부드럽게 말하지.
네 아내들은 내 딸이고 이 아이들은 내 손자들이네.
자네의 모든 것이 다 내 것이며 내 딸들과 손자들도 내 것인데 무슨 해코지를 하겠는가?
흥, 하나님 무서운 건 알아서!
자, 이제 우리가 언약을 맺고 증거할 표를 남기세!
오오~
좋습니다.
야곱은 돌 한 개를 가져와 기둥으로 세우고 친척들에게 말했어.
이곳에 돌무더기를 쌓으세요!
낑
그리고 돌무더기 옆에서 음식을 먹었지.
하하하
하하하
이 돌무더기를 여갈사하두다로 부르고 우리 언약의 증거로 삼겠네!
전 히브리말로 갈르엣이라 하지요.
또한 그곳을 미스바라고도 하지.
우리가 떨어져 있는 동안에도 여호와께서 우리를 지켜 보시기 바라네!
야곱이 라반과 언약한 내용은 다음과 같아.
-서약서-
1. 라반의 딸들 외에 다른 여자를 아내로 두지 않는다
2. 돌기둥과 돌무더기를 경계로 서로 침범하지 않는다
라반(인)
야곱(인)
꾹
아브라함의 하나님, 나홀의 하나님, 그분들 조상의 하나님이 우리 재판관이 되어 주시길 바라네!
야곱은 자신의 아버지 이삭이 두려워하는 하나님의 이름으로 약속했어.
네, 그 언약을 지키겠습니다.

※여갈사하두다 : 아람어로 '증거의 무더기'라는 뜻.

※미스바 : '파수꾼'이라는 뜻.

그리고 야곱은 산에서 제사를 드리고 친척들과 함께 음식을 먹고
하룻밤을 잤어.
다음 날 아침 라반은 손자 손녀들과 딸들에게 입을 맞추고 복을 빌어주고는
어디서든 건강하거라.
쪽
쪽, 아버지도 건강하세요.
자신의 고향으로 돌아갔지.
32장 에서를 만날 준비
야곱이 길을 가고 있을 때 하나님의 천사들이 나타났어.
아!
야곱은 그곳을 마하나임이라 불렀지.
하나님의 군대구나!

※마하나임 : '두 군대'라는 뜻.

tip 하나님의 군대

야곱이 집으로 돌아가는 길에 하나님의 군대를 만난 것은 하나님이 두려움 중에 있는 야곱을 위로하고 용기를 주시기 위해 자신의 군대를 보냈기 때문이다. 야곱은 고향에 가면 장자의 권리를 빼앗긴 형 에서가 자신을 죽일지도 모른다는 생각에 두려워하고 있었다.

야곱은 에돔 지방 세일 땅에 사는 형 에서에게 심부름꾼을 보냈어.
너는 내 주인 에서에게 이렇게 말씀드려라!
네, 말씀하십시오.
당신의 종 야곱은 지금까지 라반에게 머물러 있었습니다.
부 다 다 다

제게는 소와 나귀와 가축 떼와 남종과 여종들이 있습니다. 부디 저를 너그럽게 봐주십시오.
야곱이?!
이렇게 전하라 하셨습니다.
세일
주인님의 형 에서가 400명을 이끌고 오고 있습니다.
헉
뭐야?

그 말을 들은 야곱은 너무 두렵고 괴로웠어.
400명이라니… 아직도 형님의 화가 풀리지 않았구나.
야곱은 자기와 함께한 사람들과 가축들을 두 무리로 나누었지.
자, 양쪽으로 나눠라.
그래야 형이 한 무리를 공격하더라도 다른 한 무리는 도망칠 수 있다.
야곱은 하나님께 간구했어.
나의 할아버지 아브라함의 하나님, 내 아버지 이삭의 하나님 여호와여!!

그날 밤 야곱은 그곳에서 밤을 지새웠지.
전에 제게 네 고향, 네 친척에게 돌아가라. 그러면 내가 네게 은혜를 베풀 것이라고 하셨습니다.
저는 주님께서 베풀어주신 온갖 은혜와 사랑을 받을 자격이 없습니다. 저는 교활하게 아버지와 형을 속인 사람입니다.
제가 처음 요단 강을 건널 때는 지팡이 하나뿐이었지만 이제는 두 무리로 나눌 수 있을 만큼 많은 재산이 생겼습니다.
형 에서가 저와 제 아내와 자식들을 해칠까 두렵습니다. 형 에서의 손에서 구해 주시길 간절히 바랍니다.
하나님께서 제게 은혜를 베풀어 자손이 바다의 모래처럼 셀 수 없이 많게 하겠다고 하지 않으셨습니까.

tip 야곱의 간구

자손을 바다의 모래(하늘의 별, 땅의 티끌)처럼 많게 해주겠다는 것은 하나님이 일찍이 아브라함에게 하신 약속 Link 1권 75p 이다. 복수의 칼을 치켜든 에서의 손에 죽을지도 모르는 절박한 상황에서 야곱은 하나님의 언약을 믿음으로 굳게 붙들고 구원을 바라고 있다.

다음 날 야곱은 에서에게 줄 선물을 골랐어.
그래, 형님에게 선물을 주면 마음이 풀릴지도….

야곱이 주비한 선물은 암염소 200마리, 숫염소 20마리, 암양 200마리, 숫양 20마리, 젖을 먹이는 암낙타 30마리와 그 새끼들, 암소 40마리, 황소 10마리, 암나귀 20마리, 새끼 나귀 10마리였지.
어이구 많기도 하네.
흠, 이 정도면 될까?

야곱은 가축들을 몇 개의 떼로 나누고 종들에게 말했어.
넌 염소 떼를 데리고 나보다 앞서 가거라.
?
가다가 형 에서를 만나게 되면 내가 시키는 대로 말해야 한다.
어떻게…?
넌 누구의 종이며 어디로 가고 있느냐? 이 가축들은 또 누구 것이냐?
이것들은 주인님의 종 야곱의 것으로 그의 주인 에서에게 드리는 선물입니다. 내 주인 야곱도 뒤에 오고 있습니다.
두 번째 세 번째 종에게도 각각 가축 떼를 주면서 같은 명령을 했지.
넵!
너희들도 차례로 출발하고 형 에서를 만나면 똑같이 말해야 한다. 알겠느냐?
야곱은 여러 차례의 선물로 형의 마음을 풀고 난 다음 자신을 만나면 용서해 줄지도 모른다고 생각한 거야.
자, 1번 팀 출발!
움머~
메에에
2번 팀은 좀 있다가 출발한다.

얍복 강 사건

그날 밤 야곱은 두 아내와 두 여종과 열한 명의 아들들을 얍복 나루 건너편으로 보냈어.
얍복 강
자신의 가족과 모든 재산을 강 건너편으로 보내고
혼자 얍복 강 북쪽 언덕 편에 남았지. 그때 어떤 사람이 다가왔어.
응?
그 사람은 야곱과 밤새도록 씨름을 했어.
헉 헉
그리고는 야곱을 이길 수 없다는 걸 알고 야곱의 엉덩이뼈를 쳤어.
퍽
억!

쯧쯧,
그러게
왜 내들어?
어이구,
엉덩이뼈가
어긋난 것 같아.
이건 반칙이잖아요.
!!
꽉
날이 새려 한다.
나를 놓아라!
저를 축복하지
않으면 못 가십니다.
네 이름이
무엇이냐?
야곱입니다!
네 이름은 이제 야곱이
아니라 이스라엘이다.
네가 하나님과 겨루어
이겼기 때문이다!
아…!!
주의 이름을 말씀해
주옵소서!
어찌하여
나의 이름을
묻느냐?

※이스라엘 : '하나님과 겨루다'라는 뜻.

그는 그 자리에서 야곱에게 복을 주었고, 야곱은 그곳을 브니엘
이라 부르게 되었지.

※브니엘 : '하나님의 얼굴'이라는 뜻.

브니엘에서 나타난 사람이 야곱의 엉덩이뼈를 쳤기 때문에 오늘
날까지 이스라엘 자손들은 엉덩이뼈에 붙어 있는 큰 힘줄을 먹지
않아.
아, 내가
하나님의
얼굴을 보고도
죽지 않았구나!

tip 어떤 사람

두려운 마음에 가족을 두 무리로 나누거나 에서에게 화해와 복종의 선물을 보내는 등 하나님께 의지하지 않던 야곱은 가족들을 강 건너편으로 보내고 홀로 남아 기도한 것으로 보인다. 여기서 씨름은 밤새 매달리고 울부짖는 처절하고 필사적인 야곱의 기도하는 모습을 묘사한 표현이기도 하다. 야곱은 함께 씨름한 이를 가리켜 '하나님'이라고 했고, 훗날 선지자 호세아는 '하나님의 천사'라고도 했다. Link 호세아 12장 3, 4절 따라서 종종 '여호와의 사자'로 성경에 등장하는 예수 그리스도라고 볼 수도 있다. 한편 이렇게 하나님을 만난 야곱은 더이상 자신의 힘과 지혜를 의지하지 않고 철저히 하나님만 의지하며 에서와의 만남을 두려워하지 않게 된다.

33장 야곱과 에서의 만남

야곱이 고개를 들어 보니 에서가 400명을 거느리고 오고 있었어.
헉!
야곱은 레아와 라헬과 두 여종에게 아이들을 나누어 맡겼어.
자자, 안전을 위한 최소한의 대책을 마련해야지!
이리 와. 이쪽으로.
야곱은 여종들과 아이들을 맨 앞에 세우고 그 뒤에 레아와 아이들, 맨 뒤에 라헬과 요셉을 세웠어.
모두 정렬!
야곱은 맨 앞에서 에서에게 다가가며 일곱 번이나 땅에 엎드려 절했어.
척
야곱아!
흑 흑
형님…!
도, 돌아왔구나.
달려온 에서는 두 팔로 야곱의 목을 끌어안고 입을 맞추었지.
동생아!!
와 락
형님!!
엉엉~ 형님, 제가 잘못 했어요!
그리고 두 사람은 함께 소리 내어 울었어.
괜찮다, 괜찮아!
에서가 고개를 들어 여자들과 아이들을 보고 물었어.
너와 함께하는 저들은 누구냐?
형님의 종인 저에게 하나님께서 은혜로 주신 아이들입니다.
여자들과 아이들이 나란히 나와 엎드려 에서에게 절했어.

여기 오는 도중에 가축 떼를 여러 번 만났다. 그것들은 무엇이냐?
형님께 드리는 선물입니다.
됐다. 나도 가축은 많다.
아니에요. 꼭 받아주세요.
저를 이렇게 너그러이 맞아주시니, 형님 얼굴 보는 것이 꼭 하나님의 얼굴을 보는 것 같습니다.
하나님께서 은혜를 베풀어주셔서 넉넉하게 가지고 있으니 제 선물을 받아주십시오.
음, 알겠다.
야곱아, 이제 가자!
아닙니다. 아이들과 어린 가축들이 있어 형님과 같이 가는 건 무립니다.
저는 천천히 따라가겠습니다. 세일 땅에서 다시 뵙지요.
그럼 길 안내와 호위를 위해 몇 명 남겨두마.
감사합니다! 하지만 저희들만으로도 충분합니다.
알았다. 그렇게 하거라.
그리하여 그날 에서는 세일 쪽으로 다시 되돌아갔지.
고맙습니다. 형님.
야곱은 일단 숙곳으로 가서 자기 식구들이 머물 집과 짐승들이 지낼 우리를 지었어.
숙곳
이곳에서 잠시 쉬었다가 이동하자!
그후 야곱은 가나안 땅 세겜 성에 무사히 도착해 그 성 부근에 상박을 쳤어.
길르앗
미스바
세겜
브니엘
마하나임
숙곳
얍복강
요단강
벧엘
랍바
암몬
가나안
여리고
예루살렘
베들레헴

※숙곳 : '초막' 또는 '오두막'이라는 뜻.

야곱은 세겜의 아버지인 하몰의 아들들에게 은 100냥을 주고 장막을 친 땅을 샀어.
이제 이 땅은 내 것이오.
세겜
그리고 그곳에 제단을 쌓고 하나님께 예배했어.
이곳을 엘엘로헤이스라엘이라 부르리라!

※엘엘로헤이스라엘 : '하나님, 이스라엘의 하나님'이란 뜻.

tip 세겜에서 단을 쌓다

사실 야곱은 세겜이 아니라 벧엘에서 단을 쌓는 것이 옳다. 왜냐하면 에서에게 쫓겨 밧단아람의 라반에게 갈 때 벧엘에서 하나님을 만났고, 무사히 돌아오면 그곳을 하나님을 경배하는 장소로 삼겠다고 약속했기 때문이다. Link 1권 101p 야곱은 그 약속을 지키지 않은 결과 이곳에서 큰 고통을 받게 된다.

34장 디나가 당한 폭행과 보복 사건

레아와 야곱 사이에 태어난 딸 디나는 세겜 땅의 여자들을 보러 나갔어.
랄랄라~

그런데 히위 사람 하몰의 아들이며 그 땅의 추장인 세겜이 디나를 보고 끌고가서 성폭행을 했어.
꺄악!
타닥

디나에게 마음이 끌린 세겜은 디나를 위로했지.
내가 비록 당신에게 아픔을 주었지만 당신이 정말 좋소.
흑흑
그리고 아버지 하몰에게 말했지.
아버지, 이 여자를 아내로 맞이하게 해주십시오!
하몰
그 아이는 누구의 딸이냐?
야곱은 세겜이 디나에게 한 일을 들었지만 가축 떼를 치고 있는 아들들이 돌아올 때까지 기다렸어.
아들들이 돌아오면 이 일에 대해 얘기해 보자.
밖에서 돌아온 야곱의 아들들은 디나의 소식을 듣고 괴로워하며 분노했지.
세겜이 디나에게 해서는 안 될 짓을 저지른 겁니다!
이스라엘 사람을 모욕한 거라고요!

그때 세겜의 아버지 하몰이 청혼을 하기 위해 야곱의 장막에 왔어.
야곱이여, 할 말이 있습니다.
무슨 일이오? 우리 여동생의 소식은 들었소.
내 아들 세겜이 디나를 무척이나 연모하고 있으니 부디 세겜과 결혼할 수 있게 해주시오.
댁의 딸을 저희에게 주시고 저희 딸들도 데려가 결혼해 함께 살면서 장사도 하고 재산도 늘립시다.
아무리 많은 몸값과 예물이라도 드리겠으니 디나를 제 아내로 주십시오!
뻔뻔한 놈들!
감히!
알겠으니 한 가지 조건만 들어주시오.
야곱의 아들들은 속임수를 쓸 작정이었어.
말해 보시지요.
할례받지 않은 사람들에게 누이를 줄 수 없으니 세겜 남자들은 모두 할례를 받으시오.
그리하면 두 가문의 아들과 딸들이 결혼해 함께 살며 한 백성이 될 것이오. 그렇지 않으면 디나를 데려갈 수 없소.
하몰과 세겜은 야곱의 아들들의 제안이 괜찮겠다고 생각했어.
좋소,
그렇게 하지요.
야곱의 딸 디나를 사랑하는 마음에 세겜은 망설이지 않았지.
아버지, 어서 성으로 가요.
세겜은 집안에서 가장 존귀한 인물이었어.
자자, 모두 모여 보시오!
성문으로 나가 그들은 사람들에게 말했어.
야곱의 사람들은 우리와 친구가 되기를 원합니다!

tip 성문

고대 사회에서 성문은 사람들이 드나들 수 있는 유일한 통로였다. 그래서 항상 많은 사람들이 있었고, 성문 앞에 넓은 공터가 생겨 시장으로, 만남의 장소로, 재판의 장소로 사용되었다. 그래서 세겜 또한 많은 사람들에게 말하기 위해 성문 앞으로 간 것이다.

그들이 이 땅에 살면서 장사도 하게 합시다. 이 땅은 그들이 머물 수 있을 만큼 넓어요! 그리고 그들의 딸을 우리 아내로 삼고 우리 딸들도 그들에게 줍시다.
한 식구가 되면 그들의 가축과 재산이 우리 것이 되는 것이나 마찬가지잖아.
하긴, 우리 가축이 너무 없어!
웅성
웅성

하지만 그러기 위해서는 우리 가운데 남자들은 모두 그들처럼 할례를 받아야 합니다.
웅성
할례?
까짓 거 뭐, 하자고!
웅성
하몰과 세겜의 말을 듣고 성의 남자들은 모두 할례를 받았어.
아이고, 아파.
후들
한동안 꼼짝 못하겠네.
후들
3일 뒤 할례를 받은 사람들이 아직 회복되지 않았을 때,
지금이 가장 아플 때지!
야곱의 아들 중 시므온과 레위가 칼을 들고 성으로 갔어.
단 한 놈도 살려두지 마라~!!
와 아 아 아
헉!
아니!
이, 이게 뭐하는 짓인가? 우린 연합하기로 약속하지 않았나?
너희들이 속은 거다! 내 누이를 능멸하고도 무사할 줄 알았느냐?

그리고 하몰과 그의 아들 세겜을 포함해 성 안의 남자들을 모두 죽였지.
퍽
퍽
야곱의 다른 아들들도 죽은 사람들 사이를 돌아다니며 양과 소와 나귀와 값나가는 것들을 약탈하고 여자와 아이들까지 사로잡았어.
닥치는 대로 빼앗아!
으아악
감히 우리의 여동생을 더럽혀?!
엉엉
그리고 디나를 세겜의 집에서 데리고 나왔어.
으아악
이젠 괜찮다.
야곱은 시므온과 레위에게 말했어.
너희는 나에게 괴로움을 주는구나! 이 땅에 사는 사람들이 이제 나를 미워할 것이다!
우리는 수가 적어서 그들이 힘을 합해 공격해 오면 망할 것이다.
세겜이 우리 누이를 창녀 취급했는데 어떻게 그냥 있을 수 있겠습니까?
휴, 어쩔 수 없는 일이구나.

35장 야곱의 벧엘 제사

벧엘 성에 가서 그곳에 살아라. 에서를 피해 도망칠 때 너에게 나타났던 하나님께 제단을 Link 1권 101p 쌓아라!
하나님이 야곱에게 말씀하셨어.
네, 주님!
야곱은 가족들과 함께 사는 모든 이들에게 말해.
이곳을 떠나 벧엘로 갈 것이다. 지니고 있는 이방 신상들을 다 버리고 몸을 씻고 옷을 갈아입어라!

벧엘로 가서 내가 괴로울 때 도와주시고 언제나 함께하셨던 하나님께 제단을 쌓을 것이다.
사람들은 가지고 있던 모든 이방 신상과 귀고리를 야곱에게 주었어.
끙, 많기도 해라.
야곱은 그것들을 세겜 땅 근처 상수리나무 밑에 묻었지.
꼭꼭 파묻어라.

tip 야곱의 가족들이 지닌 우상

야곱의 가족들 모두 야곱의 신앙을 계승했다고 볼 수는 없다. 여기서 이방 신상을 직역하면 '낯선 신들'이라는 뜻으로, 이것은 라헬이 친정에서 훔친 드라빔 신상을 비롯해 종들이 지녔을지 모르는 모든 우상을 가리킨다. 뿐만 아니라 여호와 유일신 사상에 위배되는 모든 이방 세력과 우상 사상까지 포함하는 말일 수 있다.

저 녀석들을 그냥 보내 줘야 하나?
그런 다음 야곱과 그의 아들들은 그곳을 떠났어. 근처 성 사람들은 하나님이 두려워 야곱과 그 아들들을 쫓아가지 못했지.
실은 저놈들과 함께하는 하나님이 무서워서….
가자, 벧엘로!

일행을 이끌고 가나안 땅 벧엘로 간 야곱은 제단을 쌓고 그곳 이름을 엘벧엘이라 했어.
에서 형을 피해 도망칠 때 여기서 하나님을 만났지.
Link 1권 101p
그 무렵 어머니 리브가의 유모 드보라가 죽어 벧엘의 상수리나무 밑에 묻었어.
이곳을 알론바굿이라고 부르자.
흑 흑

※엘벧엘: '벧엘의 하나님'이라는 뜻.

※알론바굿: '울음의 상수리나무'라는 뜻.

하나님은 다시 야곱에게 나타나셨지.
네 이름을 이제 야곱이라고 하지 않고 이스라엘이라 하겠다!
아따, 이름 폼 난다!
나는 전능한 하나님이니라. 너는 많은 자녀를 낳아 큰 나라를 이루고, 많은 나라와 왕들의 조상이 될 것이다! 나는 아브라함과 이삭에게 준 땅을 너와 네 자손에게 줄 것이다!
그리고 복을 주고 떠나셨어.

야곱은 하나님이 말씀하신 곳에 돌기둥을 세웠어.
30년 전에 돌베개로 세운 돌기둥은 Link 1권 101p 시간이 너무 지나 어디 있는지 찾을 수가 없네.
그리고 그 위에 제물과 기름을 부었지.
야곱은 하나님이 나타나 말씀하신 그곳을 벧엘이라 불렀어.
새삼스럽지만 다시 한 번 이곳을 벧엘이라 해야겠다.

라헬의 죽음

야곱이 벧엘을 떠나 에브랏 부근에 이르렀을 때 라헬이 아기를 낳았어.
아아아악!
두려워 마세요. 이번에도 아들을 낳을 겁니다.
결국 라헬은 아이를 낳고 죽었고,
아들의 이름은 베노니로….
야곱은 아들을 베냐민이라 불렀지.
네 어미가 너를 낳다 죽었으나 네 이름에 소망과 위로를 담으리라.

※에브랏 : 베들레헴.

※베노니 : '내 슬픔의 아들'이라는 뜻.

※베냐민 : '내 오른손의 아들'이라는 뜻.

야곱은 라헬을 에브랏으로 가는 길에 묻고 그녀를 위해 묘비를 세웠어.
다시 길을 떠난 야곱은 에델 탑 맞은편에 장막을 쳤지.
에델 탑
야곱이 그 땅에 있을 때 르우벤이 야곱의 첩 빌하와 동침했고
르우벤
나는 아버지의 첩과 잤지.
자랑이다!

※에델 탑 : '양 떼의 탑'이라는 뜻으로 목자들이 양 떼를 지키기 위해 만들어 놓은 탑.

야곱은 그 얘기를 들었어.
너무 치욕스러워서 아무 말도 할 수 없구나!

야곱(이스라엘)의 자손

이스라엘
레아
실바
라헬
빌하
갓
아셀
요셉
베냐민
단
납달리
르우벤
시므온
레위
유다
잇사갈
스불론
후일 이스라엘 12지파의 조상이 바로 이들이야.

그후 야곱은 아버지 이삭에게 갔어. 이삭은 아브라함도 잠시 머물렀던 헤브론에 있었지.
이삭의 나이는 180세였어.
오오, 아들아. 내가 너를 보고 눈을 감는구나.
와락
아버지!
이삭이 수명이 다해 숨을 거두자 세일에 있던 에서가 와서 야곱과 같이 장사를 지냈어.
막벨라 동굴

36장 에서의 자손

어느 날, 에서는 아내들과 자식들과 자기 집에 속한 모든 걸 가지고
형님, 어디 가요?
응, 이사 가려고.
동생 야곱에게서 멀리 떨어진 곳으로 이사를 했어.
네? 이사요? 갑자기 왜요? 어디로요?
하나씩 물어봐라. 헷갈려.

에서와 야곱의 재산이 많아져서 두 사람이 함께 살기에 그 땅이 너무 좁았기 때문이야.
가축들이 너무 많아졌어!
하긴….
그후 에서는 다시 세일 산으로 돌아가게 돼.
여기가 앞으로 우리가 지낼 곳이다!
세일 산

※세일 : '거친', '메마른'이라는 뜻.

에서는 에돔이라고도 불렸기에 그의 후손을 '에돔' 족속이라 하고,
누구냐 넌?! 에서냐? 에돔이냐?
아무렇게나 불러.
에서가 정착한 세일 산과 그 주변 지역을 에돔 땅이라 부르게 된 거야.
에돔

tip 세일 산

에서의 후손인 에돔 족속은 세일 땅의 호리 족속과 함께 살게 된다. 호리 족속에게 동화된 에서의 후손은 언약의 족속에서 이방 민족으로 바뀌는데, 이는 하나님이 에서와 야곱이 분리될 것이라고 하신 예언 Link 1권 86p 이 이루어진 것이다. 이것은 또한 이삭의 후손들이 번성하게 된다는 축복의 내용 Link 1권 88p 과도 관계가 있다.

에서의 족보는 다음과 같아.

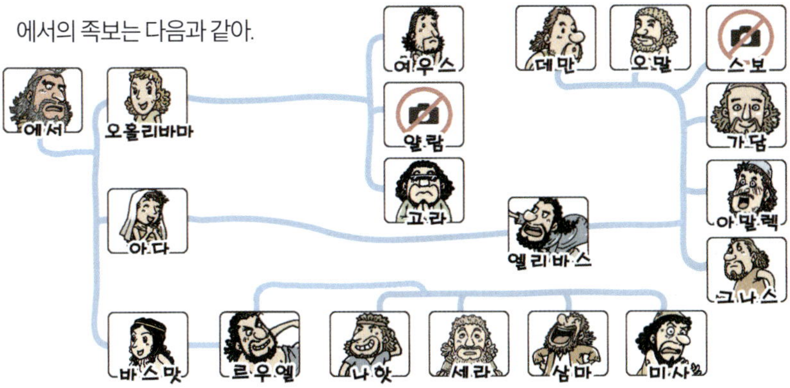

에돔 땅에는 원래부터 세일이라는 사람의 자손이 살았는데 그들을 호리 족속이라고 불렀어.

※호리 족속 : 호리는 '구멍'을 뜻하는데, 석굴암 동굴에 거주했기 때문에 호리 족속이라 불렀음.

에돔을 다스린 왕들

다음은 야곱 사람들에게 아직 왕이 없을 때 에돔 땅을 다스렸던 에돔 족속의 왕들이야.

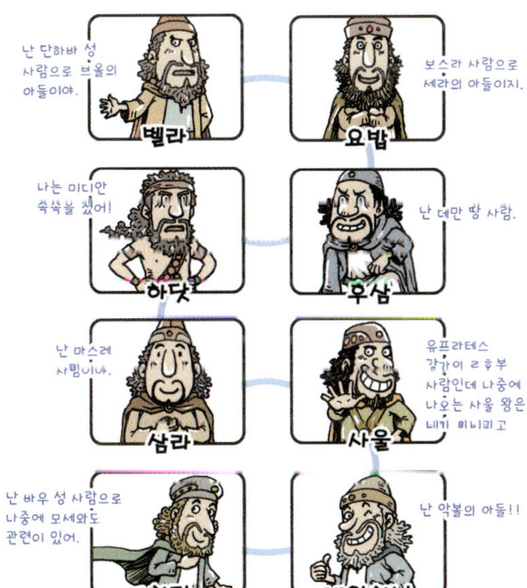

tip 에돔의 왕과 족장들

에서의 후손들이 에돔 민족을 이룬 후 족장들은 자신들을 이끌 왕을 선출했다. 족장은 오늘날의 도지사 정도라고 할 수 있다. 야곱의 후손들이 훗날 이집트에서 노예 생활을 했던 것과 비교하면 에서의 후손들은 빠른 속도로 왕정시대를 열어 부귀와 영화를 누렸다.

37장 꿈을 꾼 요셉

야곱(이스라엘)은 아버지가 살던 가나안 땅에 살았어.
헤브론
야곱의 아들 가운데 17세 소년 요셉은 형들과 함께 양을 쳤지.
그런데 요셉은 형들의 잘못을 자주 아버지 야곱에게 일렀어.
난 불의를 싫어해요!!
너 잘났다!
고자질쟁이 두고 보자.
야곱은 늙어서 낳은 요셉을 다른 어느 아들보다 더 사랑했지.
더군다나 사랑했던 라헬의 아들이니….
아빠, 나 이뻐?
야곱은 요셉에게만 채색 옷을 만들어 입혔어.
어디 보자, 아주 근사하구나.
네, 맘에 쏙 들어요.
아버지가 자기들보다 요셉을 더 사랑하자 형들은 요셉을 미워했지.
형님들, 샬롬~
흥!
안 샬롬이다!
※샬롬 : 평안, 여기서는 평안하냐는 뜻.
그러던 어느 날 요셉은 형들에게 꿈 이야기를 했어.
제가 어제 꿈을 꿨는데요.
또 뭔 소리야….
우리가 들에서 곡식 단을 묶었는데, 내가 묶은 단이 일어서니까 형들의 곡식 단이 절을 하더라고요!
그 꿈 이야기를 듣고 형들은 요셉을 더 미워하게 돼.
뭐야? 네가 우리의 왕이라도 된다는 거냐? 그래서 어쩌라고? 절이라도 할까? 엉?
캐캥~
그후 또 꿈을 꾼 요셉은 이번에도 형들에게 꿈 이야기를 했어.
이번엔 꿈속에서 해와 달과 열한 개의 별이 내게 절을 하더라고요!
저놈이 정말….
왕자병에라도 걸린 거야?
재수 없어!

요셉은 아버지에게도 꿈 이야기를 했다가 꾸중을 들었지.
너는 정말로 나와 네 어머니와 형들이 네게 절을 할 거라고 믿는 거냐?
아, 아니 그게 아니라….

tip 아버지의 꾸중

히브리의 전통적 사고로는 아버지가 아들에게, 형이 동생에게 절하는 것은 상상조차 할 수 없는 일이다. 야곱은 요셉이 황당한 꿈을 꾸고 그것을 또 조심성 없이 떠벌린 것에 대해 주의를 줌으로써 자식들 사이가 벌어지는 것을 막으려 했다.

그렇지만 야곱은 그 꿈 이야기를 마음에 담아두었어.
하나님은 종종 꿈을 통해 미래를 보여 주시기도 하지. 나도 그랬고….

요셉의 형들이 양을 치기 위해 세겜으로 간 어느 날이었어.
요셉아, 세겜에 가서 형들과 양 떼가 잘 있는지 보고 오너라.
넵, 알았어요.
요셉의 아버지 야곱은 헤브론 골짜기에서 요셉을 떠나 보냈지.
빨리 갔다 올게요!
얼마 후 요셉은 세겜에 도착했어.
세겜
여기가 세겜인가?
형들은 어디 있지?
어떤 사람이 들에서 헤매는 요셉을 보고 형들이 도단으로 간 사실을 알려주었어.
저기서 오른쪽으로 쭉쭉쭉, 알겠지?
아, 네.
※도단: '두 우물'이라는 뜻.
형들을 뒤쫓아 간 요셉은 도단에서 형들을 찾았어.
형님들!
응? 저놈이 여길 어떻게?
팔려가는 요셉
흥, 꿈쟁이가 오는구만!
형님들~
납달리
단
꼴 보기 싫은 놈.
이참에 저놈을 죽이고 시체를 웅덩이에 던져 넣자. 아버지에겐 들짐승이 죽였다고 하는 거야! 어때?
좋아, 저놈이 꾼 꿈이 어떻게 되는지 두고 보자!
르우벤
시므온
레위
하지만 큰형 르우벤은 요셉을 구할 생각으로 말했지.
죽이지는 말자! 피를 흘려서야 되겠느냐? 그냥 광야의 웅덩이에 던져 넣기만 해도 충분할 거야.
형님께서 그렇게 말씀하신다면야….
그러죠, 뭐.

르우벤은 일단 요셉의 목숨을 구해 놓고는 아버지에게 돌려보낼 생각이었어.
흠….
응?
엇, 형님들 왜 이러세요?!
닥치고 가만히 있어! 이건 우리 먹으라고 가져온 음식이냐?
으악!!
그리고 물도 없는 웅덩이에 던져 넣었어.

그리고 앉아서 음식을 먹다 고개를 들어 보니 멀리 이스마엘 사람들이 오고 있었어.
이스마엘 사람들이다!
응? 그러게!
이스마엘 사람들은 낙타에 향품과 유향과 몰약을 싣고 길르앗에서 이집트로 가던 중이었어.

tip 향품과 유향과 몰약

향품은 몸에 바르는 향기 나는 분이고, 유향은 향기 나는 액체로 값비싼 화장용품인 동시에 치료 약품이다. 몰약은 장미향이 나는 송진을 가리키는데 방부제 또는 마취제로 사용되었다. 향품과 유향과 몰약은 당시 상인들이 가지고 다니던 대표적인 물품이었다.

※이스마엘 사람들 : 이삭의 형 이스마엘의 자손들로 무역을 했다.

우리가 동생을 죽이고 그 사실을 숨긴다고 해서 좋을 게 뭐가 있겠어요?
무슨 말이야?
요셉은 우리와 피와 살을 나눈 형제예요. 그러니 저들에게 요셉을 팔면 동생을 죽이는 죄도 짓지 않게 되잖아요?!
오잉? 그렇네?
거참 좋은 생각이다.

이스마엘 사람들은 요셉을 데리고 이집트로 갔어.
도단
이스마엘 상인
세겜
야곱의 아들들
벧엘
가나안
여리고
예루살렘
베들레헴
아스글론
사해
가사
헤브론
블레셋
그랄

유다의 의견에 찬성한 형제들은 상인들에게 은 20세겔을 받고 요셉을 팔아버리지.
히히, 꿩 먹고 알 먹고.
으으으~ 허엉… 잉잉~.
조용히 못해!

그때 르우벤은 그곳에 없었어. 르우벤이 돌아와 웅덩이를 보니 요셉이 보이지 않았지.
아니? 요, 요셉은 어디로 갔느냐?
르우벤은 너무 슬퍼서 자기 옷을 찢으며 동생들에게 말했어.
요셉이 없어졌다. 이제 어떻게 하면 좋단 말이냐!
엉엉
할 수 없죠. 제게 좋은 생각이 있습니다.
요셉의 형들은 염소 새끼를 죽여서 요셉의 채색 옷에 그 피를 묻혔어.
이러면 아버지도 우리 말을 믿을 거야.
그들은 아버지 야곱에게 그 옷을 보여줬어.
그게 무엇이냐?
우리가 옷을 주웠는데 아무래도 요셉의 옷 같습니다!
이, 이건 내 아들의 옷이 맞다. 맹수에게 잡아먹힌 게 틀림없어. 분명 갈기갈기 찢겨… 흑흑.
요셉의 아버지는 베옷을 입고 오랫동안 요셉을 위해 슬퍼하며 울었어.
유다
흐흑, 내가 왜 요셉을 보냈을까?
아, 아버지.
그의 자녀들이 위로했지만 야곱은 그 위로를 받으려 하지 않았지.
흑흑
난 슬퍼하다가 죽어서 내 아들을 만날 것이다.
38장 유다와 다말
유다는 형제들을 떠나 아둘람 사람 히라에게 갔지.
어쩐 일인가?
그냥, 아버지 볼 낯도 없고….
유다는 수아라는 가나안 사람의 딸을 아내로 맞아 잠자리를 함께했어.
흠, 이방인인 가나안 여인과 결혼하는 건 하나님의 뜻이 아닌데….
유다는 차례로 세 명의 아이를 얻었는데, 이름을 엘, 오난, 셀라라고 지었어.
엘
셀라
오난

※셀라 : '평화,' '기도'라는 뜻.

창세기

유다는 다말이라는 여자와 첫째 아들 엘을 결혼시켰어.
다말
오~ 여, 여기 옆에 앉으시오.
그러나 엘은 여호와 앞에서 악하게 살았기 때문에 여호와께서 그를 죽이셨지.
자식도 낳지 못했는데… 흑흑.
그러자 유다는 엘의 동생 오난에게 말했어.
죽은 네 형의 아내와 결혼해 형의 자손을 낳게 해주어라.
아, 알겠습니다.

tip 계대 결혼

가문의 계승을 극히 중요시했던 고대 사회에서는 '계대 결혼'이라는 제도가 있었다. 이 제도는 자식 없이 죽은 형제 가문의 대를 잇기 위해 남은 다른 형제가 죽은 형제의 부인과 결혼해 자식을 낳아주던 풍습이다. 이 제도의 목적은 형제 가문을 일으켜 세우기 위한 것으로서, 다른 형제는 진정한 형제애와 희생정신으로 이 계대 결혼의 의무를 수행해야 했다.

오난은 자식을 얻더라도 형의 자손이 된다는 것을 알았지.
에잇, 내가 왜 형을 대신해야 해?
그래서 다말과 결혼은 했지만 다말이 아기를 낳을 수 없게 행동했어.
하나님 뜻이면 다야? 내 자식이 안 될 바에야 안 낳는 게 나아.

하나님은 이런 악한 행동을 한 오난도 죽이셨지.
왜 나한테 이런 일들이 자꾸… 흑흑.
음.
막내 아들 셀라가 어른이 될 때까지만 친정에 가 있거라.
아버님, 절 쫓아내지 마세요, 흑흑.
유다는 셀라마저 죽을까봐 두려웠던 거야. 결국 다말은 원래 자기 집으로 돌아갔어.
흑흑
불행을 가져다주는 여자임이 분명해.

오랜 세월이 지나 아내가 죽자 유다는 아내의 죽음을 슬퍼하는 기간을 보낸 후,
흐흐흑, 여보~.
자, 충분히 슬퍼하게나. 그리고 나와 함께 가세.
친구 히라와 함께 자기 양들의 털을 깎는 사람들이 있는 딤나로 갔지.
벧엘
여리고
딤나
예루살렘
가나안
아스글론
베들레헴
블레셋
가사
헤브론
사해
그랄
브엘세바
이 소식을 들은 다말은 과부들이 입는 옷을 벗고 베일로 얼굴을 가렸어.
나와의 약속을 기억나게 해줘야지!

그리고 딤나로 가는 길에 있는 에나임 문에 앉았어.
흥, 셀라가 어른이 되면 나와 결혼시켜 준다고 해놓고 말이야.
유다는 다말이 얼굴을 가렸기 때문에 그녀를 창녀라고 생각했어.
내가 너와 함께 자야겠다.
그 대가로 제게 무얼 주시겠습니까?
내 가축 가운데 염소 새끼 한 마리를 주겠다.
그러면 먼저 그 약속의 징표를 주십시오.
어떤 것을 주면 좋겠느냐?
지금 가지고 계신 도장과 끈과 지팡이면 됩니다.
유다는 며느리 다말을 전혀 알아채지 못했지.
좋다. 그렇게 하자. 여기 있다!
감사합니다.
이렇게 유다와 다말은 잠자리를 함께했어.
아무래도 느낌이 좋아. 나도 이제 아이를 가질 수 있을 거야.
다말은 집으로 돌아가 베일을 벗고 다시 과부들이 입는 옷을 입었어.
앗싸~ 임무 완수!!
유다는 친구에게 도장과 지팡이를 찾아와 달라고 부탁해.
내가 좀 창피해서 그러니 대신 좀 다녀와주게.
그러지, 뭐.
하지만 히라는 여자를 찾지 못했어.
여기 길가에 있던 창녀는 어디 갔소?
이곳에는 창녀가 없소!
친구는 유다에게 여자를 찾지 못했다고 했어.
괜히 더 찾으러 다니다 망신만 당할라. 내 물건들은 그냥 가지라고 하지 뭐.
약속했던 염소를 보냈는데, 자네가 그 여자를 못 찾아서 못 준 것 아닌가?
그렇긴 하시.
세 달쯤 뒤에 어떤 사람이 유다에게 말했어.
댁의 며느리 다말이 창녀와 같은 짓을 했소. 지금 그녀는 임신 중이오!!
뭐라고?!

다말을 끌어다
불태워버려라!
버럭
다말은 끌려 나갈 때 시아버지 유다에게 말을 전해 달라고 했어.
저는 이 물건들의
주인 때문에 임신했어요.
이 도장과 끈과 지팡이가 누구의
것인지 살펴봐달라고 해주세요.
알겠소.
그렇게
전하겠소.
유다는 그 물건들이 자신의 것이라는 걸 알았어.
으음, 그녀가
나보다 옳다.
내 아들 셀라를
주기로 한 약속을
어겨서 이리
된 것이구나.

하지만 유다는 두 번 다시 다말을 가까이하지 않았지.
난 많은 아픔을
가지고 살아야
하나봐.
다말의 배 안에는 쌍둥이가 들어 있었어.
어라? 하나가
아니네!
네?
다말이 아이를 낳을 때 한 아기가 손을 내밀자 산파는 그 손에 붉은 줄을 매주었지.
이 아기가
먼저 나온
아기다!

그런데 그 순간 그 아기의 손이 들어가고 다른 아기가 먼저 태어났어.
이놈,
성질 급하네.
왜 네가 먼저
나오느냐?
먼저 나온 아기는 베레스, 붉은 줄을 손에 맨 아기는 세라라고 이름 지었지.

tip 베레스

유다는 며느리 다말과의 사이에서 베레스와 세라를 낳았다. 인간적으로 볼 때는 이해할 수 없는 탄생이다. 그러나 예수 그리스도는 바로 이 베레스 가문에서 가장 낮고 천한 인간의 모습으로 태어나셨다. **Link** 마태복음 1장 3절 버림받은 다말이 낳은 베레스가 하나님의 구원 계획에 주역으로 등장하는 것은 정말 놀라운 하나님의 은혜 덕분이라고 할 수 있다.

※베레스 : '터뜨리고 나온다'라는 뜻. 세라 : '붉은색' '밝음'이란 뜻.

39장 보디발에게 팔려 간 요셉

요셉은 이집트로 끌려갔어.

이스마엘 상인들은 이집트 사람 보디발에게 요셉을 팔았지.
네 주인은 이제
파라오의 신하이자
경호대장인 보디발이다!
요셉은 종으로 살았지만 여호와께서 언제나 함께하셨고
하나님이
나와 함께하시는데
뭐가 걱정이야.

그로 인해 그가 하는 모든 일이 잘되었지.
저 아이에겐 뭔가 있는 것 같군.
요셉을 눈여겨보던 보디발은 집안 일을 모두 관리하게 했어.
이제부터 네가 총책임자다!
감사합니다!
주님께서 요셉을 위해 그 집의 모든 일에 복을 주셨어.
요셉이 하는 일은 뭐든 만사형통이야!
그러게 말일세.
요셉이 믿는 하나님이 복을 주시는 거래~.
그래?
흐음.
보디발은 자신이 먹는 음식 외에 모든 것을 요셉에게 맡겼지.
빨리 안 가져와?
네네, 갑니다요!
그런데 보디발의 아내가 잘생긴 요셉에게 눈길을 주기 시작해.
요셉~ 안녕?
네, 안녕하세요!
그러더니 어느 날 요셉에게 다가와 말했지.
잠깐 나랑 같이 있을래?
허걱! 그, 그게 무슨…!
주, 주인께서 이 집의 모든 걸 제게 맡겼지만 당신은 아닙니다. 제가 어찌 그런 나쁜 짓을 해서 하나님께 죄를 짓겠습니까?
그런데도 주인의 아내는 날마다 요셉에게 졸랐어.
후다닥
요셉~ 나랑 함께 있자, 응?
어이구~!!
요셉은 계속해서 피해 다녔지.
이것이… 잡히기만 해봐라.
어느 날 집 안에서 할 일이 있어 일을 보고 있었는데,
살금
주인의 아내가 나타나 요셉의 옷자락을 붙잡았어.
나랑 함께 있자고, 응? 응?
헉!

요셉은 붙잡힌 옷을 버려둔 채 집 밖으로 뛰쳐나갔어.
아이고, 요셉 살려~!!
후다닥
아니, 저것이 정말!
여봐라, 요셉이 나를 범하려 했다!!
설마….
네?!
이 옷이 그 증거다. 내가 소리를 지르자 놀라서 도망갔다. 남편이 데려온 히브리인이 나를 희롱하다니!
오잉?
그럴 리가….
그녀는 요셉의 옷을 들고 남편을 기다렸지.
요셉, 네놈이 감히 날 모욕해? 그 치욕을 반드시 되갚아주겠다!
그리고 남편에게 거짓말로 요셉을 모함해.
당신이 데려온 히브리 노예가 날 범하려 하다가 도망갔어요!
뭐야?!
매우 화가 난 보디발은 요셉을 감옥에 넣었고
냉큼 요셉을 잡아 와라!

요셉은 왕의 죄수들을 가두는 감옥에서 살게 되었지.
들어가!
퍽
어이쿠!

tip 보디발이 노함

당시 이집트 법에 의하면 요셉은 바로 죽임을 당해 마땅했지만 저지른 죄에 비해 매우 약한 벌을 받는다. 요셉을 오랫동안 지켜보고 아끼던 보디발은 아내의 증언에 의문을 품었던 것으로 보인다.

여전히 하나님께서 요셉과 함께하시며 복을 주셔서 그를 간수장의 마음에 들게 하셨지.
저 친구 마음에 드는군!

간수장은 요셉에게 감옥의 모든 사람과 거기에서 이루어지는 모든 일을 맡겼어.
이곳의 모든 일을 감독해라!
정말요?
간수장은 요셉이 하는 일에 전혀 간섭하지 않았어.
자, 나는 주식이 얼마나 올랐나 볼까?
자세 봐라! 똑바로 안 서? 내가 여기 처음 왔을 때 괴롭힌 놈이 누구더라?

하나님께서 요셉과 함께하시며 무슨 일이 든 다 잘되게 해주신 거지.
엉엉~ 형, 잘못 했어요~!
40장 두 신하의 꿈
이집트 왕의 술을 따르는 신하와 빵 굽는 신하가 왕에게 잘못을 저질렀어.
술 담당
빵 담당
네 이놈들!!
파라오는 그들을 왕의 죄수를 가두는 감옥에 보냈지.
우아앙~ 살려주세요! 저는 나이 든 어머니와 늑대 같은 자식들이….
집어넣어 푹~ 썩혀라!
그곳은 요셉이 갇혀 있는 감옥이었어.
여기 요셉이 두 분의 시중을 들 것이오.
그러든가 말든가, 에휴~.
그들이 갇힌 지 수일이 지난 어느 날 밤 그들은 각각 꿈을 꾸었어.
으 으 음…
다음 날 요셉이 그들을 보니 둘 다 표정이 안 좋은 거야.
두 분 다 왜 그렇게 똥 드신 표정이세요?
우리가 꿈을 꾸었는데 왠지 찜찜해서….
우리 꿈을 풀이해 줄 사람이 있으면 좋으련만….
저의 하나님만이 꿈을 풀이해 주실 수 있습니다. 제게 얘기해 보세요.
오옷, 그래~?!
술을 따르는 신하가 요셉에게 자신이 꾼 꿈 이야기를 했어.
잘 들어보게, 그러니까 말이지….
내 앞에 가지 세 개가 달린 포도나무가 있었는데,
웬 포도나무지?
싹이 돋고 꽃이 피더니 금세 포도송이가 열렸다네.
오~!

창세기

그 포도를 따서 내가 들고 있던 파라오의 잔에 즙을 짜 파라오께 드렸네.
그 이야기를 듣고 요셉이 해몽을 해.
세 개의 나뭇가지는 3일을 뜻합니다.
3일? 뭔 3일?
앞으로 3일이 지나기 전에 감옥에서 풀려나 다시 파라오에게 포도주를 바치게 될 겁니다.
오~ 정말인가?
그러면 파라오께 제 얘기 좀 해주세요. 저는 강제로 이집트에 끌려왔고 이곳에서도 감옥에 갇힐 만한 잘못은 하지 않았다고요.
푸하하, 알겠네. 내 반드시 자네를 기억하겠네!
빵 굽는 신하는 요셉이 꿈을 좋게 해석하는 걸 보고 말했어.
자자, 이제 내 차례야!
말씀해 보세요.
내가 빵 바구니 세 개를 머리에 이고 있었는데, 거기엔 파라오에게 드릴 여러 가지 구운 빵이 있었네.
그런데 그 구운 빵들을 새들이 와서 먹어버렸네.
헉! 이, 이놈들이!!
요셉은 그 꿈에 대해서도 설명했어.
음… 그 빵 바구니 세 개도 3일을 뜻합니다.
그럼 나도 3일 후에…?
지금부터 3일 안에 파라오가 당신의 목을 베어 나무에 매달 것이고, 새들이 당신의 몸을 쪼아 먹을 것입니다.
헉!
뭐, 뭐라고?
3일 후는 파라오의 생일이었어. 파라오는 모든 신하를 불러 잔치를 벌였지.
하 하 하

파라오는 감옥에 있던 빵 굽는 신하와 술 따르는 신하를 불렀어.
오늘이 그 3일째인데….
그리고 술을 따르는 신하에게 예전의 직분을 돌려주었지.
네 술을 마시고 싶었다.
오… 감사, 감사합니다!!
하지만…
저 놈은 목을 잘라 나무에 매달아라!
히이익! 엄마야~!!
요셉의 말대로 빵 굽는 신하는 처형당했어.
까악
까악
모든 일이 요셉의 말대로 되었고… 술을 따르는 신하는 요셉을 까맣게 잊었지.
헉 헉
다시 일을 시작하니 에구, 바쁘다, 바빠!
41장 왕의 꿈
그로부터 2년 뒤 어느 날 파라오는 어떤 꿈을 꾸었어.
이게 대체 무슨 꿈이지…?
왕은 이집트의 마술사와 지혜로운 사람들을 모두 불러 꿈 이야기를 들려주었어.
나의 이 요상한 꿈을 해석하는 자에게는 상을 내리겠다!
웅성
웅성
물론 아무도 그 꿈을 풀이하지 못했지.
으그, 띨띨한 것들. 이집트의 장래가 걱정스럽다.
그때 술을 따르는 신하가 말했어.
앗, 이제 기억났다! 내가 까맣게 잊고 있었군!
딱
누구한테 돈 빌려줬냐?
그는 감옥에서 요셉을 만난 일, 자신의 꿈 풀이를 해준 일을 말했어.
완전 꿈 풀이 쨩입니나. 그래서 풀려났거든요.
오, 그래?
너, 가서 요셉인지 뭔지 하는 애를 데려오너라.
넵~!!

창세기
오랫동안 갇혀 있던 요셉은 수염을 깎고 깨끗한 옷으로 갈아입고는 파라오에게 갔지.
내가 꿈을 꾸었는데 도무지 그 뜻을 알 수 없구나. 듣자하니 꿈을 해석하는 특별한 능력이 있다던데….
제겐 그럴 능력이 없지만 하나님께서 왕에게 대답을 주실 것입니다.
좋아좋아, 알겠다. 어쨌든 내 꿈 이야기를 들어봐라.
내가 나일 강가에 서 있는데 살찌고 아름다운 암소 일곱 마리가 강에서 나와 풀을 뜯어 먹었다.
그놈의 소들 참 보기 좋구나!
그런데 이번엔 야위고 못생긴 암소 일곱 마리가 강에서 기어 나왔다.
그러더니 먼저 나온 살찐 소들을 잡아먹어버렸다.
나는 잠에서 깼다가 다시 잠이 들어 또 다른 꿈을 꾸었다.
음냐~ 이상한 꿈이군….
두 번째 꿈에서는 한 줄기에 토실토실한 이삭 일곱 개가 난 것이 보였다.
통통하니 예쁜 이삭이로군.
그런데 야위고 마른 일곱 개의 또 다른 이삭이 솟아났다.
슥 슥
그 이삭들은 동쪽에서 불어오는 뜨거운 바람 때문에 바싹 말라 있었지.
휘이잉
그때 갑자기 마른 이삭들이 살찐 이삭들을 잡아먹어버렸다.
사각 사각

어때, 무슨 뜻인지 알겠느냐? 못 풀면 다시 감옥으로 가야 한다!
하하, 다시 감옥으로 갈 수야 없지요.
두 개의 꿈은 같은 내용입니다. 하나님께서 앞으로 일어날 일을 미리 보여주신 것이지요.
오, 바로 풀이를 하는군.
뻥치는 거 아닌지 잘 봐.
살찐 암소 일곱 마리와 실한 이삭 일곱 개는 모두 7년 동안의 풍년을 뜻합니다.
마르고 못생긴 암소 일곱 마리와 바싹 마른 이삭 일곱 개는 7년 동안의 가뭄을 뜻하고요.
이집트의 모든 땅에 앞으로 7년 동안 큰 풍년이 들고,
하 하 하
그후 7년 동안에는 큰 가뭄이 들 것입니다.
가뭄이 너무 심해 풍년이 들었었다는 것조차 기억할 수 없을 것입니다.
같은 꿈을 두 번이나 꾼 것은 하나님께서 반드시 그리 하실 거라는 뜻입니다.
흠~ 그래??
파라오께서는 아주 지혜롭고 현명한 사람을 뽑아 그에게 이집트 땅을 맡기셔야 합니다.
흠, 그런 다음엔…?
그 다음 관리들을 내세워 풍년이 드는 7년 동안 추수한 곡식의 5분의 1을 거둬들여야 합니다.
왕의 명령이다!
아무리 풍년이라지만 이건 너무한 거 아니오?
너무하네~ 잉.

그런 후 왕권으로 곡물을
각 성에 쌓아두고 지키게
해야 합니다.
어쩌자고
저 많은 곡식을 저리
쌓아두는 거야?!
낸들
아나?
그 곡물을 이 땅에
닥쳐올 7년의 가뭄 때
쓴다면 이집트 백성들은
굶어 죽지 않을 것입니다.
정말 지독한
가뭄이군. 벌써
몇 년째야?
그나마 왕께서
미리 대비했으니
다행이지 뭔가.

이집트의 총리

파라오와 그 신하들은 요셉의 말이 매우 훌륭하다고 여겼어.
요셉은 하나님의
영이 있는 사람이다.
이 사람보다 일을
잘할 수 있는 자가
있겠느냐?
없겠습니다!

하나님이 이 모든 것을
네게 보이셨으니 너처럼
현명하고 지혜로운
사람은 없을 것이다!
감사합니다.
네가 내 왕궁을 다스려라.
모든 백성이 네게 복종할
것이다. 너보다 높은 사람은
나밖에 없도다!
아니, 어찌
저 같은
사람에게…?
파라오는 인장 반지를 빼서 요셉의 손가락에 끼워주고 고운 모시 옷을 입히고 금 목걸이를 걸어주었어.
내가 그대에게
이집트의 모든 땅을
맡기니 그대는
이제 이곳의
총리가 되었다!

tip 인장 반지, 고운 모시 옷, 금 목걸이

파라오 왕은 요셉을 총리로 임명하면서 세 단계 절차를 밟는다. 먼저 인장 반지를 끼워주는데, 왕의 인장 반지는 권세를 상징하는 것으로 이는 요셉에게 왕과 같은 권한을 주었음을 의미한다. 그리고 이집트의 고급 관리가 입던 고운 모시 옷을 입힌 것은 요셉이 고급 관리가 되었음을 뜻하며, 금 목걸이를 걸어준 것은 파라오가 요셉에게 명예와 존귀함을 주었다는 것을 뜻한다.

그리고 요셉을 자신의 두 번째 수레에 태웠어.
무릎을 꿇고 절하라!
웅성
웅성

이렇게 파라오는 요셉에게 이집트의 모든 땅을 맡겼어.
나는 파라오다. 이제 이집트 땅에 사는 그 누구도 요셉의 허락 없이는 함부로 손과 발조차 움직이지 못할 것이다!
와 아 아
만세!
하나님, 감사합니다!

파라오는 요셉을 사브낫바네아라고 부르고 온의 제사장 보디베라의 딸 아스낫을 아내로 주었지.
Oh yes~!
내게도 아내가~!!
이렇게 해서 요셉은 이집트의 모든 땅을 다스리게 되었어.
앞으로 잘해야 할 텐데….
그때 요셉의 나이 30세였지.
17세에 이곳에 팔려 와 10년은 노예로, 3년은 감옥에…. 그런데 이제 총리가 되었구나!

※사브낫바네아 : '구원자' '생명의 부양자' 등 뜻이 다양하다.
※온 : '태양'이라는 뜻

요셉은 이집트의 모든 땅을 두루 돌아다녔어.
지역마다 관리자를 뽑아 일을 맡겨야겠군.
요셉의 꿈 풀이대로 7년 동안 땅의 작물들이 질 자랐지.
거참, 정말 계속 풍년이구나.
요셉은 그 7년 동안 이집트에서 자란 모든 식물을 거두어 각 성에 쌓아두었어.
몰래 빼돌리는 거 아니오?
하하.

곡식이 바다의 모래처럼 많이 쌓여 헤아릴 수 없을 정도였지.
이 정도면 가뭄이 들어도 까딱없겠구나.
가뭄이 시작되기 전 요셉의 아내 아스낫은 두 아들을 낳았는데 첫째 아들의 이름을 므낫세라 지었고
하나님이 내 모든 고통과 내 아버지의 집 생각을 잊게 해주시는구나.
※므낫세 : '잊어버린다'는 뜻.
둘째 아들의 이름은 에브라임이라 지었지.
내가 고통받던 이 땅에서 하나님이 나에게 또 자녀를 주셨구나.
※에브라임 : '열매가 풍성하다'라는 뜻.
요셉이 말한 대로 7년간의 풍년이 끝나고 이집트 땅에 가뭄이 시작되었어.
정말 지독한 가뭄이구나.
먹을 게 하나도 없어!
모든 땅의 사람들에게 먹을 것이 부족했지만 이집트만은 그렇지 않았어.
이대로는 모두 굶어 죽을 거야. 어떡하지?
이집트로 가자. 거기엔 먹을 게 있대.
이집트 땅에 가뭄이 심해지자 백성들은 파라오에게 먹을 것을 달라고 부르짖었지.
아이고, 먹을 걸 좀 주시오!
이러다 다 죽겠소!
모두들 요셉에게 가서 그가 시키는 대로 해라!

요셉은 창고를 열어 이집트 백성들에게 곡식을 팔았어.
조금이라도 돈을 내고 가져가시오!
이제 살았다!
얼씨구~~
온 세상이 심한 가뭄이었기 때문에 모든 땅의 백성들이 곡식을 사기 위해 이집트의 요셉을 찾아왔지.
이집트로 가야 해.
거기엔 먹을 게 있대.

42장 이집트로 가는 요셉의 형들

이집트에 곡식이 있다는 말을 들은 야곱이 아들들에게 말했어.
너희는 왜 서로 쳐다만 보고 있느냐?
가나안
이집트에 곡식이 있다 하니 그곳에 가서 곡식을 사 오너라.
네, 아버지!!
그런데 야곱은 요셉의 동생 베냐민만은 형들과 함께 보내지 않았어.
너에게도 무슨 일이 생길까 두렵구나!
베냐민
야곱의 아들 열 명은 곡식을 사러 가는 많은 사람들 틈에 끼어 이집트로 내려갔지.
이집트

외국인인 우리가 곡물을 사려면 총리의 허락을 받아야 한다는군.
그럼 총리에게 가보자!
요셉의 형들이 요셉에게 와 엎드려 절했어.
??!!

아니, 형님들이 아닌가??!!
요셉은 형들을 바로 알아봤지만 모르는 척하며 통역하는 사람에게 말했지.
저들에게 어디서 왔냐고 물어보아라.
너희는 어디서 왔느냐?

tip 통역하는 사람

당시 왕궁에는 통역이 있어서 외교나 국가 간의 회합을 도왔다. 요셉은 히브리어를 알고 있었지만 자신의 신분을 형들에게 감추기 위해 통역관을 내세운 것이다.

물론 요셉의 형들은 요셉을 알아보지 못했어.
먹을 것을 사러 가나안 땅에서 왔습니다.
어째 쌀쌀맞네.
우리가 뭘 잘못했나?
예전에 곡식 단과 해와 달과 별들이 내게 절하는 꿈이 현실이 되었구나!
너희들은 정탐꾼이다. 이 나라의 약점을 알아내려고 온 것이다!
켁~!!
아이고~
저희는 양식을 사러 왔을 뿐입니다. 저희는 한 아버지의 아들들로 결코 정탐꾼이 아닙니다.
맞습니다. 내 주여, 저희들은 정직합니다.
거짓말! 너희는 이 나라의 틈을 엿보러 온 것이다!
저, 저희는 가나안 땅에 살고 있는 한 사람의 아들들로 열두 형제인데, 막내는 지금 아버지와 함께 있고 또 한 명은 없어졌습니다.

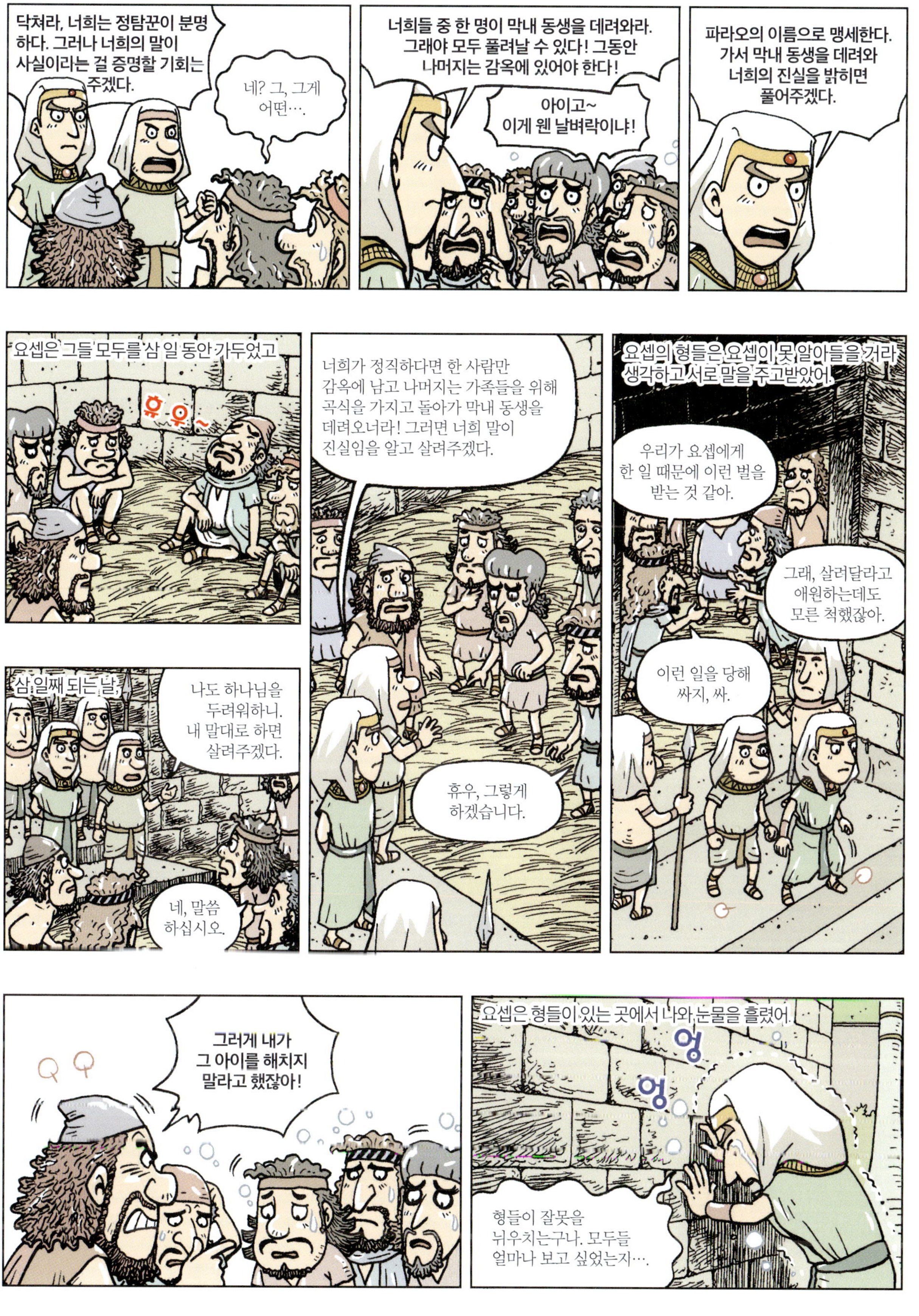
닥쳐라, 너희는 정탐꾼이 분명하다. 그러나 너희의 말이 사실이라는 걸 증명할 기회는 주겠다.
네? 그, 그게 어떤….
너희들 중 한 명이 막내 동생을 데려와라. 그래야 모두 풀려날 수 있다! 그동안 나머지는 감옥에 있어야 한다!
아이고~ 이게 웬 날벼락이냐!
파라오의 이름으로 맹세한다. 가서 막내 동생을 데려와 너희의 진실을 밝히면 풀어주겠다.
요셉은 그들 모두를 삼 일 동안 가두었고
휴우~
삼 일째 되는 날,
나도 하나님을 두려워하니. 내 말대로 하면 살려주겠다.
네, 말씀 하십시오.
너희가 정직하다면 한 사람만 감옥에 남고 나머지는 가족들을 위해 곡식을 가지고 돌아가 막내 동생을 데려오너라! 그러면 너희 말이 진실임을 알고 살려주겠다.
휴우, 그렇게 하겠습니다.
요셉의 형들은 요셉이 못 알아들을 거라 생각하고 서로 말을 주고받았어.
우리가 요셉에게 한 일 때문에 이런 벌을 받는 것 같아.
그래, 살려달라고 애원하는데도 모른 척했잖아.
이런 일을 당해 싸지, 싸.
그러게 내가 그 아이를 해치지 말라고 했잖아!
요셉은 형들이 있는 곳에서 나와 눈물을 흘렸어.
엉
엉
형들이 잘못을 뉘우치는구나. 모두들 얼마나 보고 싶었는지….

창세기

요셉은 다시 돌아와 시므온을 붙잡아 묶었지.
이 자가 여기에 남도록 한다. 묶어라!
네!

저들의 자루를 곡식으로 채우고 가져온 돈도 자루에 넣어줘라. 또 여행에 필요한 것도 따로 더 넣어줘라.
넵! 알겠습니다!

그렇게 해서 요셉의 형제들은 나귀에 곡식을 싣고 이집트를 떠났어.

그들 중 한 명이 여관에서 나귀에게 먹이를 주려고 자루를 열다가 돈이 그대로 있는 것을 발견했어.
어? 돈이 그대로 있다. 자루 속에 돈이 있어!
왜… 돈이… 그대로 거기에?

그들은 몹시 두려웠지.
아, 하나님께서 우리를 어떻게 하시려고 이렇게 되는 걸까…?

tip 우리를 어떻게 하시려고

이 말은 하나님에 대한 원망이 아니라 자신들이 저지른 잘못을 뉘우치고 뼈저리게 반성하고 있음을 나타낸다. 요셉의 형들은 요셉을 만난 이후 계속 뜻밖의 일들을 당해 매우 두려운 상태였는데, 이집트를 벗어나서도 예상치 못한 일을 겪자 지난날의 잘못을 되돌아보지 않을 수 없었다.

가나안으로 돌아온 형제들

가나안 땅에 도착한 형제들은 아버지 야곱에게 그동안 있었던 일들을 모두 말했어.
가나안

베냐민을 데려가야 한다고!?
그래야 시므온이 살 수 있습니다.

말을 마친 후 형제들이 각자 자루를 비우려고 보니 모든 자루마다 돈이 그대로 들어 있는 거야.
아니, 내 자루에도 돈이 그대로 있잖아!
내 자루에도! 이럴 수가!
그들과 그들의 아버지는 돈 뭉치를 보고 두려워했어.
값도 치르지 않고 곡물을 가져왔다고 도둑으로 몰면 어쩌지?
덜
덜
덜
어떻게 이런 일이….
아아, 너희가 내 자식들을 다 빼앗아가는구나. 요셉과 시므온이 없어졌는데 이제 베냐민마저!!
베냐민을 아버지께 다시 데려오지 못하면 제 아들 둘을 죽여도 좋습니다.
반드시 다시 아버지에게 데리고 오겠습니다.
안 된다. 베냐민을 너희와 함께 보낼 수는 없다. 그 애의 형 요셉이 죽고 그 애만 남았다.
이집트로 가는 동안 어떤 끔찍한 일이 일어날지도 모르지 않느냐? 베냐민마저 잃는다면 난 슬픔에 빠져 죽을 것이다.
음….
휴~ 이걸 어쩌나….
43장 다시 이집트로 가는 형제들
가나안 땅의 기근은 더욱 심해졌어.
주인님, 곡식이 얼마 남지 않았습니다.
이집트에서 가져온 곡식이 모두 떨어지자 야곱이 아들들에게 말했지.
다시 이집트로 가서 먹을 것을 더 사 와라.
그, 그게….
그러자 유다는 그 땅의 총리가 했던 엄한 경고의 말을 다시 들려줘.
이집트의 총리가 막내 농생을 데려오라고 했습니다.
베냐민은 보낼 수 없다고 하지 않았느냐?
아버지께서 막내를 저희와 함께 보내주셔야 이집트로 내려가 양식을 사 올 수 있습니다.

그렇지 않으면 저희도 갈 수 없습니다. 베냐민을 데려오지 않으면 다시는 우리를 보지 않겠다고 총리가 말했습니다.
너희는 왜 동생이 있다고 말해서 나를 이렇게 힘들게 하느냐?
총리가 아버지는 살아계신지, 다른 동생이 또 있는지 자세히 물어보았기 때문입니다.
저희는 그저 묻는 말에 대답했을 뿐이에요.
총리가 막내를 데려오라고 할 줄 어찌 알았겠습니까?
베냐민을 우리와 함께 보내주시면 지금 당장 떠나겠습니다. 그래야 저희도, 아버지도, 저희 자식들도 살 수 있습니다.
음….
이대로 굶어 죽을 수는 없지 않습니까?
제가 베냐민을 책임지겠습니다. 베냐민을 무사히 아버지께 데려오지 못하면 죽을 때까지 그 죄를 짊어지겠습니다.
아버지, 이럴 시간이면 벌써 두 번은 다녀왔을 겁니다!
우리 땅에서 나는 가장 좋은 것을 이집트 총리에게 선물로 가져다주어라.
유향과 꿀, 향료, 몰약, 유향나무 열매와 아몬드, 그리고 돈도 두 배로 가져가고 자루에 담겨 되돌아온 돈도 돌려주어라.
네, 그렇게 하겠습니다.
그리고 베냐민을… 데려가거라!
잘 생각하셨습니다.
전능하신 하나님이 총리 앞에서 너희에게 자비를 베풀어 시므온과 베냐민을 돌려보내주길 빈다. 더이상 나도 어쩔 수 없구나.
야곱의 허락을 받은 형제들은 총리에게 줄 선물과 두 배의 돈과 베냐민을 데리고 서둘러 이집트로 내려갔어.

흠,
베냐민도
같이 왔구나.
저들을 내 집으로
데리고가서 짐승을
잡아 나와 함께 점심을
먹을 수 있도록 해라!
네, 알겠습니다!
관리인을 따라 요셉의 집으로 가는 형제들은 내심 두려웠어.
따라오시오.
전에 다시 우리
자루에 담겨 돌아온
돈 때문에 끌려가는
거 아닐까?
총리가 우리를
붙잡아 종으로
삼고 우리 나귀를
빼앗으려는
건지도 몰라.
형제들은 요셉의 집 문 앞에서 관리인에게 말했지.
전에 식량을 사서 집에 돌아가다
자루에 돈이 그대로 있는 걸
알았습니다. 그 돈을 돌려드리려고
그대로 가져왔습니다!
?
어떻게 된 영문인지
모르겠더군요. 이번에
식량을 살 돈은 따로
가져왔습니다.
두려워하지
마십시오.
그 돈은 당신들의
하나님이 주신 거겠지요.
지난번 당신들의 곡식
값은 받았습니다.
그럼
그 돈은…?
넹?
그리고 관리인은 시므온을 형제들에게 데려왔어.
무사했군요.
응, 잘들
있었어?
관리인은 형제들에게 발 씻을 물을 주고 나귀에게는 먹이를 주었지.
형제들은 그곳에서 요셉과 함께 점심을 먹는다는 얘기를 듣고 선물을 챙겼어.
그리고 요셉이 집에 오자 준비한 선물을 내놓고 엎드려 절했지.
작은 성의니
받아주십시오.

요셉은 형제들에게 잘 지냈는지 묻고 나서 말했어.
당신들의 늙으신 아버님은 잘 지내시오?
당신의 종인 우리 아버지는 잘 지내고 계십니다.
요셉은 자기와 어머니가 같은 동생 베냐민을 보며 물었어.
네.
이 사람이 당신들이 말했던 막내 동생이오?
하나님께서 너에게 은혜를 베푸시기 바란다.
감사합니다.
그리고 요셉은 서둘러 자리를 떴어.
흐읔….
?
베냐민을 보고 눈물을 참을 수가 없었던 거야.
동생아, 동생아!
흑 흑
울음을 그친 요셉은 얼굴을 씻고 마음을 진정시키며 말했어.
음식을 내오너라!
네!
하인들은 요셉의 상과, 요셉 형제들의 상을 따로 차리고, 함께 식사 하는 이집트 사람들의 상도 따로 차렸어.
이집트 사람들이 히브리 사람들과 함께 식사하는 것을 꺼렸기 때문이야.
히브리인들은 신성한 소를 천하게 다루고 먹기도 한다며?
그들과 뭐든 함께 하는건 부정하다고, 부정해!
요셉의 형제들은 첫째부터 나이 순서대로 요셉 앞에 앉게 되었어.
어떻게 우리 나이를…?
그, 그러게요.
요상한 일이군요.
요셉은 자신의 상에 있는 음식을 나눠주면서 베냐민에게는 다른 형제들보다 다섯 배나 많은 음식을 주었어.
자, 많이 먹어라!
윽! 너, 너무 많은데….

요셉의 형제들은 요셉과 함께 먹고 마시며 즐거워했지.
하하하
낄낄
44장 형들을 시험하는 요셉
요셉이 관리인에게 명령했어.
내가 시키는 대로 하거라!
네.
양식을 저들의 자루에 넣을 수 있을 만큼 가득 넣고 저들의 돈도 자루에 넣어라.
그리고 막내 베냐민의 자루에는 나의 은잔과 양식 값을 함께 넣어라.
스윽
새벽이 되자 형제들은 나귀들을 이끌고 길을 나섰지.
갈 길이 머니 어서 가자.
자, 집으로!
그들이 성을 떠난 지 얼마 되지 않아 요셉이 관리인에게 말했어.
너는 그들의 뒤를 쫓아가서 내가 지시한 대로 하거라!
알겠습니다!
두 두 두
너희는 어찌하여 선을 악으로 갚느냐?
??
총리께서 술을 마시거나 점을 칠 때 쓰는 잔을 훔쳐가다니… 정말 고약하구나!
무슨 말씀입니까? 우리는 자루에 되돌아왔던 돈도 돌려주었습니다. 우린 그런 짓을 하지 않았습니다!
만약 우리의 자루에서 은잔이 나오면 그 자루의 주인을 죽여도 좋습니다. 또한 형제들 모두 노예가 되어 함께 책임지겠습니다.
그럴 필요없소. 은잔을 훔친 사람만 종으로 삼을 것이오. 훔친 사람에게만 책임을 묻겠소!
형제들은 각자 자기 자루를 땅에 내려놓고 풀어 보였어.
마음껏 찾아보시오.
샅샅이 뒤져라!

창세기

그런데 잠시 후 관리인이 베냐민의 자루에서 은잔을 찾아냈어.
은잔이 여기 있다!
헉!
아, 아니~?!
자, 이젠 할 말이 없을 것이다.
형들은 옷을 찢으며 슬퍼했지.
이럴 수가~ 어째서 이런 일이!
형제들은 나귀에 짐을 싣고 요셉의 집으로 되돌아갔어.
아아, 이를 어쩌면 좋단 말이냐.
유다와 그 형제들이 요셉의 집에 이르렀을 때 요셉이 거기에 있었지.
왜 이런 짓을 했느냐? 이런 일쯤은 점을 쳐서 다 알아낼 수 있다는 걸 몰랐느냐?
우리가 무슨 말을 할 수 있겠습니까? 어떻게 우리의 결백을 증명하겠습니까?
하나님께서 우리의 죄를 드러내셨으니 베냐민뿐만 아니라 우리 모두 총리님의 종이 되겠습니다.
그럴 필요 없다. 은잔을 훔친 사람만 종으로 삼겠다. 너희는 너희 아버지에게 돌아가라!
뜨악!
헉!
그때 유다가 나서 말했어.
제발 노여워 마시고 제 말을 들어주십시오. 총리님은 파라오만큼이나 높으신 분입니다.
말해 보거라.
총리님은 전에 우리에게 막내 동생을 데려오라고 했습니다. 그렇지 않으면 다시는 우리를 보지 않겠다고 하셨지요.
그래, 분명히 그랬다.
하지만 저희 아버지는…
내 아내 라헬이 두 아들을 낳아주었는데, 한 아들이 나를 떠났다. 그 아이는 틀림없이 들짐승에게 찢겨 죽었을 것이다.
그런데 이제 남은 한 아이마저 내게서 빼앗아가려고 하는구나. 베냐민에게 불행한 일이 일어난다면 나는 죽을 때까지 슬퍼하게 될 것이다.

그러니 우리가 막내 동생 없이 아버지께 돌아가면 어떤 일이 생기겠습니까? 우리 아버지에게 이 아이는 무엇보다 가장 소중한 아들입니다.
저는 아버지께 이 아이를 무사히 데리고가겠다고 약속했습니다. 그러니 제발 저를 종으로 삼으시고, 이 아이는 형들과 집으로 돌아가게 해주십시오.
훌쩍
잉 잉
으음….
이 아이가 우리와 함께 가지 않으면 아버지는 돌아가실 겁니다. 그렇게 되면 우리는 아버지를 돌아가시게 한 죄인이 됩니다.
으으음.

tip 유다의 간청

유다는 아버지에게 한 약속을 반드시 지키려고 하는데, 이는 단순히 자신이 한 말에 대해 책임을 져야 한다는 생각 때문만은 아니었다. 유다는 베냐민을 진심으로 사랑하고 있었고 아버지에 대해 지극한 효심을 갖고 있었다. 유다가 자신을 희생하려는 모습을 보고 요셉은 더 이상 시험을 계속할 이유가 없다고 생각했다.

45장 자신을 밝히는 요셉

요셉은 더 이상 북받치는 감정을 억누를 수 없었어.
너희들은 모두 나가 있거라.
네? 네!

요셉이 소리 내어 크게 우니 모든 이집트 사람들과 왕궁의 신하들이 그 소리를 들었어.
엉엉
도대체 누구야?
아주 곡을 하는군, 곡을.
저는 요셉입니다. 형님들이 이집트에 노예로 팔았던 그 요셉이 바로 접니다.
뭐…?!
네?!

저를 판 일로 석성하시 밀고 자책하지도 마십시오. 하나님께서 우리의 생명을 구하기 위해서 저를 먼저 이곳에 보내신 것입니다. 지금까지 2년 동안 가뭄이 들었는데 앞으로도 5년 동안 가뭄이 계속될 것입니다
하나님이 우리와 우리 자손들을 살아남게 하려고 저를 먼저 이곳에 보낸 것입니다.
하나님은 저를 이집트 왕의 가장 높은 신하로 만드시고, 이 땅의 주인이 되게 해주셨습니다.

오오, 네가
정말 요셉이란
말이냐? 아아,
하나님….
그렇습니다.
형님들의 동생
요셉입니다.
요셉은 형들과 동생 베냐민에게 입을 맞추고 껴안고 함께 울었어.
미안하구나,
정말 미안해!
흑흑흑.
우리가 잘못했다.
엉 엉 엉
꺼이 꺼이
서둘러 이곳을 떠나
아버지에게 제 말을
전해 주세요.
뭐, 뭐라고
말이냐?
아버지의 하나님이 저를
이집트의 주인으로
만드셨으니 어서 저와 가까운
고센 땅으로 오세요.
앞으로 5년이나
가뭄이 지속될 텐데,
제가 아버지를
보살펴드리겠습니다.
아버지와 가족들,
그리고 아버지의 모든
소유가 저와 가까이
있으면 굶주리는 일이
없을 것입니다.
※고센 : 이집트 수도 테베에서 가까운 목초지.
또한 제가 이집트에서 누리고 있는 모든
영광과 이 모든 것을 그대로 아버지께
전해 주세요. 지금이야말로 가족들이
이집트에 내려올 가장 좋은 때입니다.
어서 아버지를 모시고 오세요.
그래, 알겠다.
네 말대로 하마.
파라오와 그의 신하들
도 요셉의 형제들이 왔
다는 소식을 듣고 매우
기뻐했어.
오, 총리의 형제들이
왔다니 기쁜 일이로다!
그렇습니다.

그대의 형제들에게 충분한 양식을 싣고 가나안 땅으로 돌아가라고 이르라!
네!
이집트의 수레도 몇 대 가지고 가서 어린아이와 아내들을 데려오고 형제들의 아버지도 모셔 오시오. 그대의 아버지와 가족들은 이집트에서 가장 좋은 땅과 음식을 얻을 것이오.
고센
이집트의 가장 좋은 것을 줄 것이니 가져오지 못하는 것들에 대해서는 미련을 두지 말라 하시오.
낡은 건 버리고 꼭 필요한 것만 챙겨라.
요셉은 파라오가 명한 대로 형제들에게 수레와 옷을 주고 여행길에서 먹을 양식도 주었지.
팍팍 실어라.

특히 베냐민에게는 갈아입을 옷 다섯 벌과 은 300세겔을 주었어.
이거 잘 챙겨뒀다가 나중에 까까라도 사 먹어라.
형~.
암나귀 열 마리에는 아버지가 이집트로 오는 길에 먹을 곡식과 빵과 음식을 실어 보냈지.
후들
후들
그리고 이집트의 가장 좋은 물건들을 수나귀 열 마리에 실었고,
좀 많지? 힘내라.

참, 형님들. 저는 정말 괜찮으니 가시면서 괜히 다투지 마세요.
아, 알았다. 걱정 마라.

tip 다툼

인간은 똑같은 죄인임에도 자신보다 더 나쁜 죄를 지었다고 생각되는 사람에 대해 가차없이 비판하는 나쁜 습성을 지니고 있다. 그래서 집에 돌아가면서 요셉을 노예로 팔았던 과거의 일을 가지고 새삼스럽게 서로의 잘잘못을 따지지 말라는 뜻의 말이다.

요셉의 형제들은 이집트를 떠나 아버지 야곱이 있는 가나안 땅으로 돌아갔어.
아버지, 저희가 돌아왔습니다!!
아버지, 요셉이 아직 살아 있어요!!
무슨 소릴 하는 거냐? 요셉이 살아 있다니…?
게다가 이집트의 총리가 되었다고요!
내가 늙었다고 너희가 거짓말을 하는구나.
요셉의 형제들은 요셉의 말을 그대로 야곱에게 들려주었고
정말이라니까요!
어찌 된 일인가 하면 말이죠~.
야곱은 요셉이 보낸 수레들을 보고서야 아들들의 말을 믿었어.
못 믿으시겠으면 저걸 보세요.
아니, 저, 저게 다 무엇이란 말이냐…?

내 아들 요셉이 살아 있다니 죽기 전에 꼭 그 아이를 만나 봐야겠다.
어서 가보자!

46장 이집트로 떠나는 야곱

야곱(이스라엘)은 자기에게 속한 모든 사람들과 함께 이집트로 출발했어.
뭘 꾸물거리느냐, 어서 가자!
하하. 네~.

야곱의 아들들은 파라오가 보내준 수레에 아버지 야곱과 자식들과 아내들을 태웠어.
신난다. 여행이다!
깔깔깔
그들은 가축들과 가나안에서 얻은 모든 재물도 가지고 갔어.
야곱은 먼저 브엘세바로 가서 아버지 이삭의 하나님께 제사를 드렸어.

※브엘세바 : 아브라함의 맹세의 우물. Link 1권 73p

그날 밤 하나님께서 환상 가운데 야곱에게 나타나셨지.
야곱아!! 야곱아!!
나는 네 아버지의 하나님이니라! 이집트로 가는 것을 두려워 말라! 내가 너로 하여금 큰 민족을 이루게 하겠다.
나도 너와 함께 이집트로 갈 것이며 너를 데리고 다시 이집트에서 나올 것이다. 네가 숨을 거둘 때 요셉이 직접 너의 눈을 감겨줄 것이다!
그런 후 야곱은 곧 브엘세바를 떠났어.
하나님이 함께 하시는데 무엇이 두려우랴!
이렇게 해서 야곱과 그의 모든 자손들이 이집트로 내려가게 돼.

이집트로 내려간 야곱의 아들들과 그 자손의 이름은 다음과 같아. 먼저 레아가 밧단아람에서 야곱에게 낳아준 아들들이야.

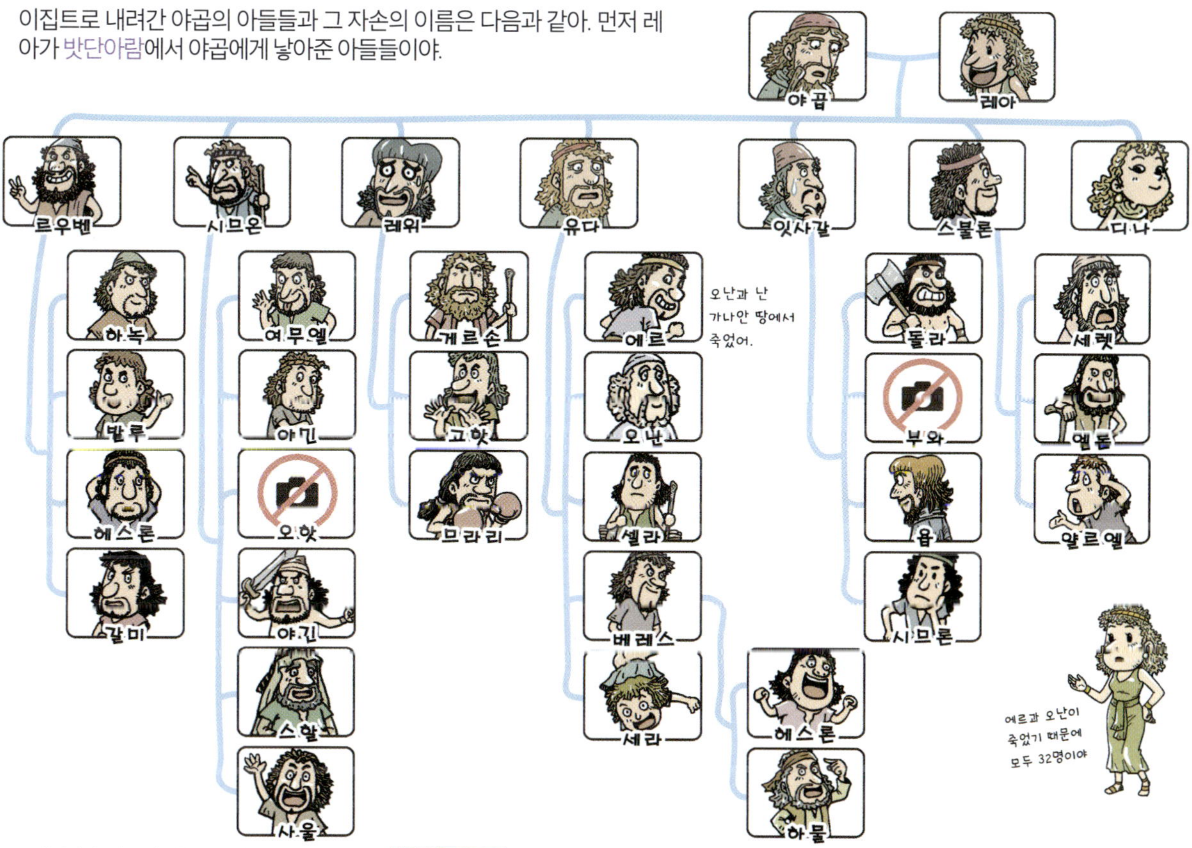
야곱
레아
르우벤
하녹
발루
헤스론
갈미
시므온
여무엘
야민
오핫
야긴
스할
사울
레위
게르손
고핫
므라리
유다
에르
오난과 난 가나안 땅에서 죽었어.
오난
셀라
베레스
세라
헤스론
하물
잇사갈
돌라
부와
욥
시므론
스불론
세렛
엘론
얄르엘
디나
에르과 오난이 죽었기 때문에 모두 32명이야

※밧담아람 : 야곱의 삼촌 라반이 살던 하란을 말한다. Link 1권 102p

레아의 여종 실바가 야곱에게
낳아준 자식들은 다음과 같아.

야곱
실바
아셀
갓
임나
이스위
세라
이스와
브리아
헤벨
말기엘
시본
학기
수니
에스본
에리
아로디
아렐리
이들을 모두 합하면 16명이야!

라헬이 낳아준 야곱의 아들들이야.

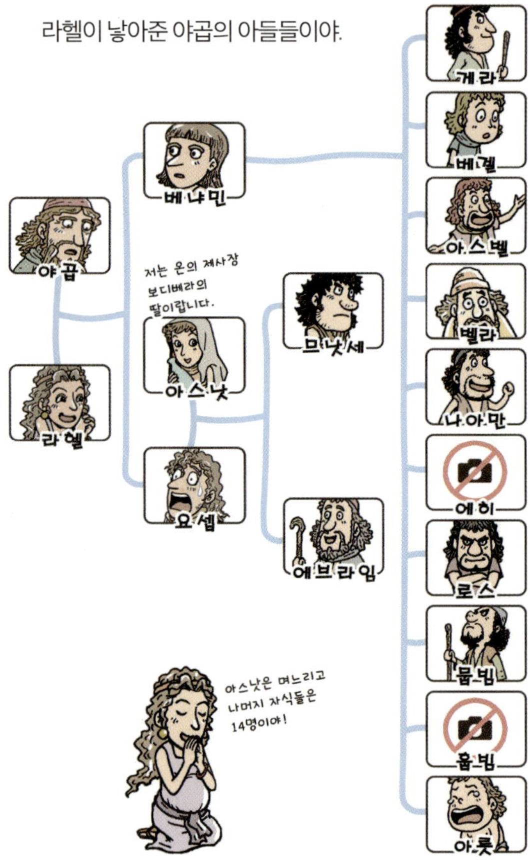
야곱
라헬
베냐민
저는 온의 제사장 보디베라의 딸이랍니다.
아스낫
요셉
므낫세
에브라임
게라
베겔
아스벨
벨라
나아만
에히
로스
뭅빔
훕빔
아롯
아스낫은 며느리고 나머지 자식들은 14명이야!

라헬의 여종 빌하가 야곱에게 낳아준 아들들이야.

야곱
빌하
단
납달리
후심
야스엘
구니
예셀
실렘
나 빌하를 통해 나온 자손은 모두 7명이야

야곱과 함께 이집트로 내려간 사람들은 야곱의 자손만 66명이었고,
어이구, 많기도 해라.

이집트에는 요셉의 두 아들이 있었기 때문에 야곱을 포함해 모두 70명이었지.
저희도 있어요!

야곱은 유다를 먼저 요셉에게 보내 고센으로 간다는 걸 알렸어.
이번 일로 아버지가 나를 많이 믿게 되신 것 같아!
두두두

야곱이 고센 땅에 이르렀을 때 요셉도 수레를 타고 와 아버지를 맞았지.
두두두
고센
아버지~!
!!!
오오, 내 아들…
내 아들 요셉아!
아버지!!
요셉아!!
와락
요셉은 아버지의 목을 꼭 끌어안고 한참 동안 울었어.
엉엉!
아버지….
오냐 오냐, 네가 살아 있는 모습을 보니 이제 죽어도 여한이 없구나!
흑~
훌쩍
요셉은 형제들과 아버지의 가족에게 말했어.
제 말대로 해야 우리가 고센 땅에 정착할 수 있습니다.
일있다. 말해 보거라.

tip 고센 땅

히브리인들은 척박한 산지와 기후 때문에 목축을 주업으로 삼을 수밖에 없었지만 이집트 사람들은 물이 풍부하고 땅이 비옥해서 농업을 주업으로 삼아왔다. 따라서 이집트인들은 목축에 알맞은 고센 지방을 그리 중요하게 생각하지 않았다.

47장 고센에서 살게 된 야곱

요셉은 파라오에게 가서 말했어.
제 가족들이 모든 가축과 재산을 가지고 가나안 땅에서 왔습니다.
그래?
요셉은 형제 중 다섯 명을 골라 파라오 앞에 세웠지.
이집트 사람들은 5란 숫자를 좋아하거든요.

고센에서 제가 시킨 대로 파라오께 말해야 합니다. 알겠죠?
알겠다. 걱정 마라.
너희는 어떤 일을 하느냐?
파라오의 종인 저희는 목자이고, 우리의 조상도 목자였습니다.
가나안 땅에 가뭄이 심해 양을 칠 수가 없어 이곳에 머무르려 왔습니다.
저희를 고센 땅에서 살게 해주십시오!

이들을 이집트의 가장 좋은 목초지 고센 땅에 살게 하고, 형제들 중 뛰어난 목자에게 내 가축들을 돌보게 하시오!
아싸~ 일자리까지!
그리하겠습니다.
감사합니다.
또한 요셉은 아버지 야곱을 모셔와 파라오 앞에 세웠지.
주님의 이름으로 축복합니다.
고맙소!

연세가 어떻게 되는지요?
이 세상을 떠돌아다닌 세월이 130년입니다.
조상들보다 짧게 살았지만 정말 빡세게 살았지요. 형한테 죽을 뻔하고, 삼촌 밑에서 20년간 종살이하고, 얍복 강가에선 환도 뼈가 부러지고 또 세겜에서….
아, 아니, 아버지….
아이고 내 팔자야
야곱은 다시 파라오에게 복을 빌어주고 물러났어.
아, 제가 그만 주책을… 그럼 이만….
하하

요셉은 파라오의 말대로 아버지와 형제들에게 이집트에서 가장 좋은 목초지를 주었는데 그 지역이 바로 라암세스야.

tip 라암세스

라암세스(Rameses)는 이스라엘 민족이 이집트를 탈출하기 전에 살던 지역이다. 이곳은 훗날 모세의 인도 아래 이스라엘 백성들이 이집트를 떠나기(출애굽) 전에 모이게 되는 곳이기도 하다.

Link 2권 51p

또한 요셉은 아버지와 형제들과 그들의 가족에게 필요한 음식을 주었어.
야호, 이제 가뭄 걱정에서 해방이구나!!

요셉의 정치

가뭄은 더욱 심해져 온 땅에 먹을 것이 없었지. 이집트 땅과 가나안 땅은 기근이 심해 살기가 매우 힘들어졌어.
아, 너무 하잖아 이건….
요셉은 곡식을 팔아 이집트 땅과 가나안 땅에 있는 돈을 모두 거둬들였지. 그리고 그 돈을 파라오의 궁전으로 가지고 갔어.

얼마 후 이집트 땅과 가나안 땅의 돈이 다 떨어지자 사람들이 와서 말했어.
양식을 주십시오!
돈이 떨어졌다고 총리님 눈앞에서 죽을 수는 없지 않습니까?
그럼 가축이라도 가져오면 먹을 것을 주겠소.
잠시만요!
오, 알겠습니다!
사람들은 가축을 가져왔고, 요셉은 말과 양, 소와 나귀를 받고 먹을 것을 내주었지.
어차피 가축들을 먹여 살릴 수도 없어.
나도….
그 해에 요셉은 가축들을 받고 양식을 내주었어.
6년째 가뭄이 이렇게 지나가는구나!
이제는 돈도 가축도 없습니다.
그 다음 해에도 백성들은 찾아왔지.
남은 건 우리 몸뚱어리와 땅뿐입니다.
그들은 양식을 위해 마지막 남은 땅과 자신의 몸뚱어리마저 내놓았어.
우릴 종으로 삼아주시오.
작물을 심어야 밭이 못쓰게 되지 않습니다.
그렇게 해서 요셉은 이집트의 모든 땅을 사들여 파라오에게 가져갔어.
이게 다 뭐요?
땅문서죠!
요셉이 사들이지 않은 땅은 제사장들의 땅뿐이었어.
우리야 먹고 사는 건 걱정 없지,
요셉은 이집트 전 지역의 백성들을 곡식이 있는 성읍으로 옮겼어.
양식 나눠주기 편하게 성 가까이로 옮기라네.
그리고 백성들에게 말했지.
내가 너희와 너희의 땅을 사서 왕에게 드렸다. 이제 씨앗을 줄 테니 밭에 심어라!

창세기

수확의 절반을
가져가기도 하는데…
그리고 곡식을
거둬들이면 5분의 1을
파라오에게 바쳐라!
와아아
우리의 목숨을 살려준
총리의 뜻이라면 파라오의
종이라도 되겠습니다.
와,
요셉 짱!
요셉은 이렇게 해서 오늘날까지도 효력을 발휘하는 이집트의 토지법을 제정했어.
앞으로 이집트 땅에서
나는 모든 것의 5분의 1은
파라오의 것이다!
하하하

tip 요셉의 기근 정책

요셉은 예상했던 극심한 7년의 기근 동안 지혜로운 방법으로 이집트를 부강하게 했다. 언뜻 심한 것처럼 보여도 요셉이 그렇게 하지 않았으면 저장해 둔 곡물을 함부로 써서 이집트뿐만 아니라 인근 국가의 백성들 모두 죽었을지도 모른다.

야곱의 유언

이스라엘 백성들은 이집트의 고센 땅에 머물러 살면서 번성했어.
야곱(이스라엘)이 17년 동안 이집트에 살아 147세가 되었을 때야.
요셉을
불러다오!
네, 아버지!

야곱은 죽음이 가까워졌음을 알고 요셉에게 말했지.
네가 내게 은혜를
베풀고자 한다면
네 손을 내 허벅지
사이에 넣어라!
네, 아버지!
내가 죽으면 조상들이
누워계신 헤브론
막벨라 굴 Link 1권77p 에
묻어주겠다고
맹세해다오!
말씀대로
하겠습니다.
그리고 야곱은 침대 머리에서 하나님께 경배드렸어.
주여! 높임을
받으소서!

※막벨라 굴 : 아브라함의 동굴.

48장 므낫세와 에브라임

얼마 후 요셉은 아버지가 편찮으시다는 소식을 들었지.
뭐?
아버지께서!?
요셉은 두 아들 므낫세와 에브라임을 데리고 야곱에게 갔어.
아버지,
아들 요셉이
왔습니다.
야곱은 겨우 힘을 내 침대에 앉아 요셉에게 말했지.
이리 가까이
오너라.

전능하신 하나님께서
가나안 땅
루스 Link 1권 100p 에서
나에게 복을 주시며
하셨던 말씀을 전해주마.
네,
아버지!
내가 너에게 많은
자손을 주고 많은
나라의 아버지가
되도록 해주겠다.
네 자손에게 이 땅을
영원히 주겠다!
내가 이집트에 오기
전에 네가 낳은
두 명의 아들은
이제 내 아들이
될 것이다.
므낫세와
에브라임을
아버지의 아들로
삼는다고요?

※루스 : 벧엘의 옛 지명.

tip 므낫세와 에브라임을 양자로 삼음

이것은 므낫세와 에브라임을 손자가 아니라 친자식으로 생각하겠다는 뜻이다. 그래서 결국 열두 아들을 따라 12지파가 되지 않고, 요셉의 두 아들 에브라임과 므낫세가 별도의 지파를 형성해 13지파가 되는 것이다.

네 아들은 이 두 명의 자식 이후에 태어나는 셋째부터가 될 것이다.
에브라임과 므낫세는 네 형들과 같은 형제의 자격으로 유업을
이을 것이며, 네 세째 아들부터는 에브라임과 므낫세의 지파에
속하게 될 것이다.
알겠습니다.

밧단아람에서 돌아올 때
가나안 땅 에브랏을 앞에 두고
네 어머니 라헬이 세상을 떠나
그 길목에 묻어주었다.
Link 1권 127p
이 아이들은
누구냐?
하나님께서
이곳 이집트에서
제게 주신
아들들입니다.
내가 눈이 많이 어두워져서
이제야 봤구나. 복을 빌어
줄 테니 가까이 오너라.

※에브랏 : 베들레헴의 옛이름.

야곱은 그들을 껴안고 입을 맞추었어.
요셉아, 너를 다시 만날 거라고는
생각도 못했다. 그런데 하나님께서
너뿐만 아니라 네 아이들도
보게 해주셨구나!
네, 아버지.
요셉은 두 아들을 야곱의 무릎 사이에서 떼어놓고 엎드려 절을 했지.

그리고 에브라임은 야곱의 왼편에, 므낫세는 야곱의 오른편에 앉혔어.
므낫세
에브라임
야곱은 오른손을 뻗어 둘째인 에브라임의 머리에 얹고 왼손은 첫째인 므낫세 머리에 얹었어.
제 할아버지 아브라함과 아버지 이삭이 섬기던 하나님, 지금까지 평생토록 나의 목자가 되어주신 하나님!

모든 어려움에서 나를 건져주신 하나님께서 이 아이들에게 복을 주소서.
제 이름과 제 할아버지 아브라함과 제 아버지 이삭의 이름이 이들을 통해 알려지게 하소서. 이들이 이 땅 위에서 많은 자손을 가지게 하소서.

tip 안수

성경 기록상 최초로 손을 머리에 얹는 행위, 즉 안수가 시행되는 장면이다. 안수는 베푸는 사람이 그 대상에게 영적 은사와 권위와 축복을 주는 상징적인 행동으로 구약시대뿐만 아니라 신약시대에도 예수 그리스도와 사도들에 의해 임직식, 죄의 전가, 치유와 회복, 축복 전달 등에서 행해졌다.

므낫세가 첫째였는데, 야곱은 손을 엇갈려 왼손으로 축복하고 있었어.
어? 장자의 축복을 비는 손은 오른손인데?
요셉은 아버지가 오른손을 에브라임의 머리 위에 얹은 것을 보고 마음이 불편했어.
눈이 나빠서 그러시나? 왜 오른손을 장남인 므낫세의 머리 위에 올리지 않으시고….
요셉은 아버지의 오른손을 잡아 에브라임의 머리 위에서 므낫세의 머리 위로 옮기려 했지.
아버지, 손을 잘못 얹으셨어요.
슥
?!

므낫세가 장남이니 오른손을 므낫세 머리 위에 얹으셔야 됩니다.
끙~ 나도 안다.
므낫세는 크게 되어 많은 자손을 가지게 될 것이다. 하지만 동생 에브라임이 더 크게 될 것이며 그 자손이 여러 민족을 이룰 것이다.
오 예~!!
쳇
헉!

앞으로 이스라엘 백성들은 복을 빌 일이 있을 때 '하나님께서 너희를 에브라임같이, 므낫세같이 해주시길 바란다'라고 말하게 될 것이다.
그날 야곱은 축복을 하며 에브라임을 므낫세보다 앞에 세웠어.
잉잉

그러고 나서 요셉에게 말했어.
나는 죽지만 하나님께서 너와 함께하시고 너를 조상의 땅에 데려가실 것이다!
아버지….

내가 칼과 활로 아모리 사람들에게서 빼앗은 세겜 땅 Link 1권 125p 을 네게 주겠다.
네 형제들에게 준 것보다 더 많은 땅을 주겠다!

※세겜: 아브라함이 가나안에서 처음 제사를 지낸 곳. Link 1권 45p

tip 요셉에 대한 축복

야곱(이스라엘)은 아직 정복하지 못한 가나안 땅을 믿음의 눈으로 바라보며 땅을 분배하고 있다. 실제로 훗날 가나안 땅을 정복한 후 야곱의 약속을 따라 에브라임과 므낫세가 독립된 지파로 인정받아 각각 땅을 배정받았다. 따라서 요셉의 입장에서는 형들보다 두 배나 더 많은 땅을 받은 셈이 되는 것이다.

49장 야곱의 축복

야곱은 아들들을 불러 모이라고 하고 그들에게 앞으로 일어날 일들을 얘기해 주겠다고 말했어.
야곱의 아들들아! 너희 아버지 이스라엘의 말을 들을지어다!

르우벤아 너는 내 맏아들이며 나의 힘과 기력의 시작이다. 또한 위엄과 힘이 탁월하다.
후후!

하지만 너는 거친 파도와 같아서 으뜸이 되지는 못할 것이다. 이는 네가 아버지의 침대, 곧 나의 침상을 더럽혔기 때문이니라.
빌하와 잔 것 Link 1권 127p 을 기억하시는구나. 크흑.
크흑

시므온과 레위는 형제다. 너희들의 칼은 난폭한 무기다. 내 영혼이 너희 모임에 들어가지 않으며 너희 집회에 참여하지도 않을 것이다.
끙, 세겜에서 동생 디나를 위해 잔인하게 복수한 것 Link 1권 124p 때문이구나.

너희들은 분노로 사람을 죽였고 마음대로 소의 발목 힘줄을 끊었다.
하하하
하하하
그 노여움이 혹독하고, 분노가 맹렬하니. 너희는 저주를 받을 것이라.
콰르릉
엄마야!
내가 너희를 이스라엘 족속 가운데 흩어놓을 것이다.
시므온과 레위 지파는 실제로 가나안 땅에 들어간 후 흩어져 살게 돼.
유다야, 너는 네 원수들의 목을 잡을 것이며, 형제들의 찬송을 받고, 형제들이 네게 절할 것이다.
히히, 좋겠수?
오오!!
너는 사자 새끼다. 먹이를 잡아 돌아오는구나. 웅크린 모습은 숫사자 같고, 엎드린 모습은 암사자 같으니 누가 감히 널 해치겠느냐.
유다는 나귀를 포도나무에 매고, 새끼 나귀를 가장 좋은 포도나무에 맬 것이다. 또 그 옷을 포도주에 빨고, 겉옷은 포도즙에 빨 것이다.
유다에게서는 왕이 끊이지 않을 것이다. 다스리는 자가 끊임없이 나올 것이다.
다윗
솔로몬
예수
참된 왕이 올 때까지 유다가 다스릴 것이니 모든 백성이 너에게 복종할 것이다.
예수 그리스도
와, 이 정도면 진짜 옷을 빨아도 되겠다.
유다의 눈은 포도주로 붉어질 것이고 그의 이는 우유로 하얗게 될 것이다.
이 말씀도 아주 풍요로와 진다는 뜻이지.
흑, 평소에 착하게 살걸.
스블론은 바닷가에서 살 것이다. 그곳은 배를 대는 항구가 될 것이며 그의 땅은 시돈에까지 이를 것이다.
잇사갈은 짐을 싣고 웅크리고 있는 힘센 나귀와 같다.
나귀는 특별히 뛰어난 점은 없지만 성실하고 우직하지.

※시돈 : 아주 먼 레바논 지역에 있던 도시 국가.

너는 쉴 곳을 보면 좋아하고 그런 땅을 만나면 기뻐할 것이니 어깨를 낮추어 짐을 메는 노예처럼 살 것이다.
좋은 얘기 같기도 하고, 아닌 거 같기도 하고….
단은 이스라엘의 한 지파로서 백성들을 심판할 것이다.
가장 유명한 내 후손은 사사시대의 사사 중 한 명인 삼손이야.
단은 길가의 뱀이며 오솔길의 독사다. 그가 말의 뒤꿈치를 물어 말을 탄 사람을 뒤로 떨어뜨릴 것이다.
용감하고 힘이 세며, 뱀의 간교함도 가진 나는 훗날 강대국 블레셋과 싸우게 돼!
갓은 군대의 공격을 받으나 오히려 그들의 뒤를 추격할 것이다.
우리는 용맹하며 항상 승리할 것이다!
와아아
아셀의 땅에서 나는 식물은 기름질 것이며 왕에게 드릴 음식을 제공할 것이다.
이곳 곡식은 질이 좋아서 왕궁에서 인기가 짱입니다.
납달리는 암사슴과 같아 아름다운 소리를 낼 것이다.
우리는 사슴처럼 민첩한 전사들이다!
요셉은 샘물가에 자라는 풍성한 가지다. 그 가지가 담을 넘을 것이다.
흠, 풍성한 가지라… 나쁘지 않은 것 같은데?
뭐, 별로….
쳇!
활 쏘는 사람들이 그를 괴롭히고 어렵게 하지만 요셉의 활이 더 강하고 그의 팔에 더 힘이 있다.
요셉의 힘은 야곱의 전능자이자 이스라엘의 반석이신 목자 하나님에게서 나오기 때문이다.
나의 전능하신 하나님께서 너를 돕고 복을 주실 것이다. 하늘의 비로, 땅의 샘물로 복을 주시고, 많은 자식들을 낳게 하시고, 많은 가축의 새끼를 낳게 해주실 것이다.
아이고, 무슨 복을 이렇게 많이…!!
복
복

※사사: 히브리어로 쇼페팀(shophetim), 재판관이란 뜻.

네가 받을 복이 내가 할아버지와 아버지에게 받은 복보다 더 많아 끝없이 영원한 산처럼 너의 머리 위에 내릴 것이다.
이걸 다 어디에다 두냐.
베냐민은 굶주린 이리다. 아침에는 사냥한 것을 먹고 저녁에는 잡은 것을 찢는다.
이게 축복이야, 저주야?
네 후손은 호전적이라는 뜻이지.
여호와여 저는 주의 구원을 기다립니다.
야곱은 이렇게 열두 아들들에게 말하고 축복했어. 각자에게 알맞은 복을 빌어준 거야. 이들이 바로 이스라엘의 12지파가 돼.
나 No.1
난 No.2
나 귀여워?
내 얼굴 가리잖아.
무거워.
나만 웃통 깠어.
내가 이제 죽을 것이니 헷 사람 에브론에게서 밭과 함께 산 동굴, Link 1권 77p 조상들이 묻혀 있는 그곳에 나도 묻어다오.
그 동굴에는 할아버지 아브라함과 할머니 사라, 부모님 이삭과 리브가는 물론 너희 어머니 레아도 묻혀 있다.
막벨라 동굴
야곱은 말을 마치고 다리를 침대 위에 올려놓았어. 기운이 다한 그는 조상들에게 돌아갔지.

tip 야곱의 죽음

열두 명의 아들들에게 예언과 축복을 모두 마친 야곱은 자신의 시신을 가나안 땅에 묻어달라고 한다. 파란만장했던 야곱의 삶이 끝나는 순간이다. 야곱은 두려움 없이 조용한 자세로 죽음을 받아들였다. 그후 열두 명의 아들에 의해 새로운 선민의 역사가 시작된다.

50장 야곱의 장례식

야곱이 죽자 요셉은 울면서 아버지를 껴안고 입을 맞추었어.
흑흑
아버지!
요셉은 자신의 시중을 드는 의사들에게 아버지를 장사 지낼 준비를 하라고 해.
소홀함이 없도록 준비해라!
네!!

의사들이 그 일을 하는 데 40일이 걸렸고 이집트 사람들은 70일 동안 슬퍼했어.
쏴 아 아

tip 미이라

이집트에서는 왕족이나 귀족이 죽으면 시체가 썩지 않도록 미이라로 만들었다. 이집트 의사들이 야곱의 장례를 준비했다는 것은 야곱 역시 40일에 걸쳐 향 재료를 몸에 채워넣고 정성을 다해 미라로 만들었다는 것이다.

애도 기간이 끝나자 요셉은 파라오의 신하들에게 말했어.
아버지는 가나안 땅에 있는 어느 굴에 장사를 지내달라고 하셨습니다. 그 약속을 지키게 해달라고 파라오께 전해 주시오.
알겠습니다.

요셉의 요청을 들은 파라오는 흔쾌히 승낙했지.
그가 아버지를 장사 지내고 올 수 있도록 하시오!

파라오의 모든 신하들, 궁전의 장로들, 이집트 땅의 모든 장로들, 요셉의 집안 사람들, 그리고 그의 형제들과 야곱의 집에 속한 모든 사람들이 요셉을 따라갔지. 전쟁할 때 쓰는 수레나 말을 탄 군인들도 요셉과 함께 갔어. 엄청난 행렬이었지.

요셉과 그 형제들은 어린아이들과 양 떼와 소 떼만 고센 땅에 남겨두었어.

그들은 요단 강 건너편 아닷의 타작 마당에 이르자 야곱을 위해 크게 소리 내어 울며 슬퍼했어. 요셉은 아버지를 위해 7일 동안 소리 내어 울었지.
아이고오~
엉엉
아닷의 타작 마당

가나안 땅에 사는 백성들은 아닷에서 사람들이 슬피 우는 것을 보고는
이집트 사람들이 왜 저렇게 슬피 우는 거지?

※타작 마당 : 곡식의 이삭을 떨어서 낟알을 거두기 위해 둥그런 모양으로 땅을 평평하고 단단하게 만들어 놓은 곳.

그곳을 아벨미스라임이라 불렀어.
슬픈 일이 있나 보네.
엉엉
그러게!
야곱의 아들들은 아버지의 말씀을 따라 마므레 앞 막벨라 밭에 있는 동굴에 아버지를 장사 지냈어.
이곳이 아브라함이 무덤으로 쓰기 위해 헷 사람 에브론에게서 산 동굴이구나!
막벨라 동굴
※아벨미스라임 : '슬픔의 평원'이라는 뜻.
그리고 이집트로 돌아왔지.
요셉을 두려워하는 형제들
야곱이 죽은 후 요셉의 형들이 말했어.
혹시 요셉이 아직까지 우리의 악행을 기억하고 있으면…?
그때 우리가 요셉을 팔아 넘겼잖아.
우리에게 복수를 할지도 모르겠군,
요셉에게 사람을 보내서 용서를 빌어 봅시다.
형들은 요셉에게 종을 보내 야곱이 죽기 전에 한 말을 전하며 용서를 구했어.
아버지께서 돌아가시기 전에 '네 형들이 너에게 악한 일을 했을지라도 이제 그 허물과 죄를 용서하라'고 하셨다 합니다.
왜 갑자기 형님들이 그런 말을…?
그러니 아버지의 종들, 하나님의 종들이 지은 죄를 제발 용서해 달라고 했습니다.
그랬단 말이지? 형님들이….
그 말을 듣고 난 요셉은 눈물을 흘렸어.
?
흑흑
형들은 요셉이 울었다는 얘기를 듣고 찾아가 그 앞에 엎드렸어.
형님들, 두려워하지 마세요. 하나님만이 하실 수 있는 일을 제가 어떻게 하겠습니까?
우리는 아우님의 종이옵니다!

형님들은 저를 해치려 했지만 하나님께서 그 일을 선한 일로 바꾸어 지금처럼 많은 사람들의 생명을 구하게 하셨습니다.
그러니 두려워 마세요. 제가 형님들과 형님들의 자녀를 돌보겠습니다.
고맙다, 크흐흑!
요셉은 아버지의 가족과 함께 이집트에서 110세까지 살며 둘째 아들 에브라임의 자손 3대를 보았어.
아버지, 손자의 아들이에요~.
허허, 고녀석 참….
므낫세의 아들 마길의 자식들도 요셉이 보살피며 키웠지.
어이구 정신없어라.
깔깔깔
요셉의 죽음
저는 이제 죽지만 하나님이 형님들을 돌봐주시고 함께하실 겁니다.
요셉아!
또한 이 땅에서 데리고 나가 아브라함과 이삭과 야곱에게 약속했던 가나안 땅으로 인도하실 겁니다.

그러니 하나님이 형들을 보살펴 훗날 이집트 땅을 떠나게 될 때 제 뼈를 가져가 주십시오!
알겠다, 그리 하마!
잘 가거라, 동생아….
흑흑
흑흑
요셉이 죽자 이집트 의사들이 그 몸에 향 재료를 넣고 시체를 관에 넣었어.
흑흑흑
잉잉잉

tip 요셉의 죽음

구약시대를 통틀어 어떤 어려움 속에서도 결코 불평하지 않고 하나님을 향한 믿음으로 살아간 인물이 바로 요셉이다. 또한 요셉은 가나안 땅으로 인도하겠다는 하나님의 약속을 의심하지 않았고 유언으로 자신의 뼈를 가져가달라고 부탁했다. 그는 죽는 순간까지 결코 하나님의 약속을 잊거나 불신하지 않았다.

이제 요셉의 죽음으로 족장시대는 막을 내린다. 하나님의 구원의 역사 측면에서 제1 단원이 막을 내리고, 이후 《출애굽기》에서는 하나님이 언약에 따라 가나안 땅으로 돌아가는 제2 단원이 시작된다.

욥기
●욥
욥은 족장시대에 엄청난 부를 가진 사람으로서
많은 가축과 종들과 자식들이 있었어.
그러던 어느 날 자신이 가진 모든 것을 잃게 되고
질병으로 고통 받게 되지만, 그럼에도
하나님을 배반하지 않았던 사람이야.

욥기는 주인공 욥의 이름을 따서 붙인 제목이지만, 지은 사람이 누군지는 정확히 알 수 없어.
짠~ 여기선 내가 주연이야.
안녕하세요! 욥 아저씨.
근데 이 만화에서는 왜 욥기가 창세기 뒤에 나와요? 성경책에서는 한참 뒤에 나오는데….
에스더 뒤에 있네.
성경
욥기가 창세기의 족장시대를 배경으로 하고 있기 때문이야.
아, 시대 순으로 해서 그렇군요.
이해하기 더 쉽겠네요.

※욥: '회개하는 자'라는 뜻.

욥은 자신에게 찾아온 고통에도 불구하고 하나님을 배신하기는커녕 오히려 찬양했지.
고통 중에도
나는 하나님을
찬양합니다~♪
팅~
팅~
그러나 자신이 받는 고통의 원인을 알지 못해 힘들어했어.
아참, 근데 하나님은
왜 나한테 이런 고통을
주시는 거지?
바보 아냐?
우린 그 유명한 욥의 세 친구야!
짠~
네가 고통 받는 건
바로 너의
죄 때문이야!
네 죄를 네가
알렸다?
자자,
순순히 불면
봐줄게, 응?
나는 이렇게
고통 받을 만큼
죄를 지은 게 없다구!
니들이 친구냐?
하지만 욥은 세 친구들과의 대화를 통해 의인이 고난을 받는 것이 하나님의 뜻에 의한 것임을 깨닫게 돼.
하나님의 뜻
으아악
욥 살려~!!
헤헤, 아무리 힘들어도
하나님을 원망해선 안 돼!
아이고…
삭신이야.
욥은 '하나님께서 모든 것을 사용하여 가장 좋은 것을 이루신다!'는 것을 확실하게 알게 돼. 그 중의 하나가 고통이라도 말이야.
나는 고난을 통해
나의 교만함을
반성하고,
하나님을 더욱 굳건히
믿게 되었지.
하나님이 고통을 주셨기 때문에
하나님을 더욱 믿게 되었다고요?
윽, 난
자신 없어….
현재를 살아가는 우리들에게도 욥처럼 생각지 못한 어려움이 닥칠 수 있어.
욥 아저씨처럼 열심히
하나님을 믿고 착하게
살았는데도 말이지?
엄마야~ 그럴 땐
어떡하죠?
어떡하긴,
욥기를
읽어야지!
욥의 경험을 보면 하나님의 뜻을 아는 데 도움이 될 거야.
아, 그런데 설마
후세를 위해
본보기로 제게
그 고생을
시키신 건
아니겠죠?
흠, 흠, 뭐
그렇다기보다는…!
어쩌면 그렇지도…
킥킥.

욥기

1. 욥의 고난과 논쟁

1장 의로운 사람 욥

정확한 위치를 알 수 없지만 우스 땅에는 욥이라는 사람이 살고 있었어.
우스
나?

욥은 흠이 없고 정직했으며 하나님을 경외하고 악을 멀리했지.
저리 꺼져!!
쿠액~!!
뻥
그에게는 일곱 명의 아들과 세 명의 딸이 있었고,
나 혼자 열 명이나 낳았다우!
다산의 여왕!

수많은 종들과 가축을 가졌던 동방의 가장 큰 부자였어.
우리 가축이 전부 몇 마리나 되는지 아시오?
그건 하나님만 아실 거예요.
욥의 아들들은 생일이 되면 형제 모두를 초대해 잔치를 열어 함께 먹고 마셨어.
이건 저 남쪽 땅에서 추는 춤이다,
울랄라~
깔 깔 깔

※동방 : 이스라엘 땅의 동쪽 방향.

욥은 잔치를 한 다음 날에는 항상 아침 일찍부터 자녀들을 불러 인원 수대로 번제를 드렸지.
아버지, 왜 잔치를 벌인 후에 번제를 드리시는 거예요?
그건 말이다….
너희가 잔치 중 흥에 겨워 죄를 짓고 하나님을 배반했을지도 모르기 때문에 혹시 모를 죄를 씻기 위해서란다.

욥의 첫 번째 시험

어느 날 천사들과 사탄이 여호와 앞에 섰어.
하이~ 오랜만이네!

사탄아,
너는 어디서
왔느냐?
바람 따라 구름 따라
세상 여기저기를 두루
돌아다니다 왔죠.
그래?
혹시 나의 종
욥을 아느냐?
그는 흠이 없고
정직한 자로 그처럼
나를 경외하는
사람은 세상
어디에도 없다!
그야 여호와께서 욥에게 복을
주시고 보호해 주시기 때문이죠.
가진 걸 다 빼앗아 보세요.
그럼 아마 주님 얼굴을 똑바로
쳐다보며 저주할 걸요!
푸
하 하

아니다. 못 믿겠으면
그를 마음껏
시험해 보거라!
엇,
정말요?
물리기
없기요!
단 그의 몸을 상하게
해서는 안 된다!
네네!
알겠습니다.
욥아, 내가
간다~!!
욥의 자식들은 모두 큰아들의 집에 모여 먹고 마시고 있
었고, 욥은 집에 머물러 있을 때였어.
주인님,
주인님!!
타
닥
아니,
왜 그러느냐?

소는 밭을 갈고 나귀는 풀을 뜯고 있는데
갑자기 스바 사람이 나타나 가축들을
빼앗고 칼로 종들을 죽였습니다. 저 혼자만
겨우 도망쳐 나왔습니다! 흑흑흑.
주인님!
타
닥
그럴
수가…??!!

tip 스바 사람

스바는 아라비아 서남쪽에 있는 곳으로 스바인들은 아브라함이 새 아내 그두라 Link 1권 85p 에게서 얻은 자손이다. 이들은 잔인하고 남의 것을 억지로 빼앗는 것으로 악명 높았다. 후에 솔로몬의 지혜를 듣기 위해 찾아온 스바 여왕 Link 5권 49p 은 이들의 후예일 가능성이 높다.

갑자기 하늘에서 불이 내려와
양 떼와 종들을 모두 태우고
저만 겨우…!
주인님!
타
닥
하늘에서 불이…??!!
갈대아 사람들이 들이닥쳐
낙타들을 빼앗아가고 종들을 칼로
쳐 죽였습니다. 저 혼자만 이렇게….
주인님!!
타
닥
왜, 왜 갑자기
이런 일들이…??

※갈대아 : 메소포타미아의 남부 지역, 즉 바벨로니아 지역.

너, 넌
또 무엇이냐!!
흑흑
주인님의 자식들이 첫째 아드님 집에서
먹고 마시고 있을 때 갑자기 사막에서
돌풍이 불어와 집의 모퉁이를 덮치는
바람에 그만… 흐흐흑.
그래서
어찌되었단
말이냐!
콰콰콰콰콰
으악
꺄아아
집이 무너져 주인님의
자식들은 모두 깔려
죽고 저만 겨우…
흑흑흑.
이, 이럴
수가…!!
욥은 일어나 겉옷을 찢고
머리를 밀었어.
한꺼번에 이런 일이
생겼으니 미칠
지경일 게다.
쫘악
으아아, 어떻게
이런 일이…!
빈손으로 태어났으니
빈손으로 돌아갈 것입니다.
히히~ 하나님이
원망스러울 거야.
그렇지?
주신 분도 여호와시요,
가져가신 분도 여호와시니,
여호와의 이름을 찬양할 뿐입니다.
차, 찬양
한다고?!
헉
욥은 이 모든 일에도 불구하고 죄를 짓거나
하나님을 원망하지 않았어.
오, 하나님!!
홀로 영광을
받으시옵소서!
칫! 뭐
저런 놈이
다 있지?

2장 욥의 두 번째 시험

또 어느 날 천사들이 여호와 앞에 서 있는 중에 사탄이 나타났어.
또 왔네
아~ 사탄 체면이 말이 아니군!
큰소리치고 가더니 꼴좋다. 크크~.
욥을 보았느냐? 그는 흠이 없고 정직하며 나를 경외하는, 악에서 떠난 자이니라. 땅 위에 그런 자가 없다!
쳇! 아이고, 네네~.
네가 나를 자극하여 이유 없이 그를 해쳤지만 그는 오히려 신앙을 굳게 지키지 않았느냐?
흥, 그야 자기 목숨은 무사하니 그렇죠!
이제 그의 뼈와 살을 병들게 하면 바로 주님을 똑바로 쳐다보며 저주할 걸요.
그럴 리 없다. 그렇다면 어디 네 마음대로 시험해 봐라! 단 그를 죽여서는 안 된다!
척
크크, 알겠습니다. 이번에야말로….

얼마 후 사탄은 욥의 온몸에 악성 종기가 나게 했어.
으악, 갑자기 이게 뭐야!?
욥은 잿더미 가운데 앉아 기와 조각을 주워 들고 몸을 긁었지.
북북
아이고, 가려워 죽겠네!!

tip 기와 조각

손의 종기로 인해 손으로 긁어도 가려움을 해소할 수 없자 욥은 기와 조각으로 온몸을 긁었다. 특별히 기와 조각으로 긁은 이유는 그것이 종기를 어느 정도 없애주는 효과가 있었기 때문이다.

보다 못한 욥의 아내가 말했어.
이 꼴을 하고도 하나님을 섬겨요? 도움도 안 되는 신, 욕이라도 하고 차라리 죽어버려요!
어리석은 말을 하는구려!
우리는 하나님께 복을 받았소. 그러니 재앙인들 못 받겠소?!
아이고~ 하여간 말은 잘해요.
휘청

욥의 세 친구

욥의 세 친구 데만 사람 엘리바스와 수아 사람 빌닷, 나아마 사람 소발은 욥의 소식을 듣고 그를 위로하기 위해 집을 나섰지.
엘리바스
그 얘기 들었나?
어서 한번 가보세.
소발
빌닷

그들이 욥에게 이르렀을 때 욥은 알아볼 수 없을 정도였어.
저기 보이는 저 자가 욥이란 말이야?
허~ 마, 말도 안 돼.
인간의 몰골이 어떻게 저렇게….

친구들은 큰 소리로 울며 자신들의 옷을 찢고 머리 위에 재를 뿌렸지.
도대체 어쩌다가~ 어쩌다가!!
아이고~
무슨 죄라도 지은 건가?

그들은 7일 밤낮을 욥과 함께 있었지만 욥의 고통이 너무 처참해 한 마디도 할 수 없었어.
흑흑.
휴~

3장 생일을 저주하는 욥

욥이 입을 열어 자신의 생일을 저주하기 시작했지.
후… 비참함 속에 있는 나의 삶과 내 존재를 저주하리라!
?
내게 태어난 날이 없었더라면 좋았을 텐데….
저 친구가 뭐라는 거야?
실성한 건가?

내 어머니가 아이를 갖지 못하는 사람이었다면 나의 눈이 슬픔을 보지 않았을 텐데….
어찌하여 나는 어머니의 뱃속에서 죽어 나오지 않았을까? 어찌하여 어머니가 나를 낳았을 때 숨을 거두지 않았을까?
내가 태어나자마자 죽었다면 편히 누워 잠자며 쉬고 있었을 텐데….

무덤에서는 악인도 없고, 지친 자들이나 죄수들도 쉼을 얻으며, 보통 사람이나 위대한 사람도 똑같으며, 종도 주인으로부터 자유로운데 어찌하여 비참하고 고통스러운 가운데 나를 살려두시는가?
탄식이 물처럼 쏟아져 나오고, 한숨 때문에 먹지도 못하는구나. 내가 가장 두려워하고 무서워하던 모든 일이 한꺼번에 닥쳤구나. 이제 나에게는 평안도, 쉼도, 안식도 없고 고통만이 있을 뿐이다.
아~ 숨겨진 보물을 찾는 것보다 더 죽음을 바라지만 헛되구나. 무덤에 이른다면 얼마나 기쁠까? 얼마나 즐거울까? 아무런 미래도 없이 비탄에 빠져 일생을 살아갈 나를 왜 살려두시는가?

tip 욥의 의문

욥은 고통과 슬픔으로 가득한 현재의 자신의 삶을 유지시키는 하나님께 강한 의문을 제기하고 있다. 차라리 죽게 해달라고 간절히 기도하고 있는 것이다. 자신이 당하는 고난에 대한 강한 탄식과 의문은 세 친구가 냉정한 변론을 시작하는 계기가 된다.

4장 엘리바스의 대답

데만 사람 엘리바스가 울고 있는 욥에게 말했어.
이런 상황에서 충고를 하면 짜증이 나겠지.
하지만 이제 난 더 이상 듣고 있을 수가 없네!
뭘?

※엘리바스 : '하나님은 나의 힘이시다'라는 뜻.

너는 전에 많은 사람들을 가르쳤고 악한 사람들을 도와주었어. 넘어진 사람은 격려해 주고 다리가 약한 사람에게는 힘을 주었다고!
그런데 막상 네게 어려움이 생기니 답답해하고 힘들어 하다니, 정말 실망이야!
시, 실망이라니? 어려움이 닥쳐 힘들어하는 게 뭐가 잘못이야,
엉?
쿵

들어봐. 죄 없이 망한 자가 있어? 정직한 사람이 갑자기 죽겠어?
그, 그럴 수도 있지 않나…?
아니, 내가 본 바로는 악의 밭을 갈고 죄를 심은 자는 뿌린 대로 거둬.
왜 이딴 게 나오지?
악을 뿌리고서 삼계탕이라도 나오길 바랬냐?
그들은 하나님의 입김에 망하고 그분의 콧김에 사라지지.
허억!!
스스스스
포악한 사자들은 그 대가로 포효가 사라지고, 이빨이 부러지며, 먹이가 없어 죽고, 새끼들은 흩어지지.
에고, 사는 게 뭔지….
그러게 착하게 좀 살지.
죄인의 멸망에 대한 환상
어느 밤 어떤 목소리가 내게 속삭이는 것을 들었어. 나는 너무나 두렵고 떨렸지.
누, 누구…?
휙
그때 한 영이 내 앞을 지나갔어. 온몸의 털이 쭈뼛 서버렸지.
헉!!
뭐, 뭐지?
슝
그 영의 모양을 알 수는 없었지만 분명히 내 앞에 서 있었어. 곧이어 나는 어떤 목소리를 들었어.
사람이 하나님보다 더 의로울 수 있겠느냐? 사람이 어찌 창조자보다 더 깨끗할 수 있겠느냐?
이, 인간이 어떻게 하나님보다 더 깨끗하겠습니까.
천사들에게서도 허물을 찾을 수 있는 하나님께서 하물며 흙으로 만든 인간에게서 허물을 찾지 못하겠는가?
그, 그렇지요.
5장 악인이 당하는 고난
이 세상에 전혀 허물이 없는 사람은 없어.
그렇기 때문에 사람은 언제든 고난을 당할 수 있고, 그 고난을 운명으로 받아들여야 해!
이 고통을 운명으로 받아들여야 한단 말인가?

욥기

당연하지. 내가 만약 자네라면 하나님을 찾고 찾아 내 모든 것을 맡기겠네.
나도 하나님을 찾고 있고 내 모든 것을 맡기고 있다고!
하나님은 선한 자에게는 선한 것으로, 악한 자에게는 악한 것으로 갚으신다네.
그러니 하나님이 내리신 벌에 대해 불평하지 말란 말이야.
말 잘한다.
뭐라고? 그러니까 내가 악해서 이런 고통을 받는다는 거지?
휘청
그렇지. 그러니 어서 회개해. 그러면 주님께서 너를 고통에서 구해 주시고 복을 주실 거야.
잘못한 것이 없는데 무얼 회개하란 말인가…!
좋게 말할 때 들으시지!!
어서!! 어??
우씨~, 자네들 대체 왜 그래?
6장 결백을 주장하는 욥
아이고~ 엘리바스. 내 말 좀 들어봐!
듣고 있으니 말해.
내게 닥친 고난과 재앙을 저울에 달아 본다면 그 어떤 것보다 더 무거울 거야.
헉헉, 정말 죽을 지경이라고!!
이 고난이 하나님이 주신 것이어서 나는 너무나 두렵고 고통스러워.
그러니 주님, 제 소원을 들어주세요. 제발 저를 데려가주세요.
싫은데?!
그분께서 선뜻 나를 죽여주신다면 얼마나 좋을까?
똑바로 못 쏴??!!
나는 죽어가는 고통 속에서도 하나님을 배신하지 않을 것이고 오히려 기뻐할 거야.
음, 이래도 안 죽네.
나는 고통을 견딜 힘도, 소망도, 의지할 것도 없거든.
죽는 것도 맘대로 못합니까?!
응!

그러니 내가 하나님께 불평하더라도 너희들이 친구라면 이 꼴을 보고 당연히 불쌍히 여겨야 하는 것 아니냐? 엉?
앗! 그, 그건…!
너희의 격려 한 마디가 나에게 힘이 될 텐데 잔소리만 해?
좀 맞자.
친구야, 지, 진정해.
퉤
내가 돈을 달라고 했어? 보증을 서달라고 했어? 이 나쁜 친구들아!!
튀어~!!
아이고, 저녀석이 미쳤다!
후다닥
너희는 친구를 돈과 바꿀 놈들이야!
난 아직 아무 말도 안 했다고!
퍽
퍽
난 결코 거짓말을 하지 않았어. 난 죄가 없다고!!
아, 알았어. 알았으니까 진정해. 친구야!
고놈의 성깔하고는….
꼬르륵

7장 하나님께 호소하는 욥

사는 것이 너무 힘들어. 보라고, 살갗이 곪아서 터지고 아물기를 되풀이하다 보니 구더기가 가득해.
히익!
징그러워~.
오~ 주님, 바람처럼 허무한 제 인생에서 저는 더 이상 기쁨을 보지 못하겠지요?
안됐다, 그치?
쩝.
도저히 제 입을 다물 수 없어요. 제 마음의 고통과 영혼의 괴로움에 대해 말하겠습니다.
주님! 제가 무슨 바다의 악한 괴물입니까? 왜 저를 이렇게 괴롭히고 감시하십니까?
히히, 친구. 왜 그래?
잠이 들면 고통이 줄어들까 해서 눈을 감아도 아무 소용이 없습니다. 주님은 꿈과 환상 속에서도 저를 놀라게 하시고 두렵게 하십니다.
으으… 살려주세요!!

흑흑~ 주님,
제발 저를 좀
내버려두세요.
꿀꺽!
켁켁! 침을 삼키는
순간만이라도 고통이
없었으면….
켁
켁
제가 뭘 어쨌다고 아침마다 살피시고
순간마다 시험하시는 건가요?
왜 제게 침 삼킬 틈도 주지
않으십니까?
설령 제가 죄를 지었다 해도 그것이
주님께 무슨 위협이라도 됩니까?
왜 저를 표적으로 삼으십니까?
콰
지
직
캬오오오~!!
주님, 왜 저의 죄와 허물을
용서하지 않으십니까?

8장 빌닷의 대답

이 인간이 정말…
불평만 쏟아내는군!
빌닷
이겨라!
폭력결사반대

tip 빌닷

빌닷이 살았던 수아 지역은 유목 생활을 했던 곳이다. 엘리바스는 그나마 욥을 책망하기에 앞서 격려하는 듯한 말이라도 했지만 빌닷은 처음부터 욥을 책망하고 비난한다. 빌닷은 욥의 주장이 하나님의 정의를 비난한다고 생각했기 때문에 반론을 해야겠다고 생각한 것이다.

하나님께서 실수를 하시겠어?
정의를 왜곡하시겠냔 말이야?
당연히 그럴 리는 없지!
그럼, 그럼.

※빌닷 : '투쟁의 아들'이란 뜻.

자네가 아니라면 자네 자식들이 주님께
죄를 지어 그 대가를 받은 것 아니겠어?
뭐라고??!!
내 자식들이 죄를 지었기
때문에 죽었다는 거냐?
그래. 그러니 너도 하나님을 찾고
전능하신 분께 자비를 구하란 말이야!
너, 너무하는군.
아주 불을 질러대리.
그러면 너의 모든
것을 회복시켜 주실 거야!
헉!! 열 받았나보다!!
화
르
륵

내가 틀린 말 했어? 어서 하나님께 자비를 구해서
건강한 몸과 부를 되찾으라고. 그러면
네 시작은 미약하였으나 나중은 심히 창대할 거야.
푸시시
잘했어!!

tip 네 시작은 미약하였으나 나중은 심히 창대하리라

빌닷은 욥이 고통 받는 것이 그가 지은 죄 때문이라며 하나님께 회개하고 돌아오면 현 상태가 보잘것없더라도 나중에 창대하게 될 것이라고 인과응보의 논리를 주장하고 있다. 오늘날, 특히 뭔가를 새로 시작하는 사람들을 위해 많이 인용되는 이 말씀은 사실 잘못 사용되고 있다고 할 수 있다.

이 갈대를 봐! 갈대는 물 없이는 잘 자랄 수 없어. 뭐, 가끔 물 없이 잘 자라는 것도 있겠지만 금방 시들어버리지.
갈대 얘기는 갑자기 왜?
에취!
물 없이 자란 이 갈대처럼 하나님을 배반하는 악인들은 잘되는 것처럼 보여도 소망이 없다는 거야.
알았어? 명심해!
부스스
하나님은 정직한 사람을 버리지 않으시고 악인들은 돕지 않으시거든. 그러니 회개하란 말이야!
회개하라~ 회개하라!

그러면 그분께서 너에게 기쁨과 즐거움을 주실 거라고.
푸우~.

9장 하나님의 공의를 인정하는 욥

나도 너의 말이 정말 옳다는 것을 알아.
그렇지?
후후, 역시 난….
하나님 앞에서 '나는 죄가 없다'고 할 수 있는 사람이 누가 있겠어?
죄 없는 사람은 나와 봐. 내가 뽀~ 해줄게!
....

※공의: 공평하고 의로움.

또한 그분은 천지만물을 다스리시며 지혜로우시고 강하시니 누가 그분과 싸워 이길 수 있겠어?
나보다 더 세면 나와 봐. 내가 뽀~ 해줄게!
우리가 알 수 없는 큰 일을 하시는 분, 셀 수 없이 많은 기적을 보이시는 분, 그분이 바로 하나님이시지.
험, 쑥스럽구만!

그러니 누가 감히 그분께서 하시는 일에 반대할 수 있겠어? 누가 그분을 재판할 수 있겠냔 말이야?
제, 제가 감히 어찌….
하나님의 진노에 사탄의 세력도 두려워하는데 내가 감히 말대꾸라도 할 수 있겠어?
우르릉
꽝
아이고, 큰일났네 이거.
내가 죄가 없다고 말하긴 했지만 하나님 앞에 서면 나는 죄인일 수밖에 없지.
내가 아무리 깨끗해지기 위해 노력해도 말이야.
내 앞에서 네 죄가 없다 할 수 있느냐?
저, 저는 죄인입니다. 크흐흑!
또한 하나님은 사람이 아니시니 만나서 재판할 수도 없어. 아니, 그걸 떠나 누가 그분을 감히 판결할 수 있겠어?
아이고, 내가 어찌~!
후다닥
내가 원하는 건 그분께서 회초리를 그만 거두시고 나를 두렵게 하지 않으시면 좋겠어. 그러면 내가 두려움 없이 그분께 말할 수 있을 거야.
제발… 제발 그만하시고 제 얘길 들어주세요!
10장 고난에 대한 탄식
하나님, 저도 말 좀 합시다요!
그러든가…!
저를 죄인 취급하지 말아주세요. 그리고 제발 주님이 왜 벌을 주시는지 알려주세요!!
꽝
고놈, 성깔 하고는…!
제가 죄를 지었다면, 악인이라면, 당연히 벌을 받아 마땅합니다! 하지만 주님은 제게 죄가 없다는 걸 잘 아시잖아요!
어라, 좀전에 자기는 죄인이라고 했던 사람이 누구더라?

욥기

11장 소발의 질책

아~ 주께서
저를 벌하시며
진노를 더하시니
너무 괴롭습니다.
주님, 왜 저를
태어나게 하셨습니까?
저는 태어나자마자
바로 무덤으로
갔어야 했는데.
주께서 저를
흙으로 돌려보내려
하시는 거라면 어차피
이제 죽을 때가 되었으니
저를 내버려두어
잠시나마 편안하게
해주십시오.

자자, 드디어 내가
대사할 차례군.

※소발 : '지저귀는 새'란 뜻.

tip 소발

소발은 제일 마지막에 변론한 것으로 보아 가장 나이가 어렸을 것으로 생각된다. 변론의 내용으로 미루어 그는 매우 급한 성격을 갖고 있으며, 논리적이고 전통적인 교리를 따르는 사람임을 알 수 있다.

네가 '내 주장은 올바르고 나는
하나님 앞에 깨끗하다'라고 했겠다?
오냐, 그렇다!

내가 보니 오히려 하나님께서 네가 저지른
죄보다 벌을 적게 내리신 것 같다!
허걱?!
철퍼덕

고작 인간인 네가 하나님의
신비하심을 깨달을 수 있겠어?
전능자의 한계를 알기는 해?
그분은
하늘보다 높고
바다보다 넓으셔!

그분은 악한 일에 상관하지 않는 것 같지만 사실 다 보고 계시지.
크크, 아무도 안 보겠다?
이것들을 이렇게 슬쩍…?
네 죄도 하나님이 다 알고 계셔. 그러니 제발 그분께 손을 뻗어 회개하고 도움을 구하라고! 죄와 악을 멀리 버리란 말이야.
위이잉
헤~ 다 보고 계셨어요?!
1:31:45
IN
그러면 괴로움을 잊고 더 이상 두렵지 않게 될 것이며,
저의 죄를 전부 내려놓습니다.
그 속옷은 훔친 것 아니냐?
네 삶도 대낮처럼 밝아지고 네 어둠은 아침처럼 밝아질 거야.
어머나, 갑자기 밝아지면…?!
그러나 악한 자의 길은 캄캄해서 도망갈 곳을 찾지 못하고 그의 소망은 죽는 것뿐이지.
너처럼 말이야.
뭐??!!
내가 죽는 것을 소망했기 때문에 악인이라는 거냐?
흥, 어서 주님께 잘못을 고백하고 용서를 빌라고!
12장 친구들에게 대답하는 욥
흥, 너희들만 지혜롭다고 생각해? 너희들이 죽으면 이 세상 지혜는 다 없어지겠구나, 응?
뭣?! 지금 비꼬는 거냐?
하나님을 너희가 아는 만큼 모르는 사람이 있다고 생각해?
너!
흥, 너희는 의로운 사람에게도 재앙이 덮친다는 사실을 알아야 해! 착한 사람도 발밑이 미끄러우면 넘어져 다칠 수밖에 없다고.
그럼 넌 의로운데 재앙이 닥쳤다는 거냐?
고집 불통이네, 정말.
패려줄까!
반면에 하나님을 화나게 하는 악한 자들이 평안하기도 하지. 그들은 심지어 하나님을 자기 멋대로 주무를 수 있다고 생각해.
크하하! 오늘도 한 건 제대로 했어.
역시 하나님은 우리 편이야!

욥기

땅과 들짐승과 새, 물고기들에게 물어봐!
누가 나에게 고난을 주신 거지?
바보냐?!
물어볼 걸 물어봐라.
하나님이잖아.
나의 고난을 그분이 주신 걸 누가 모르겠어? 이 세상 모두가 다 알고 있다고!!
그럼, 그럼.
하나님은 전지전능하시니 무슨 일이든 할 수 있어.
그 어떤 것도 그분이 하시는 일을 막을 수 없지.
그분이 비를 안 주시면 가뭄이 들고 큰 비를 주시면 홍수가 나지!
누가 하나님이 하시는 일을 막을 수 있겠어?
아, 이제 비가 좀 그쳤으면 좋겠어요.
이 모든 건 다 하나님이 하시는 일이란다.
쏴아아아
왕이나 귀족, 제사장 같은 통치자들도 그분에게서 벗어날 수 없지.
바둥 바둥
아이고!
나라를 잘되게도 망하게도 하시고, 왕의 지혜를 빼앗기도 하시며, 비틀거리게도 하시지.
크헉!
쿵
헉! 저, 전하!
13장 친구들을 질책하는 욥
너희들이 아는 건 눈으로 보고 귀로 들어서 나도 알아. 내가 너희들보다 못하지 않으니 제발 그 입 좀 다물어!
흡!!
너희들이 감히 하나님을 아는 척 하면서 너희들 멋대로 주무를 수 있다고 생각해? 엉?
뭐라고? 그럼 우리가 악인이라는 거야?
너희들의 교훈은 냄새나는 쓰레기더미 같고 너희들의 주장은 비 오면 무너지는 흙더미 같아.
쓰, 쓰레기라고…!!
그러니 닥치고 내가 말할 수 있도록 내버려둬. 무슨 일이 일어나든 내 문제니까 되지도 않은 헛소리는 이제 그만하라고!!
크앙
움찔

나는 그분을 굳게 믿고 의지하니 그분 앞에서 말할 거야. 비록 주께서 나를 죽이신다 해도….
아, 그래, 잘해 봐!
행운을 빈다.
쳇!
오~ 주님, 오직 두 가지! 고통과 공포를 없애 주십시오. 그러면 제가 주를 피해 숨지 않겠습니다.
제 허물과 죄가 얼마나 많은지 알려주십시오. 왜 저를 원수처럼 대하시는 건가요?
흥
주님께서 제 발에 족쇄를 채우시고 제가 어렸을 때 지은 죄까지 기록하셔서 벌하시니 제 몸은 썩어 문드러졌고 제 피부는 좀먹은 옷 같습니다.
떡 떡
세 살 때 호박에 말뚝 박고!
컥!
히죽.
철퍼덕
다섯 살 때 똥 싼 놈 뭉개고!

14장 삶을 저주하는 욥

여인에게서 태어난 사람은 수명이 짧을 뿐 아니라 삶 또한 고난으로 가득 차 있습니다.
세월 참 빠르구나.
그런 사람을 주께서 살펴보시고 심판하시겠다고 하십니다.
어차피 죄 없는 사람은 없으니 심판을 받을 수밖에….
하지만 잠깐만 심판을 멈춰주세요. 일꾼이 밭에서 하루의 일을 마치고 쉬는 것처럼 잠시만 쉴 수 있게 해주세요.
바닷물이 증발하여 사라지듯, 강물이 말라 없어지듯 사람은 죽으면 사라집니다. 그리고 한 번 누워 죽으면 결코 그 잠에서 깨어나지 못하지요.
후두둑
그러니 제발 주님, 당신의 진노가 지나갈 때까지 저를 무덤에 숨겨주세요.

제가 무덤에 있다가 주님께서 저를 기억하셔서
부르신다면 아무리 힘들어도 대답하겠습니다.
욥아, 어디 있느냐?
여기 있습니다!
하지만 주께서 죽음에 대한
제 소망도 꺾으셨습니다.
저는 단지
썩어가는 몸의
고통만을 알 뿐입니다.

15장 엘리바스의 질책

자기가 지혜롭다 해놓고
왜 쓸데없는 소리를
늘어놓는 거냐? 이제
넌 하나님을 경외하지도
않는 거냐?
내 말은
그게 아니야.
하나님의 정의를
의심하고 불평하는 것이
바로 그 증거라고!
누가 의심했다고
그래?!
너를 죄인이라 하는 건 네 입이지
내가 아니다. 네 입술이 너에 대해
불리한 말을 하고 있다고!
요것 말이야, 요 입!
아야아야!
너만 지혜로운 건 아니야.
우리는 머리가 희끗희끗한 사람도,
자네 아버지보다 나이가
많은 사람도 알고 있어.
옳소!!
자꾸 까불지 마!
지금 너에게는 하나님의
위로도 소용이 없겠지. 네 눈은
분노로 가득 차 있으니….
쿠오오~
다 덤벼!!
너는 감히 하나님께
화를 내고 있잖아?!
크아아~!!!
하나님 보시기엔 저 푸른 하늘도
더러운데 하물며 죄악을 물 마시듯
하는 사람은 어떻겠어?
힝, 이렇게
보시겠지.
지금부터 내가 깨닫고
조상들에게 물려받은 지혜를
말해 줄 테니 잘 들어보라고!
흥, 지혜가 다
얼어 죽었나보다.
참 말 안 듣네.
때려줄까?
조상들이 내게 말하기를…,
악인은 항상 괴로움을
당하고 결국엔 멸망이
그를 덮칠 것이다.

악인은 잠시 번영하는 듯 보이기도 하지만 열매가 익기 전에 떨어지는 이 포도처럼 멸망할 거야.
왜냐하면 그들은 하나님의 뜻을 거스르고 그분께 교만하게 굴었기 때문이지.
하나님의 뜻에 따라 사는 것이 중요하단다. 알겠느냐?
네, 할아버지.
너희들은 계속 내가 죄를 지었기 때문이라고 하는군. 그런 말은 내게 위로가 아니라 괴로움만 줄 뿐이야.
양심이 있다면 괴롭겠지?
그럼 그럼.
이제 제발 그런 헛소리는 그만해라. 너희가 내 처지가 되면 나 역시 너희처럼 마구 퍼부으며 헛된 위로를 했을 것이다.
체~!
우리만의 애정 표현을 몰라주네.
아… 내가 어떤 말을 해도, 입을 다물어도 고통은 사라지지 않겠지.
비틀
주님, 주께서 저를 뼈와 가죽만 남아 지치게 하시고, 제 가족을 죽게 하셨습니다.
사람들은 내 뺨을 치며 조롱하고, 함께 모여 나를 공격합니다.
얼래리~ 쌤통이다!!
흥, 착한 척 하더니 쫄딱 망했네?!
평안하던 저를 부서뜨리시니 제 얼굴은 울어서 퉁퉁 불었고, 죽음의 그림자가 드리웠습니다.
제게는 악함이 없었고 항상 진실하게 기도했습니다. 그러나 이제 제 친구들까지 저를 조롱합니다.
흑 흑
우히히.
크크크.
아~ 죽기 전에 내가 죄가 없다는 것이 밝혀져 이들에게서 벗어났으면 좋겠다. 누가 나를 위해 주님께 간절히 기도해 주면 좋으련만!
이게 다 네 죄 때문이야!
누가 널 위해 기도해 줄 수 있겠어?
어서 회개나 하라고!

16장 불평하는 욥

욥기

17장 하나님께 호소하는 욥

이제 죽음이 가까워져 호흡이 거칠어지고 무덤만이 나를 기다리고 있구나!
오, 주님! 저를 위해 말씀해 주십시오. 제게 죄가 없다고 해줄 사람이 누가 있겠습니까!?
주님께서는 저를 웃음거리로 만들고 사람들이 제 얼굴에 침을 뱉게 하셨습니다!
아… 내 몸은 쇠약해져 그림자처럼 가볍구나.
둥실
너희들 중에서는 지혜로운 사람이 없으니 나중에 다시 와. 가, 가라고!
어허, 갑자기 왜 이래?
우리가 틀린 말 했나?
아… 좋은 날들은 다 지나갔고 내 소망과 생각은 다 끊어져버렸어!
저 친구가 왜 저러지?
그러게.
너희는 밤을 낮이라 하고, 내 삶은 고통으로 이렇게 어두운데 금방 괜찮아져서 낮처럼 될 거라고 해.
참내.
회개하면 낮이 될 텐데….
내 소망은 무덤을 집으로 삼는 거야. 빨리 죽어 그곳에 들어가면 얼마나 편하겠어?
흑흑흑, 내 소망이 어디에 있고 누가 나에게서 소망을 찾을 수 있을까?

tip 17장의 혼란스러운 문장

17장에서 욥의 말은 일관되지 못하다. 절망하며, 하나님께 호소하고, 친구들을 비난하며, 죽음을 동경하기도 한다. 이런 혼란스런 문장들은 일관되고 논리적인 생각을 하기 힘들게 된 욥의 상태를 보여준다.

18장 빌닷의 책망

도대체 언제까지 말장난만 할 거야?!
빡
꾸엑!
철퍼덕
넌 어째서 우리를 짐승 취급하고 어리석게 보는 거냐!?
너희들이 날 악인으로 보는 건 괜찮다고?

허허, 악인의 빛은 꺼지게 돼 있어.
바로 너처럼 말이야!
내가 이 꼴이 되었다고
그런 말을 하는 거냐?!
정말 해보자 이거지? 엉?
맞는 말인데, 뭐.
참내.
악인은 자기 발로 함정에
들어가기 때문에 공포로 인해
걸을 때마다 두려워하지.
아이고~.
죄악의 길
덜 덜
악인의 집은 망하고
그의 뿌리는 마르며
가지 또한 잘려져 나가지.
으아아아앙,
난 망했다!

결국 악인의 후손은 없어져서
그의 이름도 사라지게 돼!
그러니까
내 자식들이 모두
죽었으니 내가
악인이란 말이야?
그게 아니라 악인의 집은 반드시
그렇게 되는 운명이라는 거야.
하나님을 무시하는 자들의
미래가 그렇다고.
그런
지독한 말을
잘도 하는구나!

tip 빌닷의 말

빌닷은 악인이 어떻게 파멸하는지 말하고 있다. 욥이 고난을 당하고 자녀들이 죽은 것을 악인의 파멸에 비유하고 있는 것이다. 빌닷은 이제 위로의 차원을 넘어 비난과 질책, 심지어 저주의 발언까지 서슴없이 욥에게 퍼붓고 있다.

19장 친구들의 잔인함을 말하는 욥

너희들은 내 마음을 이렇게
갈기갈기 찢고 모욕하고도
부끄러워하지 않는구나!
우리가 뭘?
틀린 말
한 게 아니잖아?

설령 내가 잘못을 했어도 너희들과는
상관이 없어!! 지금 당하는 고통만으로도
충분하니 더 이상 나를 괴롭히지 말라고!
괴롭힌다고!?
다 널 위해
하는 말이야!
우리 맘을
너무
몰라주는군!

내가 고통으로 부르짖어도
응답이 없고, 도움을 요청해도
해결해 주지 않으시는구나!
휴~
하나님! 제가 받는 고통이
제가 지은 죄보다 너무 큽니다.
아직도 정신을 못 차렸군.
또 하나님께 불평하다니.
발악을 하네
발악을, 끌끌~.
주께서 나의 영광을 가져가시고
길을 어둠으로 가리셨어. 그리고
나를 원수처럼 대하시니
난 이제 죽을 거야.

내 형제들과 친척들이 모두 나를 외면하며 떠났지. 한 가족처럼 지내던 종들조차 나를 모른 체하고, 불러도 대답조차 하지 않으니 도움을 구할 수도 없어.
어서 가자.
우리까지 불똥 튈라.
형제들조차 내 옆에 오길 싫어하고 내 아내는 내가 숨 쉬는 것조차 싫어해.
아, 아니 너희들까지 이러기냐?
저, 저리 가세요!
저런 꼴로 다가오다니….
크윽, 아이들까지 나를 멸시하고 비웃는구나.
거지 욥이다! 얼래리꼴래리~!
가까운 친구들도, 사랑하던 사람들도 나를 미워하고 공격하고 있지.
퍽
퍽
내게는 뼈와 가죽만 남았고 잇몸으로 겨우 연명하고 있건만….
비틀
나의 친구들아! 너희는 제발, 제발, 나를 불쌍히 여겨다오. 하나님의 손이 나를 치셨으니….
갑자기 왜 이래?
우리가 진짜 나쁜 놈 같잖아!
그렇게 나를 괴롭히고도 부족한 거냐? 마치 하나님처럼 나를 핍박하더니…. 아직 성에 안 차나보구나.
우, 우리가 언제 자네를 핍박했다고…?
아, 내 말이 기록되어 책으로 남겨진다면! 바위에라도 새겨져 영원히 남겨졌으면 좋겠어.
그래서 나의 이런 사정을 후손들이라도 알았으면…!!
나의 하나님은 살아계시니 그분이 결국에는 이 땅에 오실 거야. 그리고 나를 변호해 주실 거야!
내 살이 다 썩은 뒤라도 그분이 오시면 나는 새로운 육체로 하나님을 보게 될 거야.
그때 내 두 눈으로 그분을 직접 바라볼 걸 생각하니 벌써 기대감으로 가슴이 두근거리는구나.
두근
두근

욥기

너희는 내 고난의 원인이 죄 때문이라고 했지? 그러나 내게 죄가 있다고 단정한 너희가 심판을 받게 될 거야.
죄는 자네가 짓고 왜 우리가 심판을 받나?
뭐?! 우리가 심판을 받는다고?
흥, 말도 안 되는 소리!
20장 소발의 두 번째 말
흥, 모욕을 당하니 나의 슬기로운 마음이 너에게 답변하란다!
악인의 승리는 짧고 기쁨은 순간이다!
인간아, 또 그 소리냐?
네가 말을 안 들으니까 그렇지!!
악인은 아무리 뛰어나도 불에 타 없어지는 가축의 똥처럼 아무 흔적 없이 사라지지.
화르륵
악이 달콤해서 입속에 숨긴다면 그 악은 뱃속으로 들어가 뱀의 독으로 변할 것이네.
자, 꿀물이야, 쭉 마셔.
결국 악인은 뱃속에 있는 독사의 독으로 죽게 되지.
크윽! 스, 습관적인 죄의 결과가 이런 건가.
악인은 가난한 사람을 돌보지 않고 억압하며 빼앗지.
흐흐, 죽을래? 줄래?
흑흑흑.
덜덜덜
하늘이 그의 죄악을 드러내고, 땅이 그들을 공격하며 불꽃이 악인의 모든 것을 태울 거야. 하나님께서 정하신 악인의 운명은 이렇단 말이지.
쿠르릉
으악!
콰
쾅
악인은 만족할 줄 모르고 욕심이 가득해서 아무것도 놓지 않으려 해.
히히, 다 내 거야!!
그러나 하나님이 그 모습을 보고 진노하시고 그를 치시지.
쿠르르르
응? 무슨 소리가…?
욥기

※가축의 똥: 연료로 쓰였음.

21장 소발에 대한 욥의 답변

난 악인처럼
살지 않았어.
꼭 그런
식으로
말해야 하나?
악인들이 멸망할 거라 하지만 어떤 악인들은 오랫동안
잘살고 권세를 누리지. 그들의 집에는 공포도,
하나님의 징계도 없으며 자식들도 잘돼.
아버지, 오늘
제가 뺏어온
재물들이에요.
으하하~
우리 집안이 날로
번창하는구나!
심지어 그들의 가축들도 새끼를 잘 낳고, 그들의 자녀들은
양 떼처럼 춤추고 뛰놀며 음악에 맞춰 노래하며 즐거워해.
메에에
까르르
악인들은 이렇게 잘 지내다가
편안히 무덤으로 내려간다고.
흐흐, 왜 꼽냐?
나는 하나님의 진리를 알고 싶은
마음이 없어. 하나님이 누군데
우리가 섬겨야 해? 그에게
기도해서 얻을 게 있기나 해?
난 이런 악인들과는
생각부터 다르기 때문에
악인이 아니란 것이고….
하나님께서 저 악인들에게 화를
내시며 파멸을 주셨어? 그들에게
재난을 주셨어?
큭큭, 재난은 무슨.
잘 먹고 잘 살다 편히
죽었는데, 뭘.
너희는 '하나님께서 죄를 쌓아 두셨다가
자식들에게 갚으신다'고 하지만, 죄를 지은
당사자에게 갚아주어야 깨닫지 않겠어?
내 인생은 행복하고
성공적이었어. 그러니
난 뛰어난 의인이지!
후후후~.
반면에 어떤 의인은 한 번도 좋은 것을
누리지 못하고 고통 가운데 죽어.
나는 나쁜 일 한 번
한 적 없는데 이렇게 춥고
배고프게 죽는구나….

심지어 어떤 악인은 죽어서도 많은 사람들이 무덤에 다녀가고 빈소를 지켜주는 행운을 누려. 이런 건 어떻게 설명할 건데?
이렇게 훌륭한 분이 돌아가시다니….
그러게.
그러니 내가 고난을 받는 이유가 악인이기 때문이란 말은 모두 엉터리야.
윽!
마, 말은 잘한다.

22장 욥의 죄를 비난하는 엘리바스

그럼, 너는 경건한데 그분이 심판하셨다는 말이냐?
그건 말도 안 되지! 네가 고난을 당하는 건 네 악이 크고 많기 때문이야!
도대체 내가 무슨 악한 일을 했다는 건지….
너는 형제의 물건을 이유 없이 저당잡고 헐벗은 사람들의 옷을 벗겼어!
아이고, 그걸 다 가져가면….
야, 이 도둑놈아!
흥!
목마른 사람에게 물을, 굶주린 사람에게 빵을 주지 않으면서 고귀한 척 살았지!
제발 물과 빵을 조금만 나눠주세요.
흥! 메롱이다.
그런 짓을 했으니 이런 고난을 당하는 거 아니겠어?
맞아, 맞아.
와~ 미쳐. 돌아버리겠네!
너는 심지어 먹구름에 가려 하나님이 보실 수 없어 의를 행하시지 못한다고 했어. 그건 하나님의 전지전능하심을 부정하는 거야!
허걱!!
휘청

난 단지 선한 자와 악한 자가 똑같이 고난받는 것을 이해할 수 없다고!
아, 됐고!
너 또한 악인처럼 하나님을 무시한 거라고!
나쁜 놈.
결국 악인은 멸망당할 것이고 의인은 기뻐하며 악인을 조롱하게 될 거야.
꼴 좋다!
악인이 망했구나!

회개를 권하는 엘리바스

자, 이제 하나님 앞에 엎드려 그분과 화해하게. 그분께 돌아가면 좋은 일이 일어날 거야.
크으으~ 미쳐, 미쳐!
부들 부들

욥기

하나님과 화해하는 조건은 다음과 같아.
*화해의 조건
1.하나님의 교훈을 마음에 두는 것.
2.하나님에게 돌아가는 것.
3.욕심을 버리는 것.
또 하나님과 화해하면 다음과 같은 복을 받게 되지!
*복
1.기도에 응답을 받음
2.하는 일이 뜻대로 잘됨
3.하나님께서 높여주심
4.죄에서 구원받음

23장 욥의 답변

아이고, 삭신이야~.
내가 받는 벌이 너무 혹독해 원망도 깊구나.
쿨럭
쿨럭

어디 가면 하나님을 만날 수 있을까? 그분이 계신 곳에 갈 수만 있다면 그분 앞에서 내가 죄가 없다는 것을 말할 수 있을 텐데.
입력하신 '하나님이 계신 곳'을 찾을 수 없습니다.
그분은 내 말을 귀 기울여 들어주실 거야. 그분과 얘기하면 나는 영원한 심판에서 구원받을 거야.
도대체 어디로 가야 그분과 만날 수 있을까?
나는 그분의 명령을 어기지 않았고, 항상 그분의 말씀을 귀하게 여겼지.
그런데 왜? 왜?

아! 그래!
바로 그거야!
탁
하나님이 나를 위한 어떤 계획을 가지고 있기 때문이야!
나는 나의 죄 때문에 고통을 받는 게 아니었어!
뭐?!
어이없어.
이 고집불통아!

tip 욥의 변화

자신을 정죄하던 엘리바스에게 항변하기 위해 욥은 자신의 의로움을 밝히고 있었다. 그러던 중 자신이 고난에 처하게 된 까닭에 분명한 하나님의 뜻과 섭리가 있을 거라는 깨달음을 얻고 확신을 갖게 된다.

아! 그, 그런데 하나님의 계획으로 인해 얼마나 더 큰 고난이 닥칠지 모른다… 고난이 더 심해진다면?

24장 악인에 대한 심판

어째서 하나님은 심판의 날을 정해 놓지 않으셨을까? 그날이 언제인지 알면 조금은 위로가 될 텐데! 이잉~.
혼자 웃다가 울다가….
자알~ 한다!

악인은 여전히 땅과 양 떼, 고아의 나귀와 과부의 소를 빼앗지!
이제부터 이건 내 거야. 알았어?
흑흑.
살인자들, 간통하는 자들, 도적질하는 자들은 모두 칠흑 같은 어둠에 익숙해져서 악을 행하고도 무사하지.
흐흐, 드디어 영업시간이 됐다.
어둠은 우리의 친구지.
하지만 가난한 사람들은 숨기 바쁘고 입고 덮을 것이 없어서 밤새 추위에 떨고 병자들은 신음하며 부르짖지만 하나님은 대답하지 않으셔.
으, 추워.
배고파.
그러나 결국 악한 자들은 더위가 물을 말리듯, 죽음이 삼켜버릴 거야. 그리고는 아무도 그들을 기억하지 못할 거야.
하나님은 악인들을 끌어내리시지. 그들이 아무리 높은 위치에 있다 해도 아무 소용없어.
하나님은 악인들에게 잠시 평안을 허락하시지만 그들은 순식간에 사라지고 곡식 이삭처럼 베임을 당할 거야.

25장 빌닷의 답변

권세와 위엄은 하나님께 있지. 그분은 하늘 높은 곳에서 질서를 세우시고, 그분의 군대는 셀 수 없이 많지.
하나님에겐 달도 별도 깨끗하지 않아. 그런데 그 어떤 존재가 감히 하나님 앞에서 '나는 의롭고 깨끗하다!' 고 말할 수 있겠어?
당연히 없지!

하물며 구더기 같은 인생, 벌레 같은 사람이 어찌 깨끗하다 하겠어?
그러니 이제 그 지겨운 죄 없다는 주장은 그만하고 회개하란 말이야!
아, 정말 나도 더 이상 말하기도 지겹다.
26장 욥의 답변
하나님 앞에선 죽은 자들도 두려워 떨지.
그분 앞에서는 죽음도 드러나고 멸망도 숨길 수 없다고!
하나님은 하늘을 허공에 펼치시고 땅을 공중에 매달아 놓으시며 구름 속에 물을 넣으시고 자신의 보좌를 구름으로 가리시지. 또한 빛과 어둠을 구분할 수 있도록 바다에 경계선을 그어 두셨어.
쿠르릉
그분은 권능으로 바다를 잠잠하게 하시고, 숨결로 하늘을 맑게 하시고, 지혜로 라합을 쳐부수며, 날쌔게 움직이는 뱀을 찌르시지.
크아아아
쿠구구궁
이 모든 것들은 그분이 하실 일들의 시작일 뿐이야! 우리가 그분에 대해 들어 아는 것은 극히 일부야.
이게 코끼리야.
그러니 누가 그분의 엄청난 천둥소리를 이해할 수 있겠어?
꽈광
마른 하늘에 웬 날벼락?
27장 자신의 의를 주장하는 욥
이제 나는 내 권리를 빼앗으시고 내 영혼을 힘들게 하신 하나님의 살아계심을 두고 맹세하겠어!
회개하라니까 웬 맹세?

※라합 : 바다의 용을 가리킴. 악의 세력을 상징함.

내게 생명이 있는 동안 결코 악이나 거짓을 말하지 않겠다. 나는 죽을 때까지 내 양심을 버리지 않고 무덤까지 가져갈 것이다! 내 의로움을 결코 굽히지 않겠다.
허참, 고래 힘줄보다 더 질긴 놈일세.
대책이 없군.
또한 나를 미워하는 자는 죄인같이 망하고, 내 원수는 악인같이 망하기를 원한다.
설마 우리한테 하는 말은 아니겠지?
우리보고 하는 말이잖아!
저놈을 그냥~!!
만약 악인이 재앙을 당해 울부짖는다면 하나님께서 그 소리를 들으실까?
안 들으시겠지.
으악! 어차피 우린 기도하지도 않잖아!
난 저런 놈들과 다르다고. 그런데 너희는 내게 닥친 고통과 재난만 보고 나를 악인처럼 대했어.
흥!
사실을 말했는데 뭐!
너희는 하나님에 대해 안다면서 쓸데없는 말로 나를 괴롭혔지. 이제 내가 하나님의 능력을 가르쳐 줄 테니 들어보라고!
푸헤헤~.
죄인이 무슨…!!
우선 악한 자들이 하나님께 받는 벌을 세 가지로 정리해 주겠어.
첫째, 악인의 자손들은 모두 전쟁과 굶주림, 전염병에 죽고 그들의 아내는 그 재앙으로 울지도 못할 거야.
둘째, 악인의 재물은 결국에는 빼앗기거나 없어지게 되지.
부당한 재산은 몰수다!
셋째, 악인은 재앙을 당해 비참하게 망하고 조롱과 비웃음을 받게 돼.
제, 제발 도, 도와줘.
못된 짓만 하더니 꼴 좋다.
28장 지혜는 하나님의 선물
너희들은 지혜에 대해 알아?
지혜란 것이, 그러니까….
갑자기 웬 지혜?
사람들은 땅속 깊이 구석구석 찾아 광석을 캐내지.
금덩어리야, 기다려라!
떡
떡

욥기

사람들은 돌산을 깨고 댐까지 만들어 강물을 막아가며 필사적으로 숨겨진 보물을 찾아내지.
금! 금! 곧 금이 나올 거야!
퍽
하지만 지혜와 총명은 금이나 은으로도 살 수 없어. 그것은 어떤 보석과도 바꿀 수 없지!
하나님, 이걸 다 드릴 테니 지혜와 총명을 파세용~.
그건 판매 거절이다!
여기서 문제! 그렇다면 지혜와 총명을 어떻게 구할 수 있을까?
그게 구한다고 구해지는 거냐?!
우릴 희롱하는 거냐?
번지르하게 말만…!
오직 하나님!
하나님만이 지혜의 길을 아시고 총명이 어디 있는지 아시지.
호…!
오, 그, 그렇군!
하나님은 바람의 무게도 재시고, 비에게 명령하시며, 천둥에게 길을 지시하시는 분이니까 말이야.
*명령서
발신: 여호와
수신: 바람, 비, 천둥
1. 바람은 다이어트 잘 하고 있느냐? 몸무게 변화를 보고하라.
2. 비는 아무때나 질질 흘리지 말고 명령한 곳에 정량만 뿌려라.
3. 1차 경고, 천둥은 나 잠잘 때 자꾸 시끄럽게 굴면 재미없다.
세상을 창조할 때 하나님은 지혜를 칭찬하시고, 튼튼하게 세우시고, 시험해 보셨지.
너를 지혜로 임명하노라!
임명장
다시 묻지! 그럼 지혜와 총명이란 무엇인가?
아, 그, 그게….
험, 지혜는 지혜요, 총명은 총명이라….
검색해 볼까?
주님을 경외하는 것, 그것이 바로 지혜며 악을 떠나는 것이 총명이다!
오오~.
내, 내 말이 바로 그거야!
흥, 잘난 척 하더니 이런 것도 몰라?
험험.
그래, 너 잘났다.
29장 과거의 행복을 회고함
하나님께서 나를 지켜주시던 그 옛날이 그립구나.

그때는 하나님과 친밀한 사귐이 있었고, 내 발은 소의 젖으로 흠뻑 젖고 반석에서 기름이 시냇물처럼 흘러내렸지.
하 하 하

tip 젖과 기름

소의 젖으로 발을 씻었다는 말은 욥의 생활이 풍요롭다는 것을 상징한다. 또한 반석에서 기름이 흘러내렸다는 말은 기름 또한 많이 소유한 엄청난 부자였다는 말이다.

성문에 나가면 젊은이들이 길을 비키고 노인들이 경의를 표하며 내가 지나갈 자리를 만들었지.
욥 어르신, 안녕하신가요?

높은 귀족들은 그들의 입을 가리고 내가 판결하는 소리에 귀 기울였지.
에~ 이번 안건은….
노래나 한 곡 해요!

tip 욥의 사회적 위치

고대 사회에서 성문은 정치, 경제의 중심 무대로 재판과 토론 등의 공적인 일들이 이루어지는 곳이었다. 따라서 욥이 재앙을 당하기 전에는 백성들에게 존경받는 지도자로서 그들이 제기한 문제에 대해 재판하고 판결하는 장로의 역할을 했다는 것을 알 수 있다.

또한 나의 판결에 모두가 감동하며 축복했어.
오~ 기가 막히군.
앵콜~!
와 아 아
나는 악인을 혼내주고 괴롭힘 당하는 사람을 구해 주었어.
슈퍼 욥이다!
맙소사!
또한 고아와 과부들을 도왔으며 장님에게는 눈이, 다리를 저는 사람에게는 다리가 되어주었지.
와~ 산타 욥이다!

그때 난 의로움이 옷을 입고 정직함을 관처럼 쓰고 하나님의 은혜와 축복으로 풍성한 삶을 누렸지.
선물이다!
만세~
이건 내 거다!
하 하 하
하 하 하
나는 언제나 영광스러운 존재였어. 내 힘은 계속 커져 왕처럼 사람들을 지도했고 슬퍼하는 자들을 위로해 주었지.
우아앙~ 내 건 없어!
두 개 가져간 녀석이 누구냐?
깔 깔 깔

그런데 이제는 '양 지키는 개' 보다 못하다고 생각했던 자들의 자식들이 나를 조롱하고 괴롭히는구나.
나보다 어리고, 아무 능력도 쓸모도 없고, 배고픔과 가난으로 마른 자들이 말이야.
어이, 욥. 밥은 먹고 다니냐?
툭 툭
킥킥, 에구구~.
쫄딱 망했구나? 어쩌냐, 응?
이름도 없는 미천한 자들, 도둑 취급을 받아 고향에서 쫓겨난 그런 자들의 조롱거리가 되다니….
야, 임마. 먹을 거 있으면 좀 내놔 봐라, 응?
그런 게 있을 턱이 있냐, 왕거지가….
퍽
먹을 것도 없고 심심한데 이 놈이나 두들겨 패면서 놀자.
줘, 줘. 나부터 할게.
헉!
이 낮고 비천한 무리가 내게 침을 뱉으며 죽이려는구나!
으아아
푸하하! 도망가잖아!
거기 서지 못해?!
내 영광과 행복은 구름처럼 사라졌구나. 나는 그저 공포에 질려 있어.
헉헉
밤이 되면 뼈가 쑤시고, 고통이 쉬지 않고 들이닥쳐!
주님께 부르짖어도 응답하지 않으시고 오히려 더 큰 고통을 주시지.
쿨럭
가난하고 약한 자들을 불쌍히 여기고 그들을 위해 울어 주었지만 나를 도와주는 사람은 아무도 없어.
아오오
쿨럭
저 이리나 나나 외롭기는 마찬가지구나!
나는 고통 가운데 있고 피리 소리는 통곡으로 바뀌었어.
쿨럭 쿨럭

31장 자신의 결백을 주장하는 욥

악을 행하는 자에게는 언제나 재앙과 불행이 닥치기 때문에 난 항상 조심했어.
으아악

나는 거짓을 말하지도 않았고 다른 여자를 엿본 적도 없어.
너도 한번 해봐. 무지 재미있어. 킥킥.
아이스께끼!
싫어. 난 그런 짓 안 해.
엄마야!!

내 종들이 나를 원망할 때 그들의 얘기에 귀 기울여주었지.
너, 나한테 불만이 많은가보다? 응?
아, 아니 그게 아니라….
나는 고아나 과부, 가난한 사람들을 돌봐주고 도와주었어.
차, 창고가 거덜났습니다.
그래서 망하겠느냐? 기둥까지 뽑아주지!
아이고, 잘~ 먹었습니다.
만약 내가 도움이 필요한 사람에게 등을 돌리거나 그들을 심하게 괴롭혔다면 내 어깨가 떨어져 나가고 팔이 부러져도 당연할 거야.
자, 어깨하고 팔이라고 했겠다?
ㅎㅎ
아이고, 마, 말이 그렇다는 거지.
황금을 의지하거나 믿지도 않았고, 해와 달을 섬기지도 않았어.
원수가 망했다고 좋아하거나 저주한 적 또한 없어.
놀부네가 폭삭 망했다니 축하한다고 이걸 전해 주거라.
아… 네.
내 종들은 고기로 배기 불렀고 나그네나 여행객들은 후한 대접을 받았지.
주, 주인님. 또 창고가….
그걸 이제 말하면 어떡해!
아, 하나님께 내가 한 일들을 말씀드릴 수만 있다면 당당히 그 앞에 나갈 수 있을 텐데.
난 남을 착취하거나 인색하지 않았고 생활규범을 충실히 지키며 정직하게 살았는데….
우리의 영원한 물주
욥 오빠 사랑해요!
Legend Job

욥기

32장 엘리후의 출현

욥이 스스로 의롭다고 하자 람 족속의 부스 사람, 바라겔의 아들 엘리후는 화를 참을 수 없었어.
참내, 끝까지 우기는군.
할 말이 없다.
난 포기.
스윽
하나님 앞에서 자기가 의롭다고 하다니 거 무슨 망발이오!
엘리후

tip 엘리후

엘리후는 하나님을 성실하게 믿는 가정에서 태어난 듯하다. 엘리후란 '그는 나의 하나님'이라는 뜻이다. 엘리후는 아마 욥과 친분이 있었던 우스(욥이 살던 땅의 주인)의 친척으로 욥이 재앙을 당했다는 소식을 듣고 위로하기 위해 와서, 욥의 다른 친구들이 변론하는 동안 듣고만 있었던 것으로 추측된다.

그는 세 친구들이 욥의 말에 제대로 대답하지 못하는 것에 화가 났지.
저보다 나이가 많은 분들이라 지혜로운 말을 하실 거라 기대했는데, 영 아니군요.
오잉?

여러분 중 누구도 욥의 주장을 제대로 반박하지도 못했고, 대답 또한 못했습니다.
뭐야?
이놈 말이 말이여, 당나귀여?
어린 놈이 도전이냐?
반항이냐?
엉?

제 마음속엔 터질 것처럼 할 말이 가득 차서 말을 해야 속이 후련해질 것 같네요.
저는 결코 누구의 편도 들지 않고 객관적으로 말하겠습니다.
아이고, 네네~.
잘해 보슈.
행운을 빈다.

33장 욥에게 말하는 엘리후

욥 어르신! 제 말을 귀 기울여 들어주십시오. 저도 당신과 똑같은 피조물입니다.
하든가 말든가.

하나님의 영이 나를 만드셨고 저는 그 하나님의 지혜를 빌어 얘기하겠습니다.
아, 네네~ 맘대로 해보세요.

저는 당신을 두렵게 하거나 권력으로 짓누를 수 없으니 할 수 있으면 얼마든 반박해 보세요.
알았으니 빨리 말이나 하라고!

아, 네….
다, 당신은 결백하고 아무 잘못이 없는데도 하나님이 마치 원수처럼 대한다고 했습니다.
맞죠?
천만에!!

이런 재앙을 받을 만큼
죄를 짓지 않았다고 말했어.
하나님께서 잘못 일을 하신 건
아닌지 공정한 재판을….
공정한
재판이요?
당신의 주장은
잘못되었습니다!
하나님이 하시는 일에 대해
감히 잘못하신 거 아니냐며
재판을 받겠다는 바로 그
생각이 문제인 겁니다!
또한 당신은 하나님께서
대답하지 않으신다고
불만을 터뜨렸습니다!
아, 그, 그건
말이야….
하지만 하나님은 꿈이나
환상으로 여러 번
대답해 주십니다.
욥아, 욥아!
욥은 내 말을
들어라!
사람이 귀를 열어 듣게 해주십니다.
단지 그가 깨닫지 못하는 것뿐이지요.
욥아 어디 있느냐?
그거
무너진다!
음냐 음냐.
회개를 기다리시는 하나님
때때로 그분은 사람이 깨닫게
하시려고 고통과 뼈가 쑤시는
아픔을 주십니다.
와
르
르
꽤애액~!
죽기 직전에야 비로소 자기 잘못을 깨달아 알게 되면
그를 불쌍히 여겨 천사를 보내 살려주시지요.
아이고,
잘못했어요.
살려주세요~!
하여간 매를
번다니까!
그러면 그는 하나님께
기도하며 찬양할 것입니다.
오오, 하나님이
나를 구해 주셨다!
하나님은 자주 이렇게
사람들을 다루시지요. 고난을
통해 단련하시는 겁니다.
정신!
헉 헉
극기훈련
통일!!
욥 어르신! 할 말이 없으시면,
제가 계속 지혜를 가르쳐드리지요.
일단 한번
들어보자고.
휴~

욥기

34장 욥의 문제를 말하는 엘리후

지혜롭고 학식이 많은 분들이여, 제게 귀를 기울여주십시오! 무엇이 옳고 무엇이 선한 일인지 알아봅시다!!
짠~
욥 어르신이 이렇게 말했죠!
나는 의로운데 하나님께서 나를 옳지 않게 여기시고 죄가 없음에도 나를 쳐서 죽이려 하신다!
또한 하나님을 기쁘시게 하는 일이 소용없다고까지 말하며 하나님의 의로움을 물 마시듯 헐뜯고 방해했지요.
헉
말도 안 돼!! 내가 언제…?!
그랬잖아!
이노옴~!
네 죄를 네가 알렸다!
하나님은 절대로 악을 행하거나 잘못을 행하지 않으십니다. 그런데 의롭고 전능하신 하나님을 당신이 잘못되었다고 말하는 겁니까?
그런 게 아니라고 했잖아!
흥! 감히 하나님을 정죄하다니요!
킁!
하나님은 귀한 사람이라고 더 잘해 주시거나 부자를 가난한 사람보다 더 낫게 여기지 않으십니다.
난 왕인데 왜 똑같이 줘?
여긴 원래 그래.
그분은 모든 걸 아시고 사람들을 살피시니 악인들이 숨을 곳은 어디에도 없습니다.
여긴 모르겠지?
위잉
그럼, 하나님도 모를 거야!!
주님이 악인을 치시는 이유는 그들이 주님의 말씀을 따르지 않기 때문이며 고통당하는 하나님의 백성들을 보호하기 위함입니다.
끼리릭
모든 지혜 있는 사람들이 내게 '욥이 무식한 말을 하니 그는 지혜가 없다'고 합니다.
욥은 무식하고 지혜가 없다네~ ♪!
나는 당신이 자신의 죄를 인정할 때까지 벌을 받아야 한다고 생각합니다. 당신은 죄를 인정하기는커녕 오히려 하나님을 모독하며 대적했기 때문입니다.
옳소!
무릎을 꿇어라!
아아~ 돌아버리겠네.

35장 사람의 무익함

욥이여, 당신이 하나님보다 의롭다는 주장을 계속하시겠습니까?
글쎄, 나는 그런 주장을 안 했다니깐!
당신이 의롭다 한들 하나님께 무슨 이익이 있으며 죄를 지었다 한들 무슨 손해가 있을까요?
당신의 의로움이나 죄에 영향을 받는 것은 오직 인간들이지요.
그런 것쯤은 나도 안다고!
사람들은 억압을 받으면 하나님께 부르짖습니다. 하지만 세 가지 이유로 응답받지 못하지요.
첫째, 구원과 지혜를 주시는 하나님을 확신하지 못하기 때문입니다.
하나님이 우릴 구해 주실까?
그렇게 믿음이 없으면 안 구해 주시겠지!
둘째, 악인과 같은 교만한 자세로 부르짖기 때문이며,
구해 주시면 앞으로 착하게 살겠습니다.
제발!
나중에야 어찌되든 일단 나가고 보자.
마지막으로 회개함이 없기 때문입니다.
저는 착하게 살았는데 왜 이런 고통을 주십니까?
저도요.
알겠어요? 당신이 고난을 받는 것이 바로 그 모든 증거지요.
뭐야?!
당신은 하나님이 악인에게 벌을 주지도 않고 악한 일에도 관심이 없다고 생각하지요?
아니라니깐!! 내 말 들어봐!

36장 하나님의 의로우심

뚝!! 내 말을 좀 더 들어요. 하나님을 대신해서 할 말이 더 있습니다.
읍!
창조주 하나님의 의로우심에 대해 말하겠습니다. 하나님은 전능하시고 힘과 지혜가 무궁무진하지요.
당연하지….
털썩
하나님은 때로 고난을 통해 죄를 알게 하십니다.
그렇지만 난 고난 받을 만큼 큰 죄를 짓지 않았다고….

그분은 마음을 돌려 회개하면 평안을 주시지만,
그렇지 않을 경우 칼을 보내 망하게 하시지요.
하나님은 경건한 자들이 고난당할 때는 구해 주시고 평안을 주시지요.
으악, 나도 살려줘!
쏴 아 아
당신은 악인이 받아야 할 공의로운 심판을 받고 있습니다. 이런 심판 중에 조심할 것이 있습니다.
쏴 아 아
뭐? 그, 그게 뭔데?
고난 중에 하나님의 진노에 빈정거리며 대들지 마십시오.
그럼, 그럼.
건방지게 말이야!
꿍!
어떤 부르짖음과 부유함도 당신을 구할 수 없지만 그래도 죽음을 바라지는 마십시오.
그, 그런가?
턱
또한 괴롭다고 해서 하나님께 대적하는 죄를 더 이상 짓지 마시길 바랍니다.
쏴 아 아
난 하나님께 대적하지 않았어.
탁
하나님이 하신 모든 일을 찬송하십시오. 고통 속에서도 그분이 하신 일을 찬양해야 합니다!
아, 그게… 너무 고통스러워서 찬양은 못 했지!
끙
하나님은 물방울을 끌어올려 비가 되게 하시고 구름 속에 쌓아 두셨다가 선한 사람들에게 풍성하게 쏟아주십니다.
쏴 아 아
하지만 그분은 악인을 향해서는 정확히 번개를 던지시지요.
파 지 직
꺄오오오!!
하나님은 너무도 위대하셔서 우리는 그분을 알 수 없지만, 그럼에도 그분이 하신 일을 보지 못한 사람은 없습니다.
나도 그렇게 생각하네.
푸우~
이 비는 주님께서 선한 사람들에게 내리시는 축복이야.
올해도 농사가 잘되겠군요.
이렇게 하나님은 백성을 심판하고 다스리며 음식을 공급해 주십니다.
이제 알겠어요?
끽 끽
으~.

37장 하나님의 역사와 능력

천둥소리를 들으면 내 심장도 두근거립니다. 천둥소리는 그분의 음성처럼 위엄이 있으며 하나님은 그 소리를 온 세상에 퍼뜨리시고 번개 빛으로는 땅 끝까지 환하게 밝히십니다.
그분은 눈과 폭우를 내리시며 폭풍과 차가운 바람이 불게 하시고 얼음이 생기게 하시지요.
그분은 벌하실 때와 땅에 비를 내리실 때, 징계하실 때나 사랑을 보이실 때 구름을 사용하십니다.
우르릉
쾅
욥이여, 당신은 하나님이 어떻게 구름을 만드시고 어떻게 번쩍이게 하시는지 아십니까?
쿠르르릉
남풍이 불면 땅이 고요하고 따뜻해지는 까닭을 아십니까? 북쪽 바람은 차가운데 남쪽 바람은 왜 따뜻할까요?
쏴아아

보아 하니 당신도 하나님이 하시는 일을 잘 모르는군요!
그, 그걸 다 아는 사람이 누가 있겠나?!
사람들은 구름 뒤의 빛을 보지 못하지만 바람이 불어 구름이 개면 다시 태양을 볼 수 있습니다.

tip 구름 뒤의 태양

바람이 불어 구름이 개면 태양을 다시 볼 수 있다. 하나님의 섭리도 이와 같다고 할 수 있다. 고난이 닥쳤을 때 고난 가운데 있는 사람은 그 속에 있는 하나님의 뜻을 알 수 없지만, 그 상황을 견디면 그 속에 숨겨진 하나님의 뜻을 깨달을 수 있기 때문이다.

이처럼 우리 인간은 전능하신 하나님의 생각을 상상조차 할 수 없습니다.
그분의 심판은 살펴볼 수 없어요.
그러니 사람들은 그분을 경외할 수밖에 없지요. 그분은 당신처럼 스스로 지혜롭다며 잘난 체하는 자들에게 결코 은혜를 베풀지 않습니다.
으음, 나도 모르게 나만 하나님을 잘 아는 것처럼 말한 것이 부끄러워지는군!
이제 좀 회개하려나?
그러게.
질긴 녀석.

2. 하나님의 말씀과 욥의 회복

38장 하나님의 나타나심

그때 여호와께서 폭풍 가운데 나타나 욥에게 말씀하셨어.
꽈아아아
무지하고 헛된 말로 나의 뜻을 어둡게 하는 자가 누구냐?
허어억!
엄마야!!
어이구~ 이게 웬…!!

욥아, 너는 대장부처럼 허리띠를 동여 매고 일어나 내가 묻는 말에 대답하라!
꽈아아아

tip 대답 없는 욥

욥은 하나님의 말씀을 듣고 한 마디도 대답할 수 없었다. 그는 하나님을 만나면 자신의 고난이 잘못되었다고 말하겠다고 했지만 한낱 피조물에 불과한 욥은 창조주이신 하나님이 나타나시자 그분 앞에서 그 어떤 말도 할 수 없었던 것이다.

내가 땅을 만들 때 너는 도대체 어디에 있었느냐? 아는 것이 있으면 말해 보아라. 땅의 기초를 무엇으로 고정시켰고 그 모퉁이돌은 누가 놓았는지 아느냐? 바닷물이 넘치지 못하도록 누가 경계를 정해 놓았느냐?
아이고, 그때 전 태어나지도 않았습니다요.

네가 한 번이라도 아침에게 명령하여 동을 트게 한 적이 있느냐?
좋은 아침~!

그래서 땅의 끝까지 빛을 비추어 악을 행하는 자를 멈추게 한 적이 있느냐?
아니 벌써….
너는 바다의 샘이나 바다의 계곡을 본 적이 있느냐? 죽음의 그림자가 있는 문을 본 적이 있느냐?
빛이 어디에서 오고 어둠이 어디로 가는지 아느냐? 네가 그것들을 제자리로 돌려놓을 수 있느냐?
너는 눈 창고나 우박 창고에 들어가 본 적이 있느냐? 그것은 고난의 시기를 위해, 전쟁과 전투의 날을 위해 준비해 놓은 것이다!
휘이잉
폭우와 천둥의 길은 누가 내었으며 사막에 누가 비를 내리고 얼음과 서리는 어디에서 태어났는지 아느냐?
우르릉
너는 오리온 별자리의 고리를 풀 수 있느냐? 천체의 운행 법칙을 아느냐?
네가 번개에서 '번쩍거리며 나가라!'고 명하면, 그것이 '예, 그대로 하겠습니다' 라고 대답하느냐?
번개야, 나가라!
너나 가세요!
파지직
누가 지혜롭게 구름을 세며 하늘의 물병들을 쏟을 수 있느냐?
비가 오나, 안 오나.

※하늘의 물병 : 비를 간직한 구름을 비유.

누가 사자의 굶주림을 채워주며 누가 까마귀들에게 먹이를 주느냐?
배고파….

39장 계속 말씀하시는 하나님

너는 산양이 언제 새끼를 낳는지 아느냐? 또한 사슴이 새끼 낳는 것을 본 적 있느냐?

tip 산양과 사슴

산양과 사슴은 성질이 사납고 험난한 곳에 살기 때문에 사람들이 접근하기 힘들었다. 그러니 그것들이 새끼를 낳는 것을 본다는 것은 상상조차 하기 어려운 일이다. 하나님은 이러한 산양과 사슴조차 하나님께서 보호하신다는 것을 알려 주고 계신다.

그것들이 몇달 만에 새끼를 낳아 번식하는지,
어떻게 새끼를 낳는지 아느냐? 다 성장한 새끼가
다시는 어미에게 돌아오지 않는다는 것을 아느냐?
들 나귀를 누가 풀어 자유롭게 했느냐?
누가 들소를 길들여 밭을 갈 수 있겠느냐?
타조는 알을 어디에 두었는지도 모르고 새끼들이 죽는다고 해도 신경 쓰지 않는다!
후다닥
왜냐면 내가 타조에게 지혜를 주지 않았기 때문이다. 하지만 타조는 말보다 빠르다!
아따, 정말 빠르네.
타다다
네가 말의 목에 갈기를 입혀주었느냐? 말에게 용맹함을 주었느냐?
푸르르
말은 전장에서 종횡무진 날뛰고 나팔이 울려 퍼져도 멈출 줄 모른다!
두두두두두
히히힝
매에게 겨울이 되면 남쪽으로 이동하라고 네가 명령했느냐?
매는 아찔한 낭떠러지에 살며 독수리는 높은 곳에 둥지를 만든다!
독수리는 눈이 좋고 시체가 있는 곳에 새끼들과 함께 있다!
40장 욥의 답변
자, 너는 아직도 전능자인 나와 논쟁하려 하느냐?
헉
아이고, 하나님!

나 여호와를 비난하는 사람아, 대답하여라!
저, 저는 정말 보잘것없는 사람입니다.
제가 무슨 말을 할 수 있겠습니까?
손으로 제 입을 가릴 뿐입니다.
쿠
우
우
하나님께 불평했던 것을 회개합니다! 하나님의 뜻을 제가 잘 몰랐습니다!!
아이고, 넌 이제 큰일났다.
너는 대장부처럼 허리띠를 동여매고 묻는 말에 대답하여라!
네네, 마, 말씀하십시오!
너는 자신을 의롭게 여기고 나의 판단을 무시하며 나를 비난하였느냐?
헉. 아, 아닙니다!
네가 나처럼 강하단 말이냐? 네 목소리가 천둥 같단 말이냐?
아, 아닙니다. 그것도 아닙니다!
우
르
르
그렇다면 너는 이제 탁월함으로 단장하고 영광과 위엄으로 옷을 입어라! 그리고 네 분노를 터뜨려 교만한 자들을 모조리 굴복시키고 악인들을 짓밟아 보아라!
네놈들이 감히~!! 모두 무릎을 꿇지 못하겠느냐?
너 뭐니?
애고, 무서워라.
뚜둑
그렇게 하면 나도 네 힘이 너를 구원할 수 있음을 인정하겠다!
뭐야? 저거?
몰라, 좀 모자란 놈 같아!
아이고, 이, 이게 아닌데….
소처럼 풀을 먹는 저 하마를 살펴보아라. 내가 너를 지은 것같이 그것도 내가 지었다!
그 힘은 허리에 있고 그 강함은 배 근육에 있다!
이 정도는 되어야지.
그것은 내가 창조한 것 중에 으뜸이다!
내 뼈는 무쇠 막대기 같고 내 이빨은 날카로운 칼과 같지!
우
직

욥기

모든 산은 하마를 위해 식물을 만들며,
하마는 늪지대의 갈대 숲 사이에 누워 산다!
하마가 육식동물이었으면
큰일 났을 거야!
생각만 해도
끔찍하다야!
그것은 강물이 넘쳐흘러도 놀라지 않으며
요단 강이 자신을 삼키려 해도 꿈쩍하지 않는다!
난 물이 좋아~.
누가 감히 그것을 보고 잡아서
갈고리로 코를 뀔 수 있겠느냐?
나와 봐!
41장 악어를 통해 본 하나님의 능력
너는 혹시 낚시 고리로 악어를
끌어낼 수 있느냐?
크아아
끈으로 그 혀와 코를 묶을 수 있느냐?
그것이 네게 빌며 점잖은 말을 하겠느냐?
킁!! @#%&@#~!
그것이 평생 너의 종이 되겠다는 약속을 할 것 같으냐?
그것을 애완동물처럼 만들어 네 딸들을 위해 묶어 둘 수 있겠느냐?
어라?
악돌이가
어디 갔지?
슈아악
크~!
그것을 쇠꼬챙이나
작살로 찌를 수 있겠느냐?
툭
그것을 보기만 해도
기가 꺾이는데 잡으려는
생각은 헛되지 않겠느냐?
아아아!

그것을 깨울 만큼 용맹한 자가 없는데 누가 감히 나에게 맞설 수 있겠느냐?
나 같은 미물도 이기지 못하면서 감히!!
아, 악돌아, 안녕…?
그 악어의 이빨은 무시무시하고 비늘은 서로 꽉 붙어 있어 바람조차 통하지 않는다!
크르르르~.
그 눈은 반짝반짝 빛이 나고 숨을 쉬는 것은 불꽃이 쏟아져 나오는 것 같다!
쿠우우
그 심장은 돌같이 단단하고 그 목에는 힘이 있어 절망도 달아난다!
윽, 악어다!
그놈이 일어서면 용사도 두려워하고 칼, 창, 작살 그 어느 것으로 찔러도 소용이 없지!
크아아아
으아악

땅 위에 그것처럼 두려움을 모르는 것은 없다. 모든 높은 것을 낮게 보니 그것은 모든 교만한 것의 왕이니라!
크하하, 내가 왕이다!!
야, 눈 깔아!

42장 욥의 회개

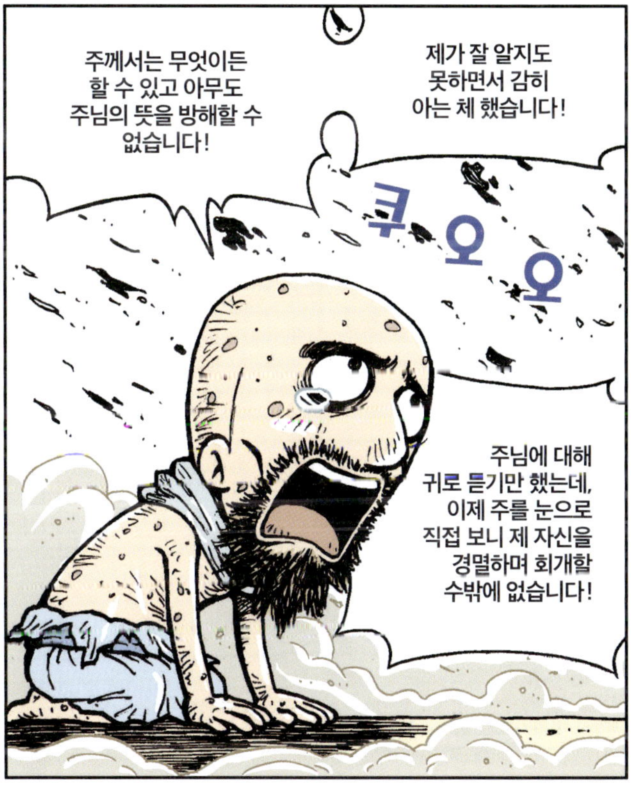
주께서는 무엇이든 할 수 있고 아무도 주님의 뜻을 방해할 수 없습니다!
제가 잘 알지도 못하면서 감히 아는 체 했습니다!
쿠오오
주님에 대해 귀로 듣기만 했는데, 이제 주를 눈으로 직접 보니 제 자신을 경멸하며 회개할 수밖에 없습니다!

tip 하나님의 메시지

하나님은 하마와 악어처럼 인간이 통제할 수 없는 힘을 지닌 동물을 통해 인간의 무력함을 보여주고 있다. 그런 무력한 인간인 욥이 하나님 앞에서 고난에 대해 불평을 늘어놓고 항변하면서 자기의 의를 주장하여 교만의 죄를 쌓았다. 하나님은 이 메시지를 통해 교만했던 욥에게 회개하고 순종할 것을 요구하신다.

여호와께서 엘리바스에게 말씀하셨지.
내가 너와 네 두 친구에 대해 몹시 화가 났다. 너희는 내 종 욥처럼 나에 대해 옳게 말하지 않았다!
쿠우우우
허억!!
아이고~
자, 잘못했습니다!
그러므로 이제 너희는 수송아지 일곱 마리와 수양 일곱 마리를 잡아 내 종 욥에게 가서 너희들을 위해 번제를 드려라!
네. 아, 알겠습니다!
쿠우우
그리하면 욥이 너희를 위해 기도할 것이다. 나는 그의 기도를 기쁘게 받아들이고 너희들이 어리석게 말한 것을 갚지 않겠다!
쿠우우
주님의 명대로 하겠습니다.
오, 주여…!

너희가 나에 대해 욥처럼 옳은 말을 하지 않은 것을 용서하겠다!!
가, 감사합니다!
쿠우우

tip 친구들의 잘못

욥의 친구들은 고난의 원인이 항상 죄에 대한 응징이라는 일반적이고 편협한 견해를 주장함으로써, 다른 목적을 위해 고난을 사용하실 수 있는 하나님의 능력과 주권을 제한했다. 그들은 욥을 무자비하게 정죄했는데, 만약 이들의 주장대로라면 고난 받으신 예수 그리스도도 죄인으로 정죄받아 마땅할 것이다.

에필로그

엘리바스와 빌닷, 소발은 여호와께서 자신들에게 명령하신 대로 했어.
잘 지냈나?
어서 욥에게 가서 번제를 드리자고!
서둘러.
여호와께서는 욥의 기도를 받으셨지.
너희의 제물을 받았다. 이제 욥의 기도를 들어 너희를 용서하겠다!
주여, 감사합니다.

여호와께서 욥을 다시 잘살게 하셔서 전보다 두 배나 많은 복을 주셨어.
우와, 집이 훨씬 더 으리으리해졌잖아!
대단한걸!
그러자 그의 형제들과 전에 알던 자들이 모두 욥에게 와서 그와 함께 식사를 했지.
그래, 내가 힘들 땐 코빼기도 안 보이더니 잘들 있었나?
하하, 뒤끝 없기요!
허허, 그게 말이야….
그들은 여호와께서 욥에게 주셨던 고난을 위로했고 각각 금 한 조각과 금 귀고리를 하나씩 주었어.
죄송했습니다.
함께 있어드리지 못해서….
그만 마음 푸세요.
이런 걸 주는데 풀어야지 뭐.
당신 사촌은 안 왔네? 계좌번호라도 알려줄까?
여호와께서 욥의 말년에 처음보다 더 큰 복을 주셔서 엄청나게 많은 가축을 소유하게 되었어. 또한 아들 일곱, 딸 셋을 낳았지.
아버지~ 가축이 엄청 많아요!
와아, 도대체 몇 마리예요?
하하, 그건 오직 하나님만이 아실 거다!

※당시 귀고리를 주는 것은 우호적인 관계를 맺는다는 의미를 가졌다.

온 땅에 욥의 세 딸보다 아름다운 여자는 없었어.
허허, 우리 딸들이 최고구나!
이후 욥은 140년을 더 살면서 4대 자손까지 보았고, 나이 들어 수명이 다해 죽었지.
하나님의 은혜로 가득 찬 삶이었어!
아버지!
승조할아버지.
할아버지….
고조할아버지.

참고 도서 및 자료 목록

《개역개정 컬러성경》, 대한성서공회, 아가페, 2006.
《구약 이스라엘사》, 김희선, 총신대학교 출판부, 1981.
《구약 핸드북》, 길버트 비어스, 이윤기 옮김, 성서교재간행회, 1988.
《구약성경의 탐구》, 로버트 D. 브렌슨·짐 에들리 외, 박철우 옮김, 물가에 심은 나무, 2006.
《그랜드 종합 주석》, 성서원 편집부, 성서교재간행사, 1996.
《그림성경》, 아이브아 호스·앙드레 르블랑, 성서교재, 1987.
《그림으로 보는 세계 생활사》, 앤 밀라드·패트리샤 바나스·조지프 매큐언, 창해, 2007.
《더 바이블 맵》, 김주현·정영주, 디자인 토제, 2012.
《바이블 그림 탐정》, 피터 마틴·피터켄트, 권기대 옮김, 베가북스, 2012.
《바이블 문화코드》, 남병식, 생명의 말씀사, 2006.
《백투더 바이블》, 장종길, 그리심, 1996.
《성경의 맥을 잡아라》, 문봉주, 두란노, 2007.
《성경의 비밀을 푸는 생활풍습 이야기, 열린다 성경》, 류모세, 두란노, 2010.
《성막》, 강문호, 한국가능성계발원, 1993.
《성서 속의 도시 이야기》, 이원희, 민영사, 2006.
《성서사전》, 길버트 비어스, 권호덕 옮김, 성서교재간행회, 1988.
《성서이야기》, 편집부, 계몽사, 2011.
《성전》, 강문호, 한국가능성계발원, 1994.
《손에 잡히는 성경 지도》, 폴 라이트, 이용중 옮김, 부흥과개혁사, 2009.
《쉬운성경》, 아가페편집부, 아가페, 2005.
《신약 핸드북》, 길버트 비어스, 이윤기 옮김, 성서교재, 1986.
《아가페 성서 지도》, 요하난 아하로니·미카엘 아비요나, 문창수 옮김, 아가페, 1988.
《어? 성경이 읽혀지네》, 이애실, 성경방, 2005.
《에센스 명화 성경》, 이동진, 해누리, 2007.
《예수를 만나러 유럽에 간다》, 신동운, 스타북스, 2008.
《와! 성경이 살아 있다》, 데니스 존스, 성서유니온 선교회, 2007.
《우리들 성경》, 팻 알렉산더, 두란노, 1994.
《우리말 성경》, 두란노서원 성경출판팀, 두란노, 2007.
《위대한 바이블 연대기》, 토마스 로빈슨, 엄재호 옮김, 안국문화, 1993.
《헬라어직역신약성경》, 생명의말씀사 편집부, 말씀의집, 2010.
《황금의 집》, J. 로우, 황인출·오진관 옮김, 전도출판사, 1981.
《히브리어직역구약성경》, 생명의말씀사 편집부, 말씀의집, 2006.
<예수그리스도 족보>, 기독교대백과사전편찬위원회, 기독교문사, 1993.